本著作是洞庭湖生态经济建设与发展协同创新中心的部分研究成果，得到湖南省重点建设学科——产业经济学和湖南省社科基金项目"农村非正规金融发展的减贫效应评价及实证研究"（13YBA252）资助

农村金融支持与乡镇企业发展

肖攀　苏静　唐李伟◎著

世界图书出版公司

广州·上海·西安·北京

图书在版编目（CIP）数据

农村金融支持与乡镇企业发展 / 肖攀 , 苏静 , 唐李伟著 . -- 广州 : 世界图书出版广东有限公司 , 2016.5
ISBN 978-7-5192-1417-3

Ⅰ . ①农… Ⅱ . ①肖… ②苏… ③唐… Ⅲ . ①农村金融—金融支持—影响—乡镇企业—企业发展—中国
Ⅳ . ① F832.35 ② F279.243

中国版本图书馆 CIP 数据核字 (2016) 第 120911 号

农村金融支持与乡镇企业发展

策划编辑：李　平

责任编辑：廖才高　王梦洁

责任技编：刘上锦

封面设计：周文娜

出版发行：世界图书出版广东有限公司

地　　址：广州市新港西路大江冲 25 号

电　　话：020-84460408

印　　刷：虎彩印艺股份有限公司

规　　格：787mm × 1092mm　1/16

印　　张：14.5

字　　数：200 千

版　　次：2016 年 5 月第 1 版

印　　次：2016 年 5 月第 1 次印刷

ISBN　978-7-5192-1417-3/F · 0220

定　　价：48.00 元

目　录

| 第一章 |

绪　论

第一节　问题的提出

乡镇企业是我国农民在特定历史条件下发展市场经济的一个伟大创举，是社会主义市场经济发展过程中迅猛崛起的一支有生力量，具有中国特色。改革开放以来，我国乡镇企业"异军突起"，在促进国民经济增长和支持农业发展、吸纳与转移农村剩余劳动力和促进农民增收、壮大农村集体经济实力和支持农村社会事业、促进农村城镇化建设进程等方面都发挥了不可替代的重要作用，为农业发展、农民致富、农村繁荣和国民经济社会发展做出了历史性贡献。当前，乡镇企业已经成为我国县域农村经济的主体力量、工业经济的重要支撑、国民经济的重要支柱。据《中国农业年鉴》和《中国乡镇企业与农产品加工业年鉴》的相关数据统计，2012 年，我国乡镇企业有 6717796 家，比 2011 年净增 270681 家，是 2000 年乡镇企业单位数量的 13.1 倍。全国乡镇企业吸纳就业人员达 1.64 亿人，比 2011 年净增 221 万人，其中，吸纳城镇下岗失业人员 743 万人。全年乡镇企业总产值 476187.55 亿元，其中 320 万户工业企业总产值 382378.60 亿元，占全国乡镇工业总产值的 88.41%。全年乡镇企业实现营业收入 472773.94 亿元，上缴国家税金 12457.62 亿元，利润总额 25601.95 亿元，与 2011 年相比分别净增 118003.89 亿元、1410.31 亿元和 5977.62 亿元，同比分别增长 33.26%、12.77% 和 30.46%。全年乡镇企业出口企业达 152615 家，占乡镇企业单位总数的 2.27%；乡镇企业出口交货总值为 45736.09 亿元，与 2011 年相比净增 9985.40 亿元，同比增长 27.93%。全年乡镇企业完成固定资产投资 76186 亿元，同比增长 15.05%。其中，工业完成投资 48516 亿元，占全部乡镇企业固定资产投资总额的 63.68%。由此可见，乡镇企业作为中国农村特殊历史条件下的一种新的经济组织形式，已经成为我国"三农"经济的主要推动力量，有效推进了我国农业现代化、工业化以及城乡一体化进程。在未来相当长的一段时期内，乡镇企业在农民增收、农民就业转移、农村社会稳定与经济发展、城乡经济市场化改革和全面建设小康社会进程中仍将发挥其他企业无法替代的作用。

然而，我国乡镇企业在追求自我发展并且为经济社会做出巨大贡献的同时，也凸显一些问题与困境，其中以融资问题最为突出，并一度成为乡镇企业健康高效发展的第一大瓶颈与掣肘，严重制约了乡镇企业的可持续发展。一方面，我国乡镇企业主要是由农民这一特定的主体创办和发展起来的，作为乡镇企业的投资主体，农民自身的货币收入往往难以支撑其企业的投资活动，难以依靠内源融资途径为其企业获得足够的生存发展资金。另一方面，乡镇企业的区位特征和先天的"弱质性"也决定了乡镇企业难以在城乡分割和农村资金净流出的背景下获取足够的外部融资。当前，我国农村金融体系存在诸多缺陷，农村金融市场先天就缺少专门为乡镇企业服务的低层次资本市场，农村现有的乡镇企业资金供给主体缺乏竞争，乡镇企业融资的担保体制也不健全，这些问题的存在直接影响了乡镇企业从外部获得银行贷款支持的大小和程度。据统计，2001 ~ 2012 年间，我国乡镇企业当年完成固定资产投资总额中，年均 50.64% 以上来源于企业自有资金，并且随着时间的推移这一比例还呈现逐步上升趋势。而乡镇企业从金融机构获得的贷款资金始终维持在 15.33% 以下，并且随着时间的推移这一比例还呈现逐步下降趋势。与此同时，尽管国家对乡镇企业的财政扶持资金投入绝对数量逐年有所增长，但财政扶持资金投入相对强度一直裹足不前，加上扶持资金传统的分项投入、多头管理、层层拨付的管理机制，造成乡镇企业获取国家扶持资金交易成本的高昂和扶持资源在实际资金需求目标群体瞄准上的偏离，国家对乡镇企业的财政扶持也一定程度上陷入了扶持效率低下与扶持资金规模增长乏力的双重困境。

农村金融作为现代农村资源配置的核心，不仅成为众多发展中国家农村经济发展的重要因素和先导力量，而且已经被证明是缓减农村中小企业融资难问题行之有效的途径之一。在未来相当长一段时期内，乡镇企业的发展对农村金融都将具有较强的依赖性。中国政府历来重视农村金融的建设与发展，并且将农村金融视为促进乡镇企业和农村经济健康稳定发展的主要力量与基本政策工具。近年来，随着"三农"问题连续被强调为全部工作的"重中之重"，农村金融体制改革也就成为国家新一轮金融体制改革的"重中之重"。自 21 世纪以来，中央层面多个文件都释放了推动农村金融与乡镇企业良性互动发展的积极政策信号。2003 年，中央出台的《中小企业促进法》明确提出：中国人民银行应当加强对中小金融机构的支持力度，鼓励商业银行调整信贷结构，加大对中小企业的信贷支持。政策性金融机构应采取多种形式，为中小企业提供金融服务。2011 年，农业部发布的《全国乡镇企业发展"十二五"规划》重点强调：要积极搭建银企合作、对接平台，完善激励机制，加大乡镇企业贷款风险补偿力度。允许有条件的乡镇企业在一定的法律规范下通过上市、集合发债等直接融资途径拓宽融资渠道。要加快发展信用中介服务机构，完善乡镇企业信用担保制度。2012 年，涉农"中央一号"文件指出：要实行适度宽松的农村金融市场准入，加大对农民专业合作社和县域小型微型企业的信贷投放力度，加大对科技型农村企业的信贷支持力度。2014 年，"中央一号"文件指出：要扩展大中型商业银行的乡镇服务网点，鼓励各商业银行根据自身业务机构特点，建立适应"三农"需要的独立运营机制和专门服务机构，增强商业金融对"三农"和县域小微企业的服务能力；同时要鼓励并引导不同所有制成分的主体设立融资性担保公司，完善新型农业经营主体的信贷担保服务机制。

那么，被誉为我国乡镇企业发展"支撑杠杆"，并且与我国乡镇企业同处改革发展关键时期的农村金融，在我国乡镇企业发展过程中到底发挥了怎样的作用？是否如政策期望那样为乡镇企业的发展做出了应有的贡献？我国农村金融实现与乡镇企业深度良性互动发展还存在哪些亟待解决的问题？这些问题存在背后的深层次原因又有哪些？但截至目前，受经济体制、数据可得性等条件制约，基于中国农村社会经济特征来全面分析农村金融与乡镇企业发展的理论与实证研究尚不多见。在此背景下，基于中国城乡二元经济结构与二元金融结构的现实背景，从理论与实证角度全面分析我国农村金融对乡镇企业的支持状况，厘清乡镇企业信贷配给的内在机理，深入剖析我国农村金融支持对乡镇企业发展影响的机制与路径，并从量的角度实证分析农村金融支持对乡镇企业发展的影响效应与影响特征，探讨破解我国乡镇企业发展中金融支持的困境与问题，对于科学评价我国农村金融发展的绩效，破解乡镇企业发展瓶颈，实现农村金融支持乡镇企业发展的新突破无疑具有重要的理论价值与现实意义。

第二节　选题意义

乡镇企业作为我国国民经济中颇具潜力的增长板块，一直以来都与我国农村金融有着同呼吸共命运齐兴旺的密切联系。乡镇企业的健康发展对于增加农民收入和建设现代化农业，对于改善农村经济社会发展环境和全民推进城乡一体化建设，对于壮大县域经济和提升国家工业化水平，对于构建社会主义和谐社会乃至全面建设小康社会都有着不可替代的作用。然而，乡镇企业的发展始终离不开农村金融的支持。农村金融支持乡镇企业的广度、深度和强度的拓展以及支持效率的提升无疑能够更加高效地促进乡镇企业的发展。基于当前我国农村经济金融体制与乡镇企业发展现状，深入研究农村金融与乡镇企业的发展问题，一方面，有助于解释对于处在转型时期的发展中国家，农村金融是通过哪些途径为乡镇企业发展做出贡献的？对规制和引导农村金融资源流向，准确判断中国未来农村金融对乡镇企业的支持方向与支持路径，挖掘农村金融支持乡镇企业向纵深转型的内在动力机制以及形成符合中国国情的新型农村金融发展模式与乡镇企业金融支持模式，具有重要的理论和现实意义。另一方面，有助于准确把脉农村金融在支持乡镇企业发展过程中存在的问题及其问题背后的成因，科学评价乡镇企业发展中金融支持的绩效，进而为我国目前正在进行的农村金融体制改革和乡镇企业转型发展提供科学的理论指导和政策参考依据，提高相关决策的科学性。

第三节 研究创新

首先，基于"租值耗散 – 交易费用"新模型理论，将乡镇企业信贷配给理论纳入到一个统一的分析框架，从理论上分析乡镇企业信贷配给的形成机理，系统阐释了交易费用和租值耗散与乡镇企业信贷配给的内在关联机制。除所有制歧视论外，银行市场结构论、企业规模歧视论、外环境缺陷论都可以从"租值耗散 – 交易费用"新模型框架中得到演绎与推导。进一步拓展和丰富了乡镇企业信贷配给形成理论。

第二，在对全要素生产率测算方法进行全面的比较分析的基础上，采用前沿 DEA 模型：Biennial Malmquist 指数和 2001 ～ 2010 年各省（市、自治区）的面板数据测算了我国乡镇企业全要素生产率及其成分。并以内生增长理论为基础，分别构建实证模型，就农村金融支持对乡镇企业全要素生产率和乡镇企业经济增长的影响进行实证分析。为此方面的研究提供了一种新的研究思路与研究方法。

第三，借助基尼系数法，从量的角度全面测算我国乡镇企业规模发展和经济收益的地区非均衡程度及其特征，并就地区非均衡的来源进行系统分析。得出我国乡镇企业发展规模和经济收益均存在显著的地区非均衡特征，并且地区间差距与剩余项差距反向变动共同导致了我国乡镇企业规模发展不均衡以及经济收益不均衡的客观现实的结论。进一步丰富了乡镇企业发展方面的相关研究成果。

第四，基于我国农村金融体系的形成与发展逻辑，深入剖析我国农村金融发展的内在症结。同时，系统分析了我国乡镇企业的资金来源结构，并且从多个层面解析了我国乡镇企业融资难的成因。为客观评价我国农村金融支持乡镇企业发展的绩效，深入推进农村金融体制改革和乡镇企业发展提供了可供借鉴的参考。

第四节　结构安排

本书共分为十章，全书结构安排如下：

第一章，绪论。阐述本书的研究背景与研究意义，介绍本书的结构安排。

第二章，农村金融与乡镇企业发展相关理论。界定农村金融与乡镇企业相关概念及其内涵与外延，并就农村金融发展与乡镇企业发展的相关理论进行简要述评。

第三章，农村金融发展的现状与问题分析。分析中国农村金融体系的形成与发展逻辑，然后从供需视角深入剖析中国农村金融发展现状及其存在的问题。

第四章，乡镇企业发展非均衡及其来源分析。分析我国乡镇企业发展的基本现状，并利用计量模型就乡镇企业发展的空间非均衡及其来源进行实证分析。

第五章，乡镇企业的资金来源及融资难的成因分析。分析我国乡镇企业的资金来源与融资机构，剖析乡镇企业融资难的成因。

第六章，乡镇企业信贷配给的形成机理及其治理。梳理乡镇企业信贷配给的相关理论，分析乡镇企业信贷配给的形成机理以及治理机制。

第七章，金融支持、技术进步与乡镇企业生产率。测算我国乡镇企业生产效率，分析乡镇企业发展的收敛性与区域差异，并就农村金融支持对乡镇企业生产效率的影响进行实证分析。

第八章，金融支持、地区差异与乡镇企业经济增长。就农村金融对乡镇企业经济增长的影响及其地区差异进行实证分析。

第九章，金融支持中小企业发展的国际借鉴。分析美国、日本、印度和孟加拉国金融支持中小企业发展的实践，并就上述国家金融支持中小企业发展的经验进行总结与归纳。

第十章，优化乡镇企业金融支持的政策建议。结合我国农村金融支持乡镇企业发展的现实与国外典型国家相关经验，分别从政府、农村金融机构和乡镇企业自身三个层面就促进农村金融支持乡镇企业发展提出政策建议。

| 第二章 |

农村金融与乡镇企业发展相关理论

作为本书的理论指导，本章首先就农村金融与乡镇企业的定义进行界定，然后回顾并梳理农村金融发展相关理论和乡镇企业发展相关理论，并且对其进行简要述评。具体而言，农村金融发展相关理论主要就农村金融市场论、不完全竞争市场论、微型金融理论和普惠金融理论的观点及其政策主张以及其在指导农村金融改革与发展实践中的作用进行分析与总结。乡镇企业发展相关理论主要就乡镇企业信贷配给理论、企业金融成长周期理论、企业融资结构与融资行为理论、生产率理论以及技术进步与创新理论的演变历程与研究现状进行梳理与分析。通过对以上理论的回顾与梳理，为下文的研究提供相关理论基础。

第一节　相关概念界定

一、农村金融的概念

农村金融包括农村正规金融和农村非正规金融。非正规金融是相对于正规金融而言的，目前，对非正规金融的概念还没有一个统一规范的界定。国外学者对非正规金融的研究比较早，不同的学者从不同的角度就非正规金融的定义及其内涵进行了阐释。国外大部分学者从是否存在政府监管的角度来区分正规金融与非正规金融。他们认为正规金融机构的活动通常由中央银行及其相关机构进行调控和监督，那么发生在中央银行及其相关机构管制之外的、没有法律体系来保障实施的各种金融交易活动就可定义为非正规金融[1],[2],[3]。亚洲开发银行将其定义为"不受政府对于资本金、储备和流动性、存贷利率限制、强制性信贷目标以及审计报告等要求约束的金融机构"[4]。有学者基于金融活动发生的地域范围将农村非正规金融定义为仅限于农村地区发生的包括农业、农户、个人和小企业的小额的、没有安全保障的短期贷款[5]；也有学者将农村金融定义为农村地区的个人或组织利用自身资源从事贷款的非储蓄机构，如 ROSCAS、小额信贷公司、当铺、地主等[6]；还有学者将农村非正规金融定义为发生在农村的所有的未被制度化的金融服务组织，包括借贷人、典当、轮转基金和批发商等多种形式[7]。

由此可见，众多国外研究文献中关于非正规金融的界定是以金融主体是否被国家信用和央行承认为标准[8]，且其涵盖的范围也基本相同，即非正规金融机构主要包含自由借贷、资金合作社、轮转基金、典当、钱庄、批发商以及某些非政府组织等等。

国内学者对非正规金融的研究相对较晚，且早期的研究对非正规金融的认

[1] Aryeetey E. Informal Finance for Private Sector Development in Africa. The Africa Development Report, 1998 : 1−31.

[2] Schreiner M. Informal Finance and the Design of Microfinance. Development in Practice,2000,11(5): 637−640.

[3] Isaksson A. The Importance of Informal Finance in Kenyan Manufacturing. The United Nations Industrial Development Organization (UNIDO) Working Paper, 2002 : 1−36.

[4] ADB. Informal Finance in Asia. Asian Development Outlook 1990, Manila : Asia Development Bank, 1990 : 187−215.

[5] Meghana A, Asli D K, Vojislav M. Formal Versus Informal Finance : Evidence from China. Policy Research Working Paper Series, 2008 : 3048−3097.

[6] Avishay B, Guasch J L. Institutional Aspects of Credit Cooperatives. The World Bank Policy Research Working Paper Series, 1988 : 1−25.

[7] Dale A, Delbert F. Informal Finance in Low−Income Countries. West view PRESS, 1992, (1): 187−194.

[8] Tsai K. Beyond banks : The Local Logic of Informal Finance and Private Sector Development in China. Presented at the conference on Financial Sector Reform in China September, 2001 : 1−41.

识基本停留在批判和否定的角度，认为非正规金融即非法金融、灰黑色金融。随着经济社会的发展和研究的深入，学者们对非正规金融定义的相关研究也处在不断变化与完善之中。姜旭朝将农村非正规金融定义为"民间经济融通资金的所有非公有制经济成分的资金运动"[1]。谈儒勇认为金融体系主要包括两部分，即正式的、被登记、被管制和被记录的部分，简称正式部分；非正式的、未被登记、未被管制和未被记录的部分，简称非正式部分。正规金融处在官方的控制之内，非正规金融处在官方的控制之外[2]。任森春认为非正规金融是指不受国家法律法规保护和规范，处在金融当局监管之外的各种金融机构、金融市场、企业、个人等所从事的各种金融交易活动[3]。郭沛认为农村非正规金融是指农村中非法定的金融组织所提供的间接融资以及农户之间或农户与农村企业主之间的直接融资[4]。徐璋勇和郭梅亮认为非正规金融是一种"合理不合法"的存在，是指不被国家现有法律法规所认可的，游离于现有金融体制外，以非正式或隐蔽的方式进行经营活动来取得利润的金融组织形式和交易行为[5]。从这些定义上看，与国外对非正规金融的定义基本保持一致，即非正规金融就是金融体系中没有受到国家信用控制和央行管制的部分，其金融活动不被法律法规认可，不具有合法性。正规金融与非正规金融两者之间是相互对立关系，不存在相互交叉性和相互渗透性。

但也有学者指出，上述对中国非正规金融的界定过于狭隘，非正规金融的概念应有狭义、广义及标准义之分。狭义的非正规金融主要是指与现有的法律法规相对抗的、对经济金融生活产生直接破坏性影响的金融活动，即狭义的非正规金融＝犯罪金融＋违法金融。广义的非正规金融是指官方或法定金融体系以外的未被法律法规认可的金融，即广义的非正规金融＝狭义的非正规金融＋

---

[1] 姜旭朝.民间金融理论分析：范畴、比较与制度变迁.金融研究，2004，（8）：100-111.

[2] 谈儒勇.我国金融改革方向的理性思考.南京大学学报：哲学·人文科学·社会科学版，2001，（1）：102-109.

[3] 任森春.非正规金融的研究与思考.金融理论与实践，2004，（9）：9-12.

[4] 郭沛.中国农村非正规金融规模估算.中国农村观察，2004，（2）：21-25.

[5] 徐璋勇，郭梅亮.转型时期农村非正规金融生成逻辑的理论分析——兼对农村二元金融结构现象的解释.经济学家，2008，（5）：68-76.

地下金融（非公开秘密进行的，也称黑色金融、黑市金融、灰色金融）＋民间金融（半公开金融）。由于官方的金融也可以是非正规的，因此非正规金融的标准义应该是指未得到法律法规及其他正式形式间接认可或直接认可的金融，即非正规金融＝广义的非正式金融＋正式金融主体内未被法律法规正式或直接认可的金融＋非正式金融主体内未被法律法规正式或直接认可的金融[1]。更有学者指出，中国非正规金融的范围和内涵相当广泛，一切个人之间、企业之间、个人与企业之间的借贷行为以及各种民间金融组织（如地下钱庄、合会、标会、租赁、质押借贷等）的融资活动都应该属于非正规金融范畴[2]。基于这些定义，正规金融机构的违规金融行为以及正规金融机构未参与的金融活动也属于非正规金融范畴，且正规金融与非正规金融并不是完全对立的，两者之间具有交叉性和渗透性。

从上文的讨论可以看出，国内对于正规金融与非正规金融这一概念的界定仍缺乏统一的标准。厘清正规金融与非正规金融的概念需要综合考虑以下几个方面的因素：第一，正规金融与非正规金融的交易主体和服务对象；第二，正规金融与非正规金融的合法性；第三；正规金融与非正规金融参与人员的法律属性；第四，正规金融与非正规金融的活动及其组织形式。考虑以上因素，并结合本书特定的地域——农村，本书将农村正规金融和非正规金融定义为：农村正规金融是指存在于农村领域，在一定的法律规范下采用标准化的金融工具为农村企业、农户、其他组织和个人提供资金服务，且在人民银行和银监会监督管辖范围之内的金融组织和金融活动。农村正规金融具有信贷配给、借贷信用规范性、公开性、监管性、合法性等特点。相应的，农村非正规金融是指存在于农村领域，采用非标准化的金融工具为农村企业、农户、其他组织和个人提供资金服务，且不在人民银行和银监会监督管辖范围之内的金融组织和金融活动。农村非正规金融具有典型的地域约束性、借贷信用非规范性、分散性和隐蔽性、非监管性等特点。农村非正规金融就其合法程度而言，有合理合法形式（如农村合作基金）、合理不合法形式（如友情借贷）和非法形式（如非法

---

[1] 张宁. 试论"全金融". 经济学家，2003，（2）：78-87.
[2] 苑德军. 民间金融的外延、特征与优势. 经济与管理研究，2007，（1）：45-49.

集资、高利贷）。中国现有金融制度中城乡二元金融结构突出，农村金融抑制现象严重，农村内部普遍存在着体制内正规金融供给不足，而农村经济发展各主体对金融资源的需求有增无减。因此，非正规金融在中国农村处于十分重要的位置，并且在未来相当长一段时间内都将具有不可替代性。

二、乡镇企业的概念

乡镇企业是一个具有中国特色的企业概念，对其确切的定义学术界和实业界一直存在诸多争论。乡镇企业的前身实际上是社队企业。在 20 世纪 80 年代初，乡镇企业既包括社队办［即乡（镇）办］企业、大队办（即村或村民小组办）企业，也包括新兴发展起来的农民合作企业以及个体私有企业。农村行政体制改革以后，关于乡镇企业的定义，有学者从地域角度出发，认为乡镇企业就是位于乡镇，以乡镇发展为依托的企业。也有学者从企业的产权结构角度来界定乡镇企业，认为乡镇企业就是由乡镇政府出资设立，且产权归属于乡镇政府的企业。还有学者从政企关系角度来定义乡镇企业，认为乡镇企业就是处于乡镇政府管辖范围内的企业。这些观点都有一定的适应范围，在某些情况下是可以解释的，但也是不完善的。《中华人民共和国乡镇企业法》第二条对乡镇企业的定义进行了界定。即乡镇企业是指农村集体经济组织或以农民投资为主，在乡镇（包括所辖村）举办的承担支援农业义务的各类企业。前款所称投资为主，是指农村集体经济组织或者农民投资超过百分之五十，或者虽不足百分之五十，但能起到控股或者实际支配作用。由此可见，乡镇企业的概念主要包含如下要素：（1）从投资主体来看，以农村集体经济组织或农民投资为主；（2）从区域特征来看，主要设在农村地区；（3）从企业责任来看，企业需要承担支农义务，吸纳农村剩余劳动力。世界银行在援助中国的贷款项目中把乡镇企业定义为"设立在农村区域的、由农村居民或其联合体投资兴建的企业"。由此可见，乡镇企业源于我国经济不发达而形成的城乡二元经济结构，受到农村户籍制度制约，具有其特殊性。由于农村人口流动性相对较小，使得在农村环境中自发生长起来的乡镇企业在其发展轨迹、运作方式、社会地位、成员构成等方面与其他形态的企业相比都存在明显差异，从而形成了一种具有独特性质的经济组织和社会群体。因此，我国的乡镇企业是一种既不同于市场经济体制下的民间企业，也不同于计划经济体制下的国有企业的特殊事物。

我国乡镇企业是基于农村这个特殊的国情而发展起来的，简单而言大致经历了六个不同的发展阶段。1978 ~ 1983 年为乡镇企业的创业阶段；1984 ~ 1988 年为乡镇企业的高速发展阶段，是乡镇企业发展的第一个"黄金时代"；1989 ~ 1991 年是乡镇企业发展困难及整顿治理阶段；1992 ~ 1996 年乡镇企业再次迎来发展的"黄金时代"，也是第二次高速发展阶段；1997 ~ 2002 年是乡镇企业改制与重组期，处于调整与改革阶段；2003 年至今是我国乡镇企业深化改革与快速发展阶段。

第二节　农村金融发展相关理论

农村金融发展理论是金融发展理论的重要组成部分，其理论观点及其政策主张在指导农村金融改革与发展实践中发挥着不可或缺的作用。农村金融理论历经演变，目前已经初步形成了农业信贷补贴论、农村金融市场论、不完全竞争市场论、农业信贷补贴论等相对成熟的理论流派。20 世纪 90 年代以来，随着小额信贷的发展又产生了作为分支的微型金融理论和普惠金融理论。上述理论根据各自的理论前提，分别就农村金融市场政府干预方式与利率管制方式、农村金融机构贷款资金来源与资金回收方式、对农村金融机构保护与管制的必要性、政策性金融与非正规金融存在的必要性等问题进行了深入研究，并形成了各自不同的政策主张。鉴于本书的研究对象，本节主要就农业信贷补贴论、农村金融市场论、不完全竞争市场论、微型金融理论和普惠金融理论的相关研究进行介绍与梳理。

一、农业信贷补贴论

农业信贷补贴论是 20 世纪 80 年代以前农村金融理论界的主流。该理论的假设前提是：农村居民（或小微企业阶层）没有储蓄能力，农村面临的是慢性资金不足的问题。而且由于农业产业收入不确定、投资周期长和收益低的特性，使得它不可能成为以逐利为目标的商业性金融机构的融资对象。在农村商业性金融不能持续的情况下，必然导致农村金融发展陷入困境，农村资金大量外流。由此，农业信贷补贴论认为，为促进农村经济发展和农村贫困缓解，有必要从农村外部注入政策性资金，并成立非盈利性的专门金融机构来进行资金分配。同时，对农业融资实行较低的利率以缩小其与其他产业之间的结构性收入、分配差距。农村金融战略必须信贷供给先行。在该理论的影响下，发展中国家几乎普遍推行了相应的政策主张。如二十世纪六七十年代，巴西、印度、泰国、墨西哥等国家纷纷设立了各种专门的农业政策性金融机构，将大量低息的政策性资金注入农村，并推出了专门针对贫困阶层和农村小微企业的专项贴息贷款。同时，考虑到农村富裕阶层发放的高利贷以及其他非正规金融的"高利率"特征，对农村非正规金融予以严厉打压。这些政策的实施，在限制农村高利贷市场，促进小微企业的发展以及促进农业生产和农民增收上发挥了一定的积极作用，但总体而言，该理论对于实践的指导并不成功。主要原因是该理论自身存在明显缺陷，主要表现在：第一，该理论先验地认为农户没有储蓄能力。事实上，即使是贫困农户也存在储蓄需求和储蓄行为。如果存在储蓄的机会和激励，大多数贫困者会进行储蓄。第二，该理论忽视了低息信贷导致的逆向配置问题。由于利率上限的规定和廉价贷款存在对非目标群体获得贷款的激励，农村政策性金融机构为小农户和小微企业发放信贷的高交易成本往往难以得到补偿，其信贷分配就会偏离既定目标群体，使得农村富裕群体取代贫困群体、强势企业取代弱势小微企业成为低息贷款的真正受益者，加上信贷资金使用过程中监管缺位，低息发放的生产性贷款被用于非生产性用途的现象屡有发生，从而违背了信贷发放的初衷，进而阻碍了信贷计划目标的实现。第三，政府支持的农村信贷机构自身经营责任不强，也就缺少积极有效地监督其借款者投资和偿债行为的动力。同时，政府对其支持的农村金融机构的业绩考核，偏重于对其贷款审批的速度和贷款增长的规模与幅度的考核，而忽视了其财务、管理绩效的考核，这一定程度上造成了贷款的高拖欠率。

就小微企业发展而言，最重要的可能既不是贷款也不是储蓄，而是建立一种可持续发展的金融机制。而农业信贷补贴政策大量植入外生性资金的做法一定程度上损害了农村金融市场的生存和可持续发展能力，加之其对农村金融市场机制的忽视，进一步阻碍了农村金融可持续发展长效机制的形成。实践表明，农业信贷补贴论下的非盈利性的农业金融机构，自始至终都未能发展成为净储户与净借款者之间真正的、有活力的金融中介（Avishay et al.，1991），并引发了资金使用效率低下、相关企业与弱势群体对政府的过度依赖等一系列问题，这最终使得农业信贷补贴政策的代价高昂但收效甚微。20 世纪 80 年代以来，在对农业信贷补贴论的反思和批判中，逐步形成了其主要理论前提与农业信贷补贴论完全相反的农村金融市场论。

二、农村金融市场论

农村金融市场论充分接纳了肖和麦金农的金融深化和金融抑制论，该理论充分强调市场机制的作用，其观点主要包括：（1）农村居民以及贫困群体都具有储蓄能力，没有必要成立专门的政策性金融机构向农村注入资金。（2）过高的资金外部依存度是导致过低的贷款回收率的重要因素；低利率和信贷补贴政策阻碍了人们储蓄的积极性。（3）农村非正规金融的"高利率"源于农村资金较高的机会成本和风险费用，故有其合理性。因此，农村金融市场论的政策主张和金融深化路径是：（1）推行利率市场化。农村金融资金缺乏是农村金融体系中不合理的制度安排如政府管制、利率控制等所引致，应纠正政策性金融对农村金融市场的扭曲，取消专项特定目标贴息贷款，并推进利率市场化，在促使农村金融机构经营成本得到补偿的同时，也推进其有效地动员储蓄，并最终实现农村资金供需平衡。（2）允许非正规金融存在和发展。非正规金融存在具有合理性，对于打破农村金融市场正规金融的垄断格局、推进农村金融市场竞争机制的形成有着重要作用，应该允许农村正规金融与非正规金融并存并形成竞争态势。（3）正确评价农村金融。农村金融成功与否的评判，不应该通过量化信贷对农业生产的贡献来衡量，而应该根据农村金融机构的资金中介额及其经营的自立性和可持续性来衡量。

农村金融市场论是农村金融理论的发展，但该理论隐含的前提是市场完全竞争，一定程度上忽视了农村金融市场发展滞后对市场化的制约。在农村金融市场不完善的情况下，全部取消政府管制往往会造成金融市场的动荡和不稳定，并且在农村信息不对称的情况下，市场机制也不是万能的，道德风险、搭便车、逆向选择等外部性和激励问题会导致农村金融市场失灵。20世纪90年代东南亚和拉美国家金融危机的典型事实也足以告诫我们，在农村金融市场的培育和逐步完善过程中，适度的政府干预是必需的，特别是对于发展中国家的农村金融市场而言，通过适当的体制机构来管理信贷计划是有其合理性的。

三、不完全竞争市场论

鉴于20世纪90年代东南亚和拉美国家金融危机的深刻教训，人们认识到市场机制也有其固有的缺陷。因此，不完全竞争市场论被运用到农村金融理论分析当中。按照该理论的分析框架，发展中国家的农村金融市场是不完全竞争的，金融机构无法掌握借款人的完全信息，因此，完全依靠市场机制无法培育出完善的金融市场。为补救市场失效部分，有必要采用诸如政府适当介入、借款人组织化等非市场要素，促使政府成为市场的补充而不是替代。与农村金融市场论不同的是，该理论肯定政府对农村金融市场的间接调控机制，认为政府应当依据一定的原则确立农村金融监管的范围和标准，并推动农村金融机构改革以排除阻碍农村金融市场有效运行的障碍。同时指出政府在农村金融市场中的行为职能应该包括：（1）为农村金融市场发展创造一个稳定的低通胀的宏观经济环境。（2）实施利率自由化政策只有在农村金融市场发育相对完善，实际存款利率稳定在正数范围之内，同时存贷款利率的增长得到一定程度抑制的情况下才适宜。（3）适当实施诸如提高农村金融市场的准入门槛、限制新参与者等特殊保护性措施。（4）在不损害金融机构最基本利润的前提下，适度发展政策性金融并向特定部门提供低息融资。（5）鼓励通过借款人联保小组、互助合作社，借助担保模式创新有效解决信息不对称和逆向选择问题，确保贷款的有效回收。（6）采取相应措施改善农村非正规金融市场效率不高的问题等等。

不完全竞争市场理论强调借款人的组织化等非市场要素对解决农村金融问题的重要性，这也为新模式的农村小额信贷提供了理论基础。但是不完全竞争市场理论所隐含的通过政府干预便可以解决农村金融市场不完全信息问题的逻辑也是存在缺陷的。

四、微型金融理论

从 20 世纪 70 年代以来，小额信贷作为一种缓减农村贫困群体信贷约束的创新模式和支出农村小微企业发展的有效工具，被国际社会广泛接受和传播。随着小额信贷在世界范围内的快速发展，越来越多的人们开始认识到，仅仅以提供小额度贷款的方式来扶助被正规金融边缘化的贫困阶层和小微企业是远远不够的，还需要把包括小额储蓄、小额保险、小额租赁以及小额支付交易等在内的一揽子金融服务推进到低收入群体、贫困群体以及小微企业当中去。国际上把上述一揽子金融服务称之为微型金融。微型金融是一个与小额信贷平行但是范围与内涵更广泛的概念，是小额信贷概念的延伸和发展。微型金融之所以得到国际社会广泛认可和关注，是因为它借助具有"连带责任"的担保和激励机制，不仅比较成功地解决了传统金融机构长期以来无法实现的为贫困群体和小微企业提供有效金融服务的问题，而且成功实现了机构自身的可持续发展。随着微型金融发展实践和对微型金融认识的深化，以 Stiglitz 为代表的部分经济学家们运用信息经济学、契约论和博弈论就微型金融的运行机制进行了系统的研究，形成了微型金融理论 [1]。该理论基于不完全竞争市场理论，强调利用借款人相互担保、相互合作、相互监督等激励机制，结合正规金融资源与非正规金融的信息与成本优势来克服农村金融市场的信息不对称、高交易成本和借贷主体抵押物缺失问题，以促进农村金融市场整体运行效率提高和农村金融资源配置效率提升。其研究的核心是小组贷款（团体贷款）机制 [2]。该理论认为政府适当干预对规范、稳定农村金融市场具有重要而积极的作用，主张放松利率限制，加大针对微型金融机构的税收优惠、财政补贴等特殊照顾政策，以实现微型金融机构自身可持续发展和服务"三农"的双赢。

---

[1] Stiglitz J. Peer Monitoring and Credit Markets. World Bank Economic Review, 1990，4（3）：351-366.

[2] 张伟 . 现代农村金融理论及我国农村金融制度模式的演进探索 . 现代财经，2010，(10)：17-20.

微型金融在促进农村减贫方面所取得的巨大成功证明了贫困群体作为金融机构服务对象的可行性。但微型金融宏观外部层面的发展定位和发展前景还不是很明确，法律地位、监管与信用环境也还有待改善，加之其微观主体层面的产权配置、资金来源、产权与利率结构等都还存在一系列问题，使得原本就分散化、难以实现规模经济的微型金融常常处于边缘化境地。

五、普惠金融理论

鉴于微型金融发展存在的问题，人们逐渐认识到扶贫型微型金融有必要融入更加广泛的金融体系并成为国际金融体系主体的一部分。基于这一认识，普惠金融理论正式诞生了。普惠金融这一概念最早是在 2005 年联合国国际小额信贷年时提出的，实际上是"小额信贷"、"微型金融"概念的延伸与发展，它既继承和发扬了小额信贷与微型金融作为"有效扶贫武器"的认知，又超越了小额信贷与微型金融零散的机构设置和金融服务的能力范畴，致力于建设一个系统性的微型金融服务体系或者网络，并且将之提升为整体金融发展战略的重要组成部分。其核心理念是将弱势群体纳入正规金融服务体系，让社会所有阶层和群体，包括偏远地区的居民和极端贫困人口，能够像接触公共物品一样，普遍、平等、有效地享受到储蓄、贷款、支付结算、保险等基础金融服务。普惠金融理论是在金融市场理论、不完全竞争市场理论和微型金融理论的基础上逐步发展起来的，与这些传统金融理论相比，普惠金融理论重点强调了两个方面的本质特性：一是平等性。它强调金融服务需要"广覆盖"。即金融服务要覆盖社会所有阶层和群体，决不能把某些弱势群体（包括贫困农户、个体经营者、小微企业、弱势产业和地区、社会救助对象等）排斥在金融服务之外。原因是：一方面从产业划分来看，金融业属于服务业，其基本公共服务的属性决定了它不仅要为富裕阶层和中产阶层提供服务，而且要为贫困阶层和其他弱势群体提供金融服务。另一方面从人权角度来看，正如银行家穆罕默德·尤努斯提出的"贷款应当作为一种人权加以推进"，金融服务是人们维系生存权和发展权的重要保证，平等地享受金融服务应该是每个人的基本权利。二是优惠性。普惠金融强调它在国家财政资助下，必须将更多的实惠给予特定目标客户群体，即以无偿或者相对优惠的价格为贫困农户、小微企业、低收入阶层等弱势群体提供金融产品和服务。这是因为扶危济困是一种社会公德，金融作为主要依靠公众存款、公众信心支持起来的行业，更应该履行这种社会公德，承担应有的社会责任。普惠金融的优惠性应该与此要求相吻合。

基于这两个方面本质特性，普惠金融理论强调金融机构的多样性，金融体系的多层次性和金融市场的竞争性。强调放松金融管制，坚持商业性经营原则，使整个金融体系具有可持续发展的制度基础。构建功能完善的普惠制金融体系需要从微观（金融服务提供者）、中观（金融基础设施，包括审计、征信、信息技术、转账支付系统以及培训项目等）和宏观（金融法规和政策框架）三个层面入手，并且在遵循资源配置的市场化原则下，处理好需求者（借贷主体）、供给者（金融机构）和监管者（政府）之间的关系。

近年来的实践经验表明，发展普惠金融是农村反贫困和农村经济社会发展不可或缺的利器之一。普惠金融理论的提出颠覆了"金融只为富裕阶层服务"、"银行不能向贫困阶层放款"等传统观念，是现代金融理论的一大突破，为全体社会成员平等地享受金融服务和金融发展的成果，进而在构建共同富裕的体制机制方面迈出了坚实的一步。

上述理论是 20 世纪 60 ～ 70 年代以来相关学界的一些主流思想在农村金融领域的反映，每种理论的诞生都与其特定的社会历史发展阶段密切相关，尽管都存在一些不足，但在相应的历史时期都对农村金融发展产生过积极影响。这些理论对于建立健全与中国农村经济发展相适应的农村金融体系，提高政府干预的有效性和农村金融运行绩效都具有非常重要的参考价值与借鉴意义。

第三节　乡镇企业发展相关理论

一、乡镇企业信贷配给理论

经济学家莫顿将信贷配给的表现分为两种情况：第一种情况是借款者不能

在现行利率水平下获得他所希望得到的贷款。第二种情况是同类企业向银行申请信贷只有一部分可以得到满足，而另一部分却不能得到满足。概而言之，处于信贷配给下的资金需求者要么不得不为获得信贷资金付出比市场一般利率水平更高的利息，要么即使愿意承担更高的利率也得不到信贷资金。乡镇企业的信贷配给以第二种情况的表现为主。Hodgman 和 Weitzman 认为，中小企业都属于信贷历史较短的企业，因为信贷历史较短，从而导致中小企业向银行贷款出现一些约束 [1]，[2]。Stiglitz 和 Weissi 认为道德风险和逆向选择是银行实行信贷配给的直接原因，道德风险和逆向选择也正是由于信息不对称而形成，银行实行信贷配给也是为了保持一种长期的供需平衡，维持银行的正常运营 [3]。格雷戈里等对中小企业融资的因素进行了研究。研究指出，银行的抵押担保条件、银行手续、信息问题、激励问题等都是影响中国民营企业融资的重要因素，他倡导银行推行利率自由化进程 [4]。近年来，国内不少学者开始对信贷配给理论进行了深入研究，他们认为道德风险、逆向选择、借款人等级分组、监督成本、产权和制度缺失、客户关系、违约风险等因素都会导致信贷配给行为的产生。梳理并归纳这些理论，可以发现：发展中国家乡镇企业融资中的信贷配给主要是由市场机制下的信贷配给与政府主导下的信贷配给双重约束所导致的。就市场机制下的信贷配给而言，由于无法避免的不完全信息以及由此导致的信息与监督成本将使得贷款者在贷出资金前不得不考虑借款项目的经营风险和监督成本而要求借款者承担一定的风险溢价，而这一风险溢价往往会远远高于借款者对借款项目风险程度的评估。因此，借款者正常的资金需求无法得到满足，即面临着信贷配给。更加严重的是贷款人面临的逆向选择问题。随着贷款利率上

[1]　Hodgman D R. The Deposit Relationship and Commercial Bank Investment Behavior. The Review of Economics and Statistics，1961，（43）3：257-268.

[2]　Weitzman M L，Xu C. Chinese Township-village Enterprises as Vaguely Defined Cooperatives. Journal of Comparative Economics，1994，18（2）：121-145.

[3]　Stiglitz J E，Weiss A. Credit Rationing in Markets with Imperfect Information. The American Economic Review，1981，71（3）：393-410.

[4]　尼尔·格雷戈里，斯托伊安·塔涅夫，黄烨青，赵红军. 中国民营企业的融资问题. 经济社会体制比较，2001，（6）：51-55.

升，那些坏账可能最小的借款者将会选择放弃借款，而那些风险巨大的项目或甘冒巨大风险的人或在高利率下将仍然选择借款。一个贷款者所要考虑的问题，很多时候将不是设定多高的利率合适，而是借款者能否偿还贷款。这意味着贷款者的收益在随着贷款利率的上升而上升到一定水平后，也将随着贷款利率的继续上升而下降。这时候，贷款者的理性选择就是在预期收益最大点锁定利率，并且有选择性地满足借款者的借款需求。而借款者则不得不面临更为严厉的信贷配给，即使愿意支付更高的利率也无法从正常渠道获得资金满足。严重的信贷配给似乎是我国乡镇企业所必然要面临的阶段性现象，也是金融深化的必然结果，必将依靠金融的持续深化来得以解决。就政府主导的信贷配给而言：我国是一个处于经济转轨阶段的发展中国家，乡镇企业所面临的信贷配给有其特殊性和复杂性，受二元经济结构的客观制约。为避免经济长时期徘徊于低水平"陷阱"之中，发展中国家大多采取"政府主导型"发展战略，其经济市场化进程中不可避免的带有"计划"的痕迹。政府为了尽快实现国民经济现代化，总是希望通过金融抑制来强化对金融资源的控制，以期扶持一批"享有特权"的企业部门（主导产业、主体经济部门）。这些拥有特权的企业部门就可自由地享受政府麦金农式的信贷配给方式所赋予的资金优势，而另外一些企业则深受其害。这就必然导致整体效益不佳的国有大中型企业占据了全国绝大部分的信贷资源，对国民经济发展做出重大贡献的广大中小乡镇企业却无法获得借贷资金支持。这就是人们常说的"所有制歧视"现象。然而，这一现象的产生和存在有其必然性和一定的合理性。经济转轨和金融深化进程中的发展中国家乡镇企业信贷配给的形成实际上是"计划"与"市场"两种金融资源配置方式层叠在一起而共同作用的结果，即"双重信贷配给"机制作用的结果[1]。

二、企业金融成长周期理论

Weston 和 Brigham 根据企业在不同成长阶段的融资来源，提出了企业金融成长周期理论，他认为，企业的金融生命周期可分为三个阶段：即初期、成长

---

[1] 黄树青.信贷配给与我国乡镇企业融资困境.华南金融研究，2001，（5）：11-13.

期和衰退期 [1]。该理论指出企业资金来源因自身所处发展阶段的不同而不同。企业发展初期的资金主要来源于自有资金。在企业发展成长期中，自有资金、银行贷款以及留存收益、权益融资资金、金融机构长期贷款就成为其主要来源。在企业发展的衰退期，企业一般撤出资金、回购股票、企业并购等。Weston 和 Brigham 扩展了该理论，将企业的金融成长周期进一步分为创立期、成长阶段 I、成长阶段 II、成长阶段 III、成熟期和衰退期六个阶段。同时指出企业的资本结构、销售额和利润等是决定企业融资来源和决定企业融资结构的主要因素。遗憾的是他没有考虑企业信息等隐性因素的影响 [2]。在此基础上，Berger 和 Udell 对上述理论进行了进一步修正，将企业规模、资金需求、信息约束等作为影响企业融资结构的基本因素纳入到企业融资模型中，通过对企业融资模型进行深入分析发现，企业在不同的成长阶段，随着企业规模、资金需求、信息约束等因素的变化，其融资结构也会发生相应的变化 [3]。就初创期的企业而言，主要面临技术、市场、管理等风险，由于信息封闭，其发展主要依赖内源融资（业主和所有者的自有资金）。就成长期的企业而言，由于可抵押资产增加，企业自身也有了一定的信用，其发展过程中就可以通过金融中介获得一定的外源融资。就成熟期的企业而言，由于具备较高的信息透明度和相对完备的财务制度，在发展过程中就可以在公开市场上发行债券，其融资渠道不断拓宽，股权融资比重也将不断上升。就衰退期的企业而言，由于金融资源撤出，企业原有的产品或服务逐步被淘汰，企业需要寻找新的项目和机会以确保自身的生存与发展。总的来说，处于初创期的企业外源融资约束比较严重，融资渠道相对较窄，随着企业的逐步发展，企业的外源融资约束逐步缓解，融资渠道逐步得到拓展。该理论表明企业融资结构的变化是一个动态的发展过程，处于不同发展阶段的企

[1] Weston J F, Brigham E F. Managerial Finance. New York : Dryden Press, 1970 : 23-59.

[2] Weston J F, Brigham E F. Managerial Finance, 6th Edition. New York : Dryden Press, 1978 : 30-106.

[3] Berger A N, Udell G F. The Economics of Small Business Finance : The Roles of Private Equity and Debt Markets in the Financial Growth Cycle. Journal of Banking & Finance, 1998, 22 (6): 613-673.

业，其融资结构也不尽相同 [1]。因此，企业自身需要根据自身的不同成长阶段进行不同的融资安排。Gregory 等利用美国 954 家中小企业的数据对企业金融成长周期理论进行了实证检验，检验结果较好地支持了该理论 [2]。我国学者朱坤林通过研究也发现企业金融成长周期理论对中小企业群体具有很好的适用性 [3]。

三、企业融资结构与融资行为理论

自 20 世纪 50 年代以来，国外不少学者对企业融资结构问题进行了深入的探讨，并且形成了比较成熟的企业融资结构理论。从发展阶段来看，企业融资结构理论可以分为两个阶段。第一个阶段为早期的融资结构理论。这个阶段主要由美国财务金融学家杜兰特在 1952 年提出，包括净收入理论、净经营收入理论和传统折中理论。早期的融资结构理论得到了学术界的广泛认同，并予以实际运用。但是早期的融资结构理论有一定的局限性，它忽视了财务风险，而夸大了财务杠杆效应。从而推动了企业融资结构理论由第一阶段发展到第二阶段。第二阶段为现代融资结构理论。现代融资结构理论的代表性人物是美国金融学家 Modigaliani 和 Merton H. Miller，因此也称为 MM 理论。该理论的提出被认为是现代资本结构理论研究的起点，并且经过发展拓展出两个重要理论即以 Farrar 和 Selwyn 等人为代表的税差理论和以 Aitman 等人为代表的破产成本理论。这两个分支经过发展又形成了以 Myers 等为代表的平衡理论 [4]。下面分别就 MM 理论、权衡理论、代理理论以及由 MM 理论和代理理论进一步发展而来的信号传递理论进行具体阐释。

（1）MM 理论。该理论的几个基本假设是：债券和股票在完全竞争市场上进行交易，且市场交易费用为零；现在和将来的投资者对每个企业未来的净收入估计完全相同；不考虑企业所得税，企业经营风险相同且可以计量；企业不

[1] 李巧莎．基于金融成长周期理论的科技型中小企业融资问题研究．科技管理研究，2013，（10）：243-250.

[2] Gregory B T, Rutherford M W, Oswald S et al. An Empirical Investigation of the Growth Cycle Theory of Small Firm Financing. Journal of Small Business Management, 2005, 43（4）: 382-392.

[3] 朱坤林．中小企业融资理论综述．商业研究，2011，（5）：36-42.

[4] Myers S C. The Capital Structure Puzzle. The Journal of Finance, 1984, 39（3）: 574-592.

存在破产成本；发行新债务不会对企业已有的债务市场价值产生影响；资本市场完善，信息充分，个人与企业能以同样利率借款。基于这些假设，该理论认为企业的加权资本成本完全与其资本结构无关，企业的自有资本成本的上升与对外负债利益刚好相同，相互抵消。因此认为企业的资本结构与其价值无关。MM 理论首次将资本结构纳入到了一般均衡分析理论框架中，随后资本结构理论得到不断发展，其严格的假设条件也不断得以放松。

（2）权衡理论。由于 MM 理论仅仅考虑到税收因素对资本结构决策的影响，没有考虑企业负债带来的财务风险，因而缺乏一定的参考价值。基于此，Farrar 和 Selwyn 提出了税差理论，他们认为投资者进行投资时会重点关注股利的税率和资本利得税率[1]。如果前者高于后者，投资者就会对高股利收益率股票要求较高的报酬率，如果企业为了促使公司价值提升，那么企业应采取低股利政策，就必须降低资金成本。Aitman 等学者作为破产成本学派代表人，他们基于破产成本考虑，重点研究了财务杠杆所导致的破产成本对企业融资结构的影响[2]。认为财务杠杆的提高将使得企业破产风险加大，而破产成本的存在会进一步减少企业的总价值。因此，预期的破产成本对企业资本结构具有相当重要的影响。后来，税差理论和破产成本理论的观点进一步归结，形成了权衡理论。权衡理论的关键论述在于债务的纳税优势和破产成本现值之间的权衡。权衡理论认为，企业不断提高负债能够获得更多的纳税优惠，但是随着负债比例上升，企业面临的破产风险也不断加大。

（3）代理理论。Jensen 和 Meckling 在 MM 理论的基础上，进一步放宽了 MM 理论中关于无破产成本的假设，研究认为企业在进行融资时会认真权衡预期现金流、独立性、企业的代理成本三者之间的关系[3]。也就是说既会考虑预期现金流与独立性之间的关系，也会考虑到企业的代理成本。后来在 Jensen

---

[1] Farrar D, Selwyn L. Taxes, Corporate Financial Policy and Return to Investors. National Tax Journal, 1967（12）：444-454.

[2] Aitman E I. Financial Ratios, Discriminant Analysis and the Prediction of Corporate Bankruptcy. The Journal of Finance, 1968, 23（4）：589-609.

[3] Jensen M C, Meckling W H. Theory of the Firm：Managerial Behavior, Agency Costs and Owner Ship Structure. Journal of Financial Economics, 1976, 3（4）：305-360.

和 Meckling 研究的基础上，逐渐发展成为企业资本结构的代理理论。代理理论认为代理成本的产生，主要是基于两个重要原因：其一，由于股东与经理层之间存在信息不对称，相比经理层而言，股东对企业的经营情况没有那么了解，固然存在很多信息不对称，从而产生了代理成本；其二，由于股东的所有权与经理层的经营权之间是分离的，股东从自身利益出发，希望经理层能够按照股东自身利益最大化出发进行经营，而经理层如果按照股东的经营目标出发，自己获得的利益将非常小，并且操作起来不容易。所以，经理层的经营目标往往是从自身利益最大化出发，通过经营决策提高自己对企业的控制力，这种情况下只需要花费很小的成本就可以达到预期目标。为此，代理成本可以分为两种：第一种是由于股东与经理层之间经营信息不对称而产生，由企业所有者承担的一种内部融资代理成本。第二种代理成本是债权人与所有者间信息不对称产生的，由债权人承担的一种外部代理成本。第一种代理成本相对较小，而第二种代理成本相对较大，但是可以通过最小化股权和债权的代理成本获得最优的资本结构。

（4）信号传递理论。该理论在 MM 理论的基础上，进一步放宽了关于充分信息的假设，从信息不对称角度出发探讨信息对企业融资结构的影响。这是基于代理理论和 MM 理论基础的发展和进步。Ross 提出了负债比例信号模型。认为经营者将使用负债比例显示企业质量[1]。由于信息不对称，企业内部经营者相比外部投资者而言要拥有更多的信息优势。即内部经营者更清楚企业投资收益的真实分布，而外部投资者不清楚，且大部分情况下只能通过企业经营者的融资决策信息来了解企业的经营状况。基于此，内部经营者就会通过企业的负债比例向外部投资者传递企业利润分布的信息。由于破产概率与企业质量负相关，而与企业负债率正相关，而低质量企业通过采用高负债的方式来模仿高质量企业的概率是非常小的。因此，外部投资者就把较高的负债率视为企业高质量的表现，企业负债比例越高，表明企业经营者对该项目的预期收益较高，企业的经营状况越好。资本结构通过传递内部信息对企业的市场价值产生影响。

---

[1] Ross S A. The Determination of Financial Structure : the Incentive-signalling Approach. Hystrix-italian Journal of Mammalogy，1977，20（1）：69-78.

在此基础上，Myers 和 Majluf 提出了融资优序理论[1]。该理论同时考虑了信息不对称和交易成本的存在。认为权益融资会传递企业的负面信息，而外部融资要支付各种成本，因而企业进行融资时，一般会遵循既定的融资顺序，即内部融资—债权融资—权益融资这种由内部到外部的融资顺序。当采取外部融资方式时，债权融资方式风险较低，应优先于股权融资方式。这样不仅能够降低企业的融资成本和风险，而且能够考虑到市场与企业之间的信息传递，有助于企业自身价值的提高。Brealey 和 Pyle 研究发现，企业经营者一般通过增加自己的股份份额向其他投资者传递一种投资信号[2]。因为从投资者角度来看，企业经营者增长股份份额说明此项目是值得投资、高质量的项目。企业经营者所占的股份比例越高，传递的信号就是融资项目的价值越高，投资者对该项目的预期收益越大。此后，Graham 和 Harvey 研究认为企业规模在很大程度上影响企业的交易成本，而这种交易成本正是由于信息不对称所导致[3]。融资优序理论提出的这种融资顺序更加适合于信息不透明的中小企业的融资决策。尽管融资优序理论得到了较为广泛的应用，但是也还存在一定的缺陷，如企业融资时，除了考虑到信息不对称与成本因素外，也会充分考虑自身的融资能力和融资渠道等等。

四、生产率理论

生产率研究是经济学研究的基础领域。生产率是指人力、物力、财力等不同要素资源的开发利用效率。即生产过程中投入要素转变为实际产出的效率，数值上等于产出与投入的比例。生产率是衡量生产过程有效性的重要指标之一，是探求经济增长源泉的重要工具，同时也是确定经济增长质量的主要方法。生产率反映了投入和产出之间的关系，伴随着经济增长理论的发展，对生产率的

[1]　Myers S C, Majluf N S. Corporate Financing and Investment Decisions when Firm Shave Information that Investors Donot have. Journal of Financial Economics，1984，13（2）：187-221.

[2]　Brealey R, Leland H E, Pyle D H. Informational Asymmetries, Financial Structure, and Financial Intermediation. The Journal of Finance，1977，32（2）：371-387.

[3]　Graham J R, Harvey C R. The Theory and Practice of Corporate Finance：Evidence from the Field. Journal of Financial Economics，2001，60（2）：187-243.

认识也从强调单一要素生产率的作用发展到对全要素生产率的理解及内涵的扩展。生产率大体上可以分为单要素生产率和全要素生产率。所谓单要素生产率，是指产出量与某一种特定的生产要素的投入量（如劳动、资本等）之比。使用单要素生产率作为评价效率高低的指标非常容易操作,得到了广大学者的应用。然而，单要素生产率提供的信息非常有限，只能够反映产出量与单一生产要素之间的效率关系，只能衡量一段时间内某一个特定要素投入量的节约，而不能反映生产效率的全部变化。而实际生产过程往往是一个多投入过程，投入要素之间可能存在相互替代关系。因此，二战以后，国际上生产率研究的重点从单要素生产率开始转向了全要素生产率，这标志着现代生产率问题研究的开始，也将生产率研究推上了一个新的高度。最早提出全要素生产率问题的是首届诺贝尔经济学奖获得者丁伯根。全要素生产率是指所有生产要素的生产率，它基于一个更广的范围来考察生产率的情况，是总产出与综合投入要素之比。研究的是在一个经济系统中所有投入要素加权综合后形成综合投入的产出效率。相对于单要素生产率，全要素生产率能够更为全面地考虑投入要素，从而能够更加真实客观地衡量全部要素投入量的节约，反映一个经济系统的宏观综合经济效益[1]。

全要素生产率的测算也是非常重要的。目前，全要素生产率计算方法主要有索洛余值法、生产函数法及指数法。索洛认为增长余值的变化是由技术进步带来的。全要素生产率的增长不仅取决于所采用的技术水平的提高，即技术进步，而且还取决于对现有技术的使用、发挥状况（即技术效率）的改进，两者对生产单位而言都是非常重要的。索洛余值法测算全要素生产率也存在一个重大缺陷，即没法准确地测量资本投入、劳动投入等。由于产出变动中存在未被要素变动所能解释的部分，故又有"索洛黑箱"之称。美国经济学家丹尼森（E Deni-son）从投入要素的不同性质出发，将投入要素进行分类，并对这些不同类型的投入要素赋以不同的权重，然后将不同的投入要素进行加权得到总的投入，在此基础上计算出了更为精准的全要素生产率。随着计量工具的不断进步，全要素生产率的测算也在不断完善。

[1] 张军，施少华，陈诗一.中国的工业改革与效率变化.经济学（季刊），2003，（1）：1-38.

五、技术进步与创新理论

技术，从经济学角度来讲，有狭义和广义之分。狭义技术是从劳动力技能、劳动工具和劳动对象这三个方面来定义的。而广义技术是指系统地应用自然科学与社会科学的知识进行生产活动的方法，它既可以表现为生产过程中的投入要素，如人力、设备、原材料及其品质水平，也可以表现为生产过程中组织管理的科学程度。钱纳里等认为，技术进步体现在生产过程中机器设备和工艺水平的改进，劳动力技术文化知识和管理者组织管理水平的提高以及各种投入物组合程序和组织原则的变化[1]。目前，理论界对技术进步内涵的理解并不完全一致，归纳起来主要有狭义技术进步和广义技术进步之分。狭义技术进步主要指生产领域和生活领域所取得的技术进步，也就是在硬技术应用方面所取得的进步。在技术进步方面已有一些相关的理论研究，例如：马克思主义的科技进步观、熊彼特的创新理论、曼斯菲尔德的技术创新与扩散理论以及新增长理论等。现有理论在前人研究的基础上仍在不断发展与完善之中。

美国经济学家约瑟夫·阿罗斯·熊彼特在 1912 年最先提出"创新"一词。技术创新理论也首次经由熊彼特的《经济发展理论》系统地提出。"创新"就是一种新的生产函数的建立，即实现生产要素和生产条件的一种从未有过的新结合，并将其引入生产体系。创新一般包含制造新的产品、采用新的生产方法、开辟新的市场、获得新的供应商、获得原材料或半成品的新的供应来源、形成新的组织形式等五个方面的内容。后来，该技术创新理论经由诺贝尔经济学奖获得者索洛、英国经济学家弗里曼等人的进一步研究和发展，得以不断丰富与完善。

技术创新理论以"创新"为基础，揭示了现代经济的一般特征及其发展的社会推动力，这一理论分析体系和研究方法，对当前处于不同体制框架和不同发展阶段中的所有国家，都具有重大的理论、政策启迪意义和深远的历史性影响。我国学者傅家骥研究指出，狭义的技术创新是企业家抓住市场的潜在盈利机会，以获取商业利益为目标，重新组织生产条件、要素和组织，建立起效能

---

[1] 钱纳里，鲁宾逊，赛尔.工业化和经济增长的比较研究.上海：三联书店，1989：113-327.

更强、效率更高和费用更低的生产经营系统的活动过程；而广义的技术创新则包括从"研究开发—狭义的技术创新—创新扩散"整个过程。[1]技术进步是技术创新的累积，技术进步向经济增长的转化过程是由技术创新作为中间环节的。因此，我们需要设计市场、组织以及科学、技术、金融、商业、法律、制度等一系列活动，保证这些中间环节顺利运行，推动技术进步和技术创新。

第四节　本章小结

本章首先就农村金融（包括正规金融与非正规金融）与乡镇企业的定义进行界定，然后循着农村金融理论发展的脉络，对不同时期农村金融的代表性理论即农业信贷补贴论、农村金融市场论、不完全竞争市场论、微型金融理论和普惠金融理论及其对农村金融发展的作用进行述评。接下来，就乡镇企业发展的代表性理论即乡镇企业信贷配给理论、企业金融成长周期理论、企业融资结构与融资行为理论、生产率理论以及技术进步与创新理论的理论观点及其对乡镇企业发展的作用进行梳理与分析。上述理论是相关学界的一些主流思想在农村金融领域和乡镇企业发展过程中的反映，每种理论的诞生都与其特定的社会历史发展阶段密切相关，尽管都存在一些不足，但在相应的历史时期都对农村金融与乡镇企业发展产生过一定的影响。这些理论对于建立健全与中国农村经济发展相适应的农村金融体系，提高政府干预的有效性和农村金融运行绩效，促进乡镇企业的金融支持与发展乃至深化农村金融支持乡镇企业发展的理论研究都具有非常重要的参考价值与借鉴意义。

---

[1] 傅家骥.面对知识经济的挑战，该抓什么——再论技术创新.中国软科学，1998，（7）：36-39.

| 第三章 |

农村金融发展的现状与问题分析

中国农村社会内部存在典型的二元金融结构：一方面，政府主导的国有银行、商业银行的分支机构组成了一个组织化程度很高但有限的正规金融市场；另一方面，传统的、小规模经营的非正规金融组织，如民间借贷、合会、典当行、企业集资、农村合作基金会、金融服务社以及证券业地下拆借市场等广泛存在于农村经济的各层次。众多的研究已经表明，作为农村金融市场主力军的正规金融面临着"市场失灵"与"政府失灵"的双重约束，导致农村金融市场呈现市场分割、信贷配给的局面。在农户融资需求长期内不能从农村正规金融机构得到有效满足的情况下，农村经济主体内部便产生了以自身偏好方式解决融资的冲动和可能。因此，农村非正规金融应运而生。本章首先系统分析中国农村金融体系的形成与发展逻辑，然后从供需视角深入剖析中国农村金融发展现状及其存在的问题。

第一节　农村金融体系的形成与发展逻辑

中国农村金融体系的形成与发展和中国政治体制安排、经济改革与发展阶段有着必然的关联。系统梳理中国农村金融体系形成与发展的历史轨迹，剖析中国农村金融政策演进与发展的逻辑，总结归纳中国农村金融体系形成与发展中存在的问题，对于促进中国农村金融管理体制改革与发展模式创新，提升农村金融服务"三农"的效应与能力具有重要的现实意义。

新中国成立至今，中国已经进行了近67年的农村金融体制建设与改革。在这67年里，中国农村金融体系经历了从宏观到微观，从单一到多元，从外生到内生，从国家功能到农村功能等多方面的转变和发展，最终形成了目前政策性金融、商业性金融与合作性金融并存，正规金融与非正规金融并存的多元化、多层次、广覆盖的农村金融体系。纵观中国农村金融体系形成与发展的历程，大致可以分为四个明显的发展阶段。

一、农村金融组织机构的创建与反复阶段（1949 ～ 1978 年）

新中国成立后，中国农村经济逐步恢复和发展，但工业发展水平低下，工业化程度低。为了支持农业生产进而为国家工业化建设积累原始资本，中国建立了一套与高度集中的计划经济体制相适应的资源计划配置制度，农村金融体制的建立也必然服从于这种为工业化建设动员储蓄、筹措资金、积累原始资本的制度安排。这一时期，初步创建了以中国人民银行县及县以下分支机构为主体，以农村信用社为代表的国家农村金融组织机构体系。期间，由于中国人民银行和中国农业银行在农村基层分支机构设置上的诸多矛盾，农业（合作）银行三次设立并三次被撤销，农村信用社经过 1950 ～ 1953 年重点试办以及 1955 ～ 1957 年和 1963 ～ 1964 年的两轮整顿与建设，得到了初步发展。1958 年 12 月，国务院颁布《关于适应人民公社化的形势改进农村财贸管理体制的决定》，将国家在农村的财政、金融等部门的固定资产、流动资金以及业务管理权限全部转交给人民公社，并要求人民公社统一资金流向，那就是只限于工农业生产资金周转和商品流转方面。这样，农村信用社合作性质的组织管理模式被打破，取而代之的是单一体制的人民公社管理模式。由于人民公社管理混乱，信用社经营规章和秩序被严重破坏。1959 年，国家通过《关于加强农村人民公社信贷管理工作的决定》，将下放给人民公社的银行营业所回收，将之前由人民公社管理的信用社进一步下放给生产大队。在"大跃进"时期，生产大队在农村金融领域"五风"的影响下逐步脱离了国家信贷政策约束，出现了信贷资金随意使用和主观放贷等一系列问题。于是，中共中央于 1962 年发布了《关于农村信用社若干问题的规定》，进一步明确了农村金融组织的两种所有制形式，即全民所有制的国家银行和集体所有制的农村信用合作社。农村信用社重新恢复为独立经营、自负盈亏的集体金融组织。但是在农村信用社转制的过程中，信用社管理人员和地方干部随意平调、挪用信用社资金和财产的问题依然严重。为此，1963 年，中国人民银行联合相关部门发布《关于认真学习和坚决执行〈中共中央、国务院批转中国人民银行关于整顿信用社打击高利贷的报告〉的通知》，在全国范围内掀起了整顿农村信用社和打击农村高利贷的活动高潮 [1]。在"大跃进"和"文化大革命"时期，农村信用社的发展一度处于停滞与瘫痪状态。

整体上看，计划经济时期农村金融安排的功能只是为支持工业化发展而动员储蓄，并没有建立起专门为农业、农村、农民生产和发展服务的农村金融制度和农村金融机构。由于这一时期农村金融机构的典型代表——农村信用社的资金流向被严格管制和集中统一，加之国家实施了一系列针对农村的"低利率"、"低工资"、"低农产品与原材料"等价格扭曲政策，农村信用社实际上变成了农村资金输出的管道，农村也就成为了国家工业化战略所需资金的净供给者。

二、单一农村金融体系的形成与发展阶段（1979 ~ 1992 年）

伴随着家庭联产承包责任制和改革开放的实施，国家对农村生产效率的压抑和对农村剩余的剥夺状况有所松动。农村作为国民经济的薄弱环节，成为国家新一轮改革先锋。两亿多农户逐步从人民公社和生产大队的约束中解放出来，各类承包户、专业户、经济联合体、乡镇企业等经济个体和经济组织纷纷出现。农村经济主体的多元化必然引致农村金融需求的多样化，原有城乡合一的金融管理体制表现出极大的不适应性，于是单独设立专门服务"三农"的金融机构成为第一轮真正意义上农村金融体制改革的重点 [2]。

这轮改革持续时间较长，改革内容主要表现在如下在四个方面：（1）恢复

---

[1]　周立，周向阳.中国农村金融体系的形成与发展逻辑.经济学家，2009，（8）：22-30.

[2]　周立.中国农村金融体系发展逻辑.银行家，2005，（8）：36-41.

中国农业银行。1979 年国务院颁发〔1979〕56 号文件，批准恢复中国农业银行，自上而下建立各级组织机构，并明确其"统一管理支农资金、集中办理农村信贷、管理农村信用社、发展农村金融事业"的主要职责与任务。农业银行自此结束了传统的运作目标和模式，将信贷业务扩大到与农业、农村、农民有关的各个领域，积极配合农村经济体制改革，为恢复和发展农村经济提供支持。（2）恢复农村信用社的"三性"。1981 年 3 月，中国农业银行发布了《关于改革农村信用合作社体制，搞活信用合作工作的意见》，明确了从组织机构、资金来源与管理、业务范围、利率与分红等多个方面对农村信用社进行改革。1984 年8 月，国务院批转《〈关于改革信用合作社管理体制的报告〉的通知》，希望通过改革，恢复和加强农村信用社组织上的群众性、管理上的民主性和经营上的灵活性，把农村信用社真正办成群众性的合作金融组织，为农村商品经济发展提供资金支持。1990 年 10 月，中国人民银行印发《农村信用合作社管理暂行规定》的通知，进一步强调了农村信用社资金管理上"以存定贷、自主运用、比例管理"的基本原则。（3）支持农村金融组织的多元化发展。1987 年 1 月，中共中央在《关于把农村改革引向深入的通知》中指出：一些乡、村合作经济组织和企业集团建立的合作基金会、信托投资公司，适应不同商品经济发展的要求，有利于集中社会闲散资金，缓和农村资金供求矛盾，原则上应予以肯定和支持。1991 年 12 月，农业部发布《关于加强农村合作基金会规范化、制度化建设若干问题的意见》，督促农村合作基金会改善和加强集体资金管理，增加"三农"资金投入。随着这一政策的实施，农村合作基金会迅速发展。据统计，到 1992 年全国已经建立乡镇一级的农村合作金融组织 1.74 万个，村一级的合作金融组织 11.25 万个，各级合作金融组织年末筹资额达到 164.9 亿元 [1]。（4）放松农村民间借贷的管制。随着农村合作金融组织的发展，农村民间借贷的严厉管制也在一定程度上被逐步放开。早在 1981 年，国务院在《中国农业银行关于农村借贷问题的报告》中就将民间借贷定位为农业银行和农村信用社的补充，肯定了民间借贷的作用。民间借贷起初只是在亲戚朋友之间以无息、互助的方式进行，后来发展到了面向各类农村经济主体的有息，甚至高息的商

---

[1] 温铁军.农村合作基金会的兴衰：1984～1999.上海：三联书店，2005：26-28.

业化运作形式。银背、钱庄、合会、典当行、高利贷等各种形式的民间借贷纷纷出现，严重扰乱了农村金融秩序，加剧了农村金融市场风险。

这一期间的农村金融体制改革与建设，基本上建立起了以中国农业银行及其农村基层机构为主体的单一的农村金融组织体系。农业银行的业务范围得到进一步拓展，在支持"三农"发展中发挥了重要作用。但是由于农业银行经营职能与行政职能不明确，政策性业务与经营性业务含混，农业银行指导下的农村信用社在恢复"三性"的过程中也存在走过场、搞形式的问题，使得农村信用社的合作制改革成效大打折扣，没有取得实质性进展[1]。改革中出现的农村合作基金会以及其他合作金融组织，在缓减农村资金短缺上发挥了积极作用，但是也由于政府行政过度干预、违规经营、内部监管制度不健全等多方面原因而逐步偏离了合作制轨道。1988年中国出现了通货膨胀，尽管1989年得到一定程度的缓解，但是最终在1992年全面加剧，农村非正规金融机构琳琅满目，农村金融市场一度陷入混乱。在此宏观背景下，农村金融机构的管理亟待整顿和规范，也迫切需要建立一个相对完善的农村金融体系和农村金融市场为农村经济发展提供支撑。

三、"三位一体"农村金融体系的初步形成阶段（1993～2002年）

1993年11月，中共十四届三中全会通过了《中共中央关于建立社会主义市场经济体制若干重大问题的决定》，提出了实现金融机构政策性业务与商业性业务分离的设想。明确提出要建立政策性银行、发展商业性银行、组建合作银行。同年12月，《国务院关于农村金融体制改革的决定》进一步明确了清理和整顿农村合作基金会，组建中国农业发展银行和农村合作银行的政策措施。目的是逐步建立和完善以合作金融为基础，商业性、政策性金融分工合作的农村金融体系。1993～2002年的农村金融改革也基本围绕这一目标进行，改革内容主要体现在如下四个方面：（1）成立中国农业发展银行。1994年4月，国务院发布《关于组建中国农业发展银行的通知》，希望建立中国农业发展银行来专门承担从农业银行剥离出来的政策性金融业务。同时代替国家筹集农业

---

[1]　周立，周向阳.中国农村金融体系的形成与发展逻辑.经济学家，2009，（8）：22-30.

政策性信贷资金，承担国家规定的农业政策性金融业务。1995 年，农业发展银行全面完成了各省级基层机构的组建。（2）推进中国农业银行的商业化改革。中国农业银行在剥离了政策性金融业务之后，按照现代商业银行的运营机制，向国有商业银行转变。（3）实行"行社分离"。1993 年，《国务院关于金融体制改革的决定》明确提出要将农村信用社从中国农业银行独立出来，向合作制发展。1994 年，农村信用社正式迈出了与中国农业银行脱离隶属关系的改革步伐；1997 年，人民银行发布了《农村信用合作社管理规定》，对脱离农业银行的农村信用社在组织管理、业务授权等方面进行规范。2001 年 12 月，中国人民银行印发了关于《农村信用合作社农户联保贷款管理指导意见》的通知，要求各地区根据当地实际，逐步推广农户联保贷款业务，并对农户联保的基本原则、操作方式等进行了规定。（4）清理整顿农村合作基金会，打击非正规金融。1994 年，农业部联合相关部门发布了《关于加强农村合作基金会管理的通知》，明确了农村合作基金会受农业部指导和管理，由地方农业行政部门主管，接受中国人民银行监督，各级领导和监管部门有权对农村合作基金会的各类违规信贷行为进行处理。1998 年 7 月，中国人民银行发布了《非法金融机构和非法金融业务活动取缔办法》，认定除部分小额信贷、亲友之间的互助性借贷外，其他非正规金融组织均属于非法机构，其活动属于非法活动，要予以清理和整顿。1999 年 1 月，国务院 3 号文件宣布对农村合作基金会进行全面清理整顿，统一取缔全国农村合作基金会。（5）撤并国有专业银行的农村基层分支机构。1997 年，中央金融工作会议决定收缩各国有商业银行县（及以下）分支机构。1999 年前后，四大国有商业银行共撤并回收了县及以下基层分支机构 3100 多家。

这一时期农村金融体制改革与建设，初步建立起了为基层农户服务的合作性金融机构——农村信用社、为工商业服务的商业性金融机构——中国农业银行、为整体农业服务并实施国家政策的政策性金融机构——中国农业发展银行"三位一体"的农村金融体系[1]。但是这一体系的运行并没有能够缓减中国农村资金供求矛盾。农村信用社脱离与中国农业银行的隶属关系之后，内部管理逐步规范，经营状况和资产质量出现明显好转，支农投入增长明显。但是由于历

---

[1] 周立.三次农村金融改革述评.Banker, 2006，（3）：114-117.

史包袱沉重、产权不明晰、治理结构不完善、管理体制不顺、政府干预过度等一系列问题，也严重影响了农村信用社的可持续发展。中国农业银行在退出农村市场后，以盈利为目标的商业化运行原则使得其逐渐"非农化"，支农变得更加遥不可及。农业发展银行由于资金来源不足、业务范围单一，除了代理国家粮食收购贷款业务外，其他支农领域的业务发展缓慢，政策性金融的作用发挥非常有限。随着四大国有商业银行农村基层分支机构的大幅收缩，出现了农村资金供给严重不足与农村资金严重外流的双重困境。据统计，作为支农主力军的农村信用社农业贷/存比在 2001～2002 年间均不足 0.4；只存不贷的邮政储蓄每年从农村抽走的资金约为 6000 亿元；农村信贷资金净流出额从 1996 年的 1912 亿增长到 2001 年的 4780 亿 [1]。在农村正规金融支农严重缺位的情况下，农村非正规金融尽管受到打压，但依然异常活跃。这一时期中国农村金融体制的演变也是政府制度安排的产物。

综观中国农村金融 2003 年之前的改革设计和安排，都是政府主导的从正规金融机构着手，重视金融机构的改革而忽视金融体系的功能的改革与调整。在改革和演进路径上遵循的是自上而下的强制性制度变迁，自下而上的诱致性制度创新被严重压抑 [2]。这种路径的依赖和演进与中国农村经济体制的演进路径正好是背道而驰的。其结果就是使得政府成为农村金融体制唯一合法的供给主体，农村正规金融处于垄断地位，而内生于农村经济母体、一定程度上代表着农村金融体制创新的非正规金融组织被严厉打压和排斥，最终导致农村金融领域政府失灵和市场失灵并存，农村资金短缺与农村资金外流并存。

四、"三位一体"农村金融体系的深化阶段（2003 年至今）

1993～2002 年的农村金融体制改革初步搭建起了一个"三位一体"的农村金融体系框架。但改革最终基本只剩下农村信用社在自身多重角色冲突和经营的风雨飘摇中独身支"三农"的局面。21 世纪初，随着"三农"问题被连

---

[1]　数据来自《中国金融年鉴 2003》。

[2]　匡家在 .1978 年以来的农村金融体制改革:政策演变与路径分析 . 中国经济史研究，2007，（1）：106-112.

续强调为政府工作的"重中之重",农村金融体制改革也就自然而然成为中国金融体制改革的"重中之重",农村信用社作为唯一一家驻扎在农村基层的正规金融机构也就理所当然地成为政府新一轮改革的主角。2003 年 1 月,国务院在《关于做好农业和农村的意见》中明确提出要深化农村信用社体制改革。同年 7 月,国务院印发了《关于深化农村信用社改革试点方案的通知》,要求按照"明晰产权、强化约束机制、增强服务功能"的目标在全国范围内推进农村信用社向社区性地方金融机构方向改革。此轮深化改革取得了积极成效,农村信用社自身历史包袱逐步化解,资产质量得到明显改善,产权进一步明晰,支农能力明显增强。据统计,截至 2012 年末,全国农村信用社经营网点扩展到 7.7 万个,占银行业总量的 36.9%,县域员工 63.2 万人,完成了 98.4% 的乡镇金融服务空白和 67.7% 的机构空白覆盖任务。在县域信贷资金的投放上,2013 年全国农村信用社涉农贷款余额达 6.2 万亿元,其中农村贷款余额 5.5 万亿元,农户贷款 3 万亿元,占银行业农户贷款总额的 66.7%,成为"三农"获得信贷支持的主渠道。与此同时,自 2003 年以来,以"存量调整"向"增量培育"转变的农村金融改革也取得了突破性进展,培育增量的"新政"不断推出。主要表现在:(1)放宽农村金融市场准入政策。2003 ~ 2010 年,连续 8 个涉农中央一号文件,都强调要放宽农村金融市场准入政策,鼓励和支持多种所有制形式的农村金融组织发展,培育小额信贷组织,推进农村金融服务与产品创新。2006 年 12 月,银监会发布《关于调整放宽农村地区银行业金融机构准入政策,更好地支持社会主义新农村建设的若干意见》,明确提出支持包括村镇银行、社区信用合作组织、只放贷不吸储的专业金融公司在内的三类新型农村金融机构发展。2007 年 1 月,中国银监会印发了《农村资金互助社管理暂行规定》和《贷款公司管理暂行规定》,对村镇银行和贷款公司的性质、机构、组织、经营、管理等问题作了明确规定。这些政策推行以来,村镇银行、贷款公司、农村资金互助社等新型农村金融机构纷纷涌现,截至 2012 年末,全国共开设村镇银行 765 家;小额信贷公司 6080 家。小额贷款对象从传统农户拓展至农村各种经营户、工商户以及中小企业;贷款用途由传统生产经营性领域拓展到消费性领域;贷款额度根据地区不同调整到 3 万 ~ 5 万元、10 万 ~ 30

万元不等；贷款期限也逐步突破农业生产周期性禁锢。（2）推进中国农业银行与中国农业发展银行改革创新。2007 年，金融工作会议决定推进中国农业银行进行股份制改革，以进一步强化其服务"三农"的定位和责任。同时把农业发展银行办成具有可持续发展能力的真正的农业政策性银行。截至 2008 年末，农业银行累计涉农贷款 7667 亿元，占全行各类贷款总额的 25.9%。（3）成立邮政储蓄银行。长期以来，农村邮政储蓄"只存不贷"无疑是造成农村资金外流的重要因素之一。2006 年，银监会批准建立中国邮政储蓄银行，并积极支持其与农业发展银行、农村信用社合作，开办专门针对农户和农村小微企业的小额信贷业务。2006 ~ 2008 年，邮储银行累积发放各类小额贷款 600 多亿元，其中 70% 以上发放在农村地区；农村合作金融机构发放涉农贷款 2.45 万亿元，占全国涉农贷款总额的 35.5%。（4）推进农村商业银行上市。由农村信用社改革重组而来的农村商业银行经营实力和资产质量大幅提升，竞争力和可持续发展能力明显增强。并且农村商业银行一改此前大幅撤并农村分支机构的做法，重新开始了在农村地区布局设点的步伐。如中国农业银行在湖北和内蒙古发起成立了两家村镇银行；中国建设银行在湖南和深圳设立了两家村镇银行；汇丰、花旗等外资金融机构也在所在投资地区设立了 7 家新型农村金融机构。2008 ~ 2010 年，银监会多次释放了鼓励支持条件成熟的农村商业银行上市的积极信号。期间，北京、上海、重庆等地农村商业银行相继上市融资。这是农村合作金融机构在管理体制、产权制度等方面改革取得的实质性进展。（5）推进农村金融产品和服务创新。一方面，通过创新农户小额贷款产品和方式，简化农户小额贷款程序，改善农户小额贷款的信用环境，形成了多种创新型小额贷款业务并日趋成熟。如农信社发放的农户小额信用贷款和农户联保贷款；农村村镇银行、小额信贷组织等新型金融机构发放的农户小额贷款；农村政策性金融机构发放的小额到户扶贫贷款；邮政储蓄银行发放的存单小额质押贷款等等。另一方面，结合农村金融服务需求特点，积极创新"量体裁衣"式的金融产品，有效扩大抵押担保范围，开发形成了集体林权抵押贷款、"信贷＋保险"产品、订单农业质押贷款、农村特殊群体就业创业小额担保贷款、涉农中小企业集合票据和直接债务融资工具等在全国范围内颇具影响力的农村金融创新产品和服务,大大提升了农村金融服务能力。此外,积极推进农业保险试点和发展。当前,农业保险覆盖面稳步扩大,由最初 5 个省(市、自治区)的试点区域扩展覆盖到了全国 31 个省(市、自治区)。农业保险风险保障能力在实现基本覆盖农林牧渔各主要农业产业的同时,逐步从生产领域(如自然灾害、疫病风险等)向流通领域(如市场风险、农产品质量风险等)延伸。农业保险市场经营主体不断增加,农业保险公司已由试点初期的 6 家增至 2012 年的 25 家,农业保险经济补偿功能持续发挥。2012 年全年,中国农业保险保费收入共计 240.13 亿元,共计为 1.83 亿农户提供风险保障 9006 亿元,共计向 2818 万农户支付赔款 148.2 亿元,对稳定农业生产、促进农村减贫起到了积极作用。

自 2003 年以来的农村金融增量培育改革,使得农户贷款面得到大幅度拓展,农村各类经济主体融资难、融资贵的问题得到了一定程度的缓解。三大涉农正规金融机构之间的分工协作日益增强,功能日趋完善,新型农村金融机构也表现出极大的活力,邮政储蓄也由此前的"只存不贷"向"边存边贷"转变,农村金融服务与金融产品不断推陈出新。基本形成了以中国农业发展银行为主体的政策性金融机构,以中国农业银行、农村商业银行、邮政储蓄银行为主体的商业性金融机构,以农村信用合作社为主体的合作性金融机构共同组成的正规金融供给体系,以及由在改革过程中自然发育和成长起来的不同主体的小额信贷公司、民间金融组织等共同组成的非正规金融辅助性供给体系(如图 3.1)。有力推动了农村普惠金融发展和对乡镇企业的金融支持力度。但有一点需要提出的是,尽管多个一号文件都重申了"要大力培育和发展小额信贷组织",但是至今,中国目前以扶贫为宗旨、追求自身可持续发展的绝大部分公益性扶贫小额信贷组织依然处于一个自生自灭的状态,政府相关部门鼓励和支持公益性扶贫小额信贷组织发展的政策法规仍未出台。

```
农村金融体系
    │
    ├──────── 正规金融机构
    │         ┌──────┼──────────────┐
    │   政策性金融机构   商业性金融机构      合作性金融机构
    │   ┌ 中国农业发展银行   ┌ 中国农业银行      ┌ 农村信用社
    │   └ 农业保险公司       ├ 农业商业银行      ├ 农村合作银行
    │                      ├ 邮政储蓄银行      ├ 新型金融组织
    │                      ├ 保险公司          └ 农村资金互助社
    │                      └ 新型金融组织
    │                          ┌ 村镇银行
    │                          └ 小额信贷公司
    │
    └──────── 非正规金融机构
        ┌──────────┼──────────────┐
    新型金融组织     小额信贷组织         民间金融组织
    └ 贷款公司    ┌ 私人钱庄   民间借贷   合会   高利贷
```

图 3.1　中国农村金融体系组织架构

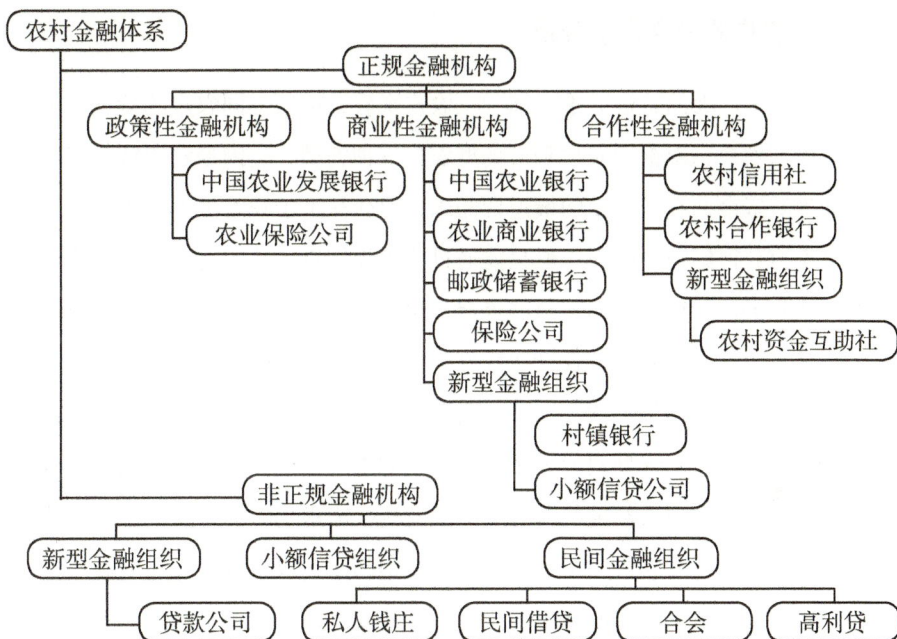

第二节　农村金融需求分析

农村金融制度、农村金融产品和农村金融服务是否符合农村实际，关键在于它的存在是否与农村金融需求实际相吻合。因此，厘清农村金融需求主体的分类及其特征，分析农村金融需求的结构、特点与发展趋势，对于完善农村金融制度与农村金融政策具有重要意义。

中国农村金融的需求主体包括农户、农村企业（含乡镇企业）、其他非企业组织等等。由于不同类型金融需求主体的性质、规模和活动内容不同，且其融资需求的特征、形式、手段与要求不一样，使得农村融资需求表现出多层次性特征。加之现有农村正规金融组织以及市场诱生性的农村非正规金融组织均存在各自的优劣势，从而使得不同农村金融需求主体对现有农村金融组织做出不同选择。下面以资金需求为例，分别就农村三大金融需求主体即农户、农村企业、其他非企业组织的资金需求进行分析。

一、农户的资金需求分析

就农村最广大的融资需求主体——农户来看，根据不同农户的特征，可以分为贫困型农户、温饱型农户和市场型农户三种类型。贫困型农户缺乏基本的生产和生活资金，有着贷款的最迫切需求，但往往由于缺乏抵押品难以通过正规金融渠道获得融资。因而一般只能通过非正规借贷、政府财政扶贫等比较特殊的方式和渠道获得少量而零散的资金。温饱型农户即已经解决了生活温饱问题的农户。由于这些农户信誉度比较好，贷款回收率比较高，正规金融机构乐意为这些农户发放小额贷款。因此，目前农村主要的正规金融机构——农村信用社基本能够满足温饱型农户因季节性支出如农业生产投入所引致的小额资金需求，而温饱型农户大额度的非农生产经营资金需求仍然需要求助于农村非正规金融组织。市场型农户是指早已脱离了温饱问题，以市场为导向向高层次生活迈进的农户群体，他们所从事的生产经营活动往往是实现农民增收和农村经济结构调整的重要途径。但是由于这部分农户的贷款需求远远大于温饱型农户，且缺乏大额贷款所必需的抵押担保品，农村正规金融机构出于规避风险的考虑，也很少将资金投放到这些管理不够规范、收益不够明朗的市场型农户手中。据有关调查，农村正规金融机构一般情况下平均仅能满足20%左右市场型农户的信贷需求，市场型农户大部分资金需求还得通过农村非正规金融渠道获得。

表3.1给出了2000～2009年全国农户借贷资金的来源与用途情况，数据来源于《全国农村固定观察点调查数据汇编(2000～2010)》。从表3.1可以看出，就全国整体范围而言，2000～2009年每户农户年均累计借入资金为1737.75元，这些借贷资金主要来源于民间借贷，每户农户年均通过民间借贷获得的资金为1093.11元，占农户年均借贷资金总额的62.90%。民间借贷资金中又以无息借贷为主，每户农户年均通过无息借贷获得的资金为684.10元，无息借贷资金成分平均占农户民间借贷资金总额的62.58%。

与此形成鲜明对照的是，每户农户年均通过银行、信用社获得的资金分别为234.57元和373.65元，分别占农户年均借入资金总额的13.50%、21.50%。两者累计起来仅为35%。这与农村正规金融支农扶贫主力军的地位并不相匹配。从农户借入资金的用途来看，2000～2009年每户农户年均生活性借款为943.23元，生产性借款为820.92元，生活性借款要多于生产性借款。每户农户年均生产性借款中，用于农林牧渔生产的借款为222.18元，仅占其生产性借款总额的27.06%。表明农户生产性资金用途并非以农业生产为主。

表 3.1 2000～2009 年全国农户借贷资金来源与用途

| 年份 | 年内累计借入款金额 | 借贷资金来源 | | | | | 借贷资金用途 | | |
		银行贷款	信用社贷款	民间借贷	无息借款	其他	生活性借款	生产性借款	农林牧渔
2000	1450.43	160.30	276.96	993.20	520.09	19.97	717.33	733.33	151.95
2001	1477.78	151.60	277.49	1026.79	499.46	21.90	913.92	564.45	135.69
2002	1416.00	131.09	239.95	1023.06	541.00	22.00	674.15	741.42	176.26
2003	1709.93	267.26	294.89	1130.84	694.36	16.94	860.64	849.29	211.36
2004	1643.55	240.73	323.13	1045.96	676.71	33.74	758.90	868.56	221.44
2005	1716.50	252.00	362.20	1060.20	688.30	42.10	866.00	848.10	283.00
2006	1784.40	263.50	407.20	1057.80	706.10	55.90	1000.10	782.80	242.00
2007	1669.30	195.90	447.90	970.70	790.40	54.80	999.20	819.60	261.80
2008	2125.24	286.84	618.86	1151.92	752.30	67.62	1174.56	1084.85	241.14
2009	2384.32	396.47	487.90	1470.66	972.29	29.28	1467.51	916.81	297.17
平均	1737.75	234.57	373.65	1093.11	684.10	36.43	943.23	820.92	222.18

注：数据来源于《全国农村固定观察点调查数据汇编（2000～2010）》。（单位：元/户）

从农户借贷资金来源的年度变化趋势来看（图3.2），年均每户农户累计借入资金总额从2000年的1450.43元增长到2009年的2384.32元，年均增长5.67%。整体上增长趋势明显。其中2002～2003年、2007～2009年经历了一个明显的增长变化过程。年均每户农户银行、信用社贷款资金变化趋势整体上与年均每户农户累计借入资金总额的变化趋势保持相对一致。民间借贷资金在2000～2007年整体上保持平稳，大体保持在平均每户农户1000元左右，自2007年开始，呈现加速增长趋势。年均每户农户其他渠道的借贷资金基本保持稳定，年均为36.43元。

从农户借贷资金用途的年度变化趋势来看（图3.3），10个样本年份中有6个样本年份农户年均生活性借款要高于生产性借款。每户农户年均生活性借款从2000年的717.33元增长到2009年的943.22元，年均增长3.32%，整体上呈现上升趋势，特别是 2004 年开始至 2009 年，生活性借款增长速度明显增加。每户农户年均生产性借款整体上也呈现增长趋势，但是时间上的结构性变化特征明显：在 2001 ~ 2005 年间呈现稳步小幅增长趋势，在 2007 ~ 2008 年间呈现加速增长增长，在 2008 ~ 2009 年间呈现快速下降趋势。每户农户年均生产性借款中用于农林牧渔生产的借款在时间上的变动态势整体上平稳，稳步从 2000 年的 151.95 元增长到 2009 年的 297.17 元，年均增长 7.73%。

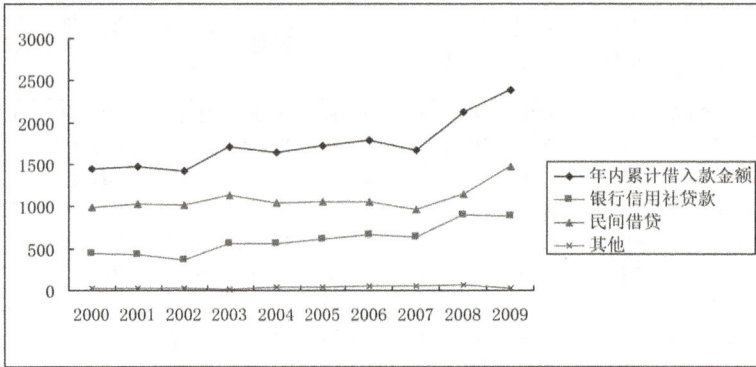

图 3.2 2000 ~ 2009 年农户借贷资金来源的年度变化趋势

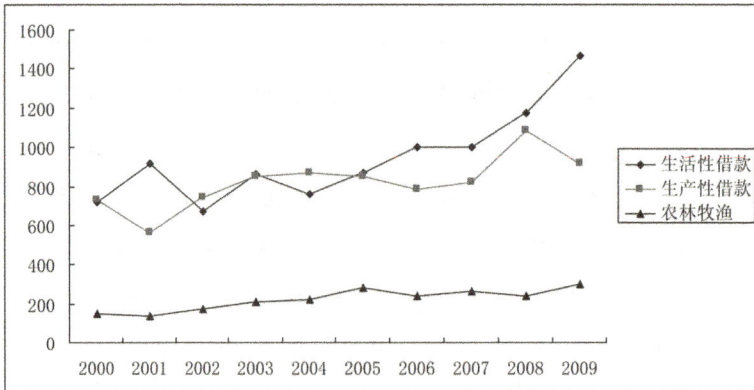

图 3.3 2000 ~ 2009 年农户借贷资金用途的年度变化趋势

综上所述，农户资金需求的增长趋势明显，资金需求结构以生活性资金需求为主，农户生产性借贷资金需求以非农业生产为主。农户资金需求主要通过民间借贷等非正规融资渠道获得满足，其次是信用社、银行等正规融资渠道。

二、农村企业的资金需求分析

就农村第二大融资需求主体——农村企业的资金需求来看：首先，资源型小企业是农村企业的主体，它们大部分是通过乡镇政府投资、农户投资经营发展起来的。这些农村企业立足于当地资源，生产面向市场的资源产品，基本处于完全竞争状态。但由于市场供需变化的不确定性和信息不够对称，其生产经营风险较大，农村正规金融机构在决定是否向其放贷上特别谨慎，导致其资金短缺问题严重。尽管有些小企业能够依靠乡镇政府担保获得部分贷款，有些小企业能够通过农村非正规金融渠道解决部分资金需求，但总体而言，资金短缺始终是农村小企业可持续发展的制约和瓶颈。

下面，我们来进一步分析农村企业资金需求的结构与特点。表 3.2 给出了2010～2012 年农村企业贷款情况。从表 3.2 可以看出，农村企业贷款余额从2010 年的 65581.2 亿元增长到 2012 年的 103623 亿元，年均增长 25.7%，占金融机构农村各项贷款总余额的比重相应地从 12.9% 增长到 15.40%。其中农村中小型企业贷款余额从 2010 年的 37865.8 亿元增长到 2012 年的 70799 亿元，年均增长 36.74%，占金融机构农村各项贷款总余额的比重相应地从 7.4% 增长到 10.5%；农村企业贷款中农林牧渔贷款从 2010 年的 4499.6 亿元增长到 2012 年的 5887 亿元，年均增长 14.38%，但农林牧渔贷款余额占金融机构农村各项贷款总余额的比重始终稳定为 9%。表明尽管农村企业贷款增长趋势明显，但农村企业贷款中的涉农贷款增长速度趋缓。

表 3.2　2010～2012 年农村企业贷款情况

年份	农村企业贷款		中小企业贷款		农村企业农林牧渔贷款	
	余额	占各项贷款比重	余额	占各项贷款比重	余额	占各项贷款比重
2010	65581.2	12.9%	37865.8	7.4%	4499.6	0.9%
2011	85093	14.6%	55345	9.5%	5178	0.9%
2012	103623	15.40%	70799	10.5%	5887	0.9%

注：数据来源于《中国金融年鉴》。（单位：亿元）

　　就乡镇企业资金需求来看，我们以乡镇企业固定资产资金来源为例来分析其资金需求的大体状况。表3.3给出了我国乡镇企业2001年和2011年固定资产投资来源结构。从中可知，2001年和2011年乡镇企业固定资产投资资金来源中，国家及有关部门扶持资金占比均维持在1.7%左右，波动不大；金融机构贷款资金的绝对规模尽管从386.7亿元增长到8522.8亿元，增长了21倍多，但是贷款的绝对规模呈现下降趋势，从19.38%下降到15.01%；企业自有资金占比均在64%以上，并且还呈现进一步上升的趋势；其他资金占比均在12%以下，并且呈现小幅下降趋势。表明我国乡镇企业固定资产投资资金来源主要以企业自有投入为主，金融机构贷款获得的资金不足企业自有资金投入的三分之一。而企业通过群众集资、民间借贷等其他途径获得的资金也仅次于从金融机构获得的贷款，并且远远大于政府即有关部门的扶持资金。由此可见，我国乡镇企业的资金需求还是很旺盛的，但是金融机构对乡镇企业的资金支持还有待加强。

表3.3　2010 ～ 2012年乡镇企业固定资产投资资金来源

	总量	国家及有关部门扶持资金	金融机构贷款	引进外资	自有资金	其他资金
2001年	1995	34.3	386.7	58.6	1277.3	238.1
占比	100%	1.72%	19.38%	2.94%	64.03%	11.93%
2011年	56784.5	951.5	8522.8	3572.1	38883.6	4854.5
占比	100%	1.68%	15.01%	6.29%	68.48%	8.55%

注：数据来源于2002和2012年《中国乡镇企业和农产品加工年鉴》。（单位：亿元）

三、其他非企业组织的资金需求分析

　　农村非企业组织包括为保障农村居民合法权利和利益而依法建立的村党组织、村自治组织，也包括为解决农民生产生活中的各种问题而依靠农村居民自身力量建立起来的专业技术协会、专业合作经济组织和社区合作经济组织等农民服务组织，还包括老人协会、婚丧理事会、禁赌协会、计划生育协会等社会团体。这些非企业组织如果是根据上级要求并作为上级有关部门在农村地区的"末梢"而建立,其资金需求一般可以通过正规金融机构或者上级拨款获得满足。

如果是农村自发建立起来的乡村组织，其资金需求大部分通过社会捐赠、成员捐赠等获得满足，也有小部分组织通过正规金融机构等渠道获得运行资金。

　　表 3.4 给出了农村各类非企业组织的贷款情况。从表 3.4 可知，相比较于农户贷款和农村企业贷款，农村各类非企业组织从农村正规金融机构获得的贷款的比重要小得多。2010 年至 2012 年，农村各类非企业组织贷款余额从6415.6 亿元下降到 5650.8 亿元，占金融机构农村各项贷款总余额的比重相应地从 1.3% 下降到 0.8%。其中，农林牧渔贷款贷款余额从 2010 年的 903.7 亿元下降到 2012 年的 812 亿元，占金融机构农村各项贷款总余额的比重相应地从 0.2% 下降到 0.1%。表明农村各类非企业组织从正规金融机构获得的资金呈现下降趋势，也凸显了农村非企业组织在农村地域中的地位和作用呈现进一步收缩和弱化趋势。

表 3.4　2010 ~ 2012 年农村各类组织贷款情况

年份	农村各类非企业组织贷款		农林牧渔贷款	
	余额	占各项贷款比重	余额	占各项贷款比重
2010	6415.6	1.3%	903.7	0.2%
2011	5352.6	0.9%	805	0.1%
2012	5650.8	0.8%	812	0.1%

注：数据来源于《中国金融年鉴》。（单位：亿元）

　　最后，就农村特殊的融资需求主体——公共物品来看，对农村公共物品和准公共物品的提供必然产生资金需求。一般来说，这类资金需求社会效益大，盈利空间小，主要通过财政拨款、政策性金融机构融资或成功人士捐赠而获得。如用于粮食安全储备、农业基础设施建设、农业结构调整、农业科技、农业基建和技术改造等等。基于农村地区财政支农资金长期不足的现实，政策性金融机构对农村和农业的支持就成为农村公共物品、准公共物品获得所需资金满足的必然选择。

表 3.5 2008 ~ 2012 年农村提供公共物品的资金来源与用途

年份	金融机构贷款资金				财政拨付资金			
	农田基本建设	农业科技	农村基础设施	三项合计	支持农业生产支出	粮食、农资、良种、农机具四项补贴	农村社会事业发展支出	三项合计
2008	638.11	176.17	8023.87	8838.15	2260.1	1030.4	2072.8	5363.3
2009	1199	309	12100	13608	2679.2	1274.5	2723.2	6676.9
2010	881.2	276.7	7924	9081.9	3427.3	1225.9	3350.3	8003.5
2011	958.2	210.2	10000.4	11168.8	4089.7	1406	4381.5	9877.2
2012	1176	255	11236	12667	4785.1	1643	5339.1	11767.2
平均	970.502	245.414	9856.854	11072.77	3448.28	1315.96	3573.38	8337.62

注：数据根据《中国金融年鉴》和《中国统计年鉴》整理得到。（单位：亿元）

表 3.5 给出了农村地区提供公共物品和准公共物品的资金来源与用途情况。从表 3.5 可以看出：2008 ~ 2012 年间农村地区具有公共物品和准公共物品性质的农田基本建设、农业科技和农村基础设施建设三项所获得的信贷资金年均总和为 11072.77 亿元，其中农田基本建设贷款、农业科技贷款和农村基础设施建设贷款分别为 970.502 亿元、245.414 亿元和 9856.854 亿元。表明农村基础设施建设贷款占据主导地位，平均占三项贷款总和的 89.02%。从贷款的年度变化情况来看，三项贷款总额从 2008 年的 8838.15 亿元增长到 2012 年的 12667 亿元，年均增长 9.4%。其中农田基本建设贷款从 2008 年的 638.11 亿元增长到 2012 年的 1176 亿元，年均增长 16.51%；农业科技贷款从 2008 年的 176.17 亿元增长到 2012 年的 255 亿元，年均增长 9.69%；农村基础设施建设贷款从 2008 年的 8023.87 亿元增长到 2012 年的 11236 亿元，年均增长 8.78%。农田基本建设贷款的增长速度大于农业科技贷款的增长速度，而农业科技贷款的增长速度又大于农村基础设施建设贷款的增长速度。从财政拨付资金来看，2008 ~ 2012 年间支持农业生产支出、四项补贴（粮食、农资、良种、农机具）支出、农村社会事业发展支出三项资金年均总和为 8337.62 亿元，其中农业生产支出、四项补贴支出、农村社会事业发展支出分别为年均 3448.28 亿元、1315.96 亿元和 3573.38 亿元，分别占三项支出总额的 41.36%、15.78%、42.86%。表明财政支出资金中，以农业生产支出和农村社会事业发展支出为主。

从财政拨付资金的年度变化情况来看，2008 ~ 2012 年，支持农业生产支出的资金从 2260.1 亿元增长到 4785.1 亿元，年均增长 20.63%；粮食、农资、良种、农机具四项补贴支出从 1030.4 亿元增长到 1643 亿元，年均增长 12.37%；农村社会事业发展支出从 5363.3 亿元增长到 11767.2 亿元，年均增长 21.71%。农业生产支出和农村社会事业发展支出的增长速度远远大于四项补贴支出的增长速度。

第三节　农村金融供给分析

上述分析表明，农村经济主体信贷需求强烈，那么农村金融供给能否满足这些需求呢？本节从不同的金融供给主体出发来全面分析我国农村金融供给总体状况。

一、农村正规金融供给规模与结构

众多的研究与实践表明，由于一系列因素的影响，中国农村正规金融供给严重不足，结构不合理，不能有效地满足农村各大经济主体的融资需求。主要表现在如下两个方面：

一是农村地区正规金融资源供给总量不足。就农业贷款来看（表 3.6），1980 ~ 2012 年，中国农业贷款尽管绝对规模从 175.9 亿元增长到 27216 亿元，增长了 153.4 倍，但是相对水平却呈现下降趋势，农业贷款占总贷款的比重从 7.3% 下降到 5.7%。同时，尽管中国农林牧渔总产值占 GDP 的比重由 1980 年的 42.3% 下降到 2012 年的 17.2%，但农业贷款占各项贷款总额的比重始终位于 7.70% 以下，33 年里农业贷款占各项总贷款的平均比重仅为农林牧渔总产值占 GDP 平均比重的 18.3%。就农业贷款增势来看，1980 ~ 2012 年，中国新增农业贷款占同期新增贷款总量的比重除 1984 年、1997 年和 2005 年以外，其余年份均在 10% 以下徘徊。而农业增加值占 GDP 的份额始终在 10% 以上。1997 年，新增农业贷款占同期新增贷款总量的份额最高，但是也只有 11.7%，且仍低于当年农业增加值占 GDP18.3% 的份额。平均来看，历年新增农业贷款占同期新增贷款总量的比重为 5.5%，要比农业增加值占 GDP19.7% 的平均比重低了 14.2 个百分点。表明中国正规金融部门对农业的信贷支持与农业的贡献值并不匹配。就农业保险来看，2007～2012 年，中国农业保险保费收入从 51.8 亿元增长到 240.1 亿元，农业增加值从 28627 亿元增长到 52373.6 亿元，尽管农业保险保费收入占农业增加值的比重从 0.18% 增长到 0.46%，但是仍远远低于世界平均水平。

表 3.6 1980～2012 年中国农业信贷与农林牧渔总产值

年份	农业贷款余额	全国各类贷款余额	农业贷款占比	新增农贷占新增总贷款比重	农林牧渔总产值	农林牧渔增加值	GDP	总产值占比	增加值占比
1980	175.9	2414.3	7.3	10.5	1922.6	1371.6	4545.6	42.3	30.2
1981	189.7	2860.2	6.6	3.1	2180.6	1545.6	4891.6	44.6	31.6
1982	212.5	3189.6	6.7	6.9	2483.3	1761.6	5323.4	46.6	33.1
1983	231.2	3589.9	6.4	4.7	2750.0	1960.8	5962.7	46.1	32.9
1984	360.1	4766.1	7.6	11.0	3214.1	2295.5	7208.1	44.6	31.8
1985	416.6	5905.6	7.1	5.0	3619.5	2564.4	9016.0	40.1	28.4
1986	570.4	7590.8	7.5	9.1	4013.0	2763.9	10275.2	39.1	26.9
1987	685.8	9032.5	7.6	8.0	4675.7	3204.3	12058.6	38.8	26.6
1988	814.2	10551.3	7.7	8.5	5865.3	3861.0	15042.8	39.0	25.7
1989	895.1	14360.1	6.2	2.1	6534.7	4228.0	16992.3	38.5	24.9
1990	1038.1	17680.7	5.9	4.3	7662.1	5062.0	18667.8	41.0	27.1
1991	1209.5	21337.8	5.7	4.7	8157.0	5342.2	21781.5	37.4	24.5
1992	1448.7	26322.6	5.5	4.8	9084.7	5866.6	26923.5	33.7	21.8
1993	1720.2	32943.1	5.2	4.1	10995.5	6953.8	35333.9	31.1	19.7
1994	1554.1	40810.1	3.8	−2.1	15750.5	9572.7	48197.9	32.7	19.9
1995	1921.6	50538	3.8	3.8	20340.9	12135.8	60793.7	33.5	20.0
1996	1919.1	61152.8	3.1	0.0	22353.7	14015.4	71176.6	31.4	19.7
1997	3514.6	74914.1	4.7	11.6	23788.4	14441.9	78973.0	30.1	18.3
1998	4444.2	86524.1	5.1	8.0	24541.9	14817.6	84402.3	29.1	17.6
1999	4792.4	93734.3	5.1	4.8	24519.1	14770.0	89677.1	27.3	16.5
2000	4888.9	99371.9	4.9	1.7	24915.8	14944.7	99214.6	25.1	15.1
2001	5711.5	112314.7	5.1	6.4	26179.6	15781.3	109655.2	23.9	14.4
2002	6884.6	131293.9	5.2	6.2	27390.8	16537.0	120332.7	22.8	13.7
2003	8411.4	158996.2	5.3	5.5	29691.8	17381.7	135822.8	21.9	12.8
2004	9843.1	178197.8	5.5	7.5	36239.0	21412.7	159878.3	22.7	13.4
2005	11529.9	194690.4	5.9	10.2	39450.9	22420.0	184937.4	21.3	12.1
2006	13208.2	225347.2	5.9	5.5	40810.8	24040.0	216314.4	18.9	11.1

（续表）

年份	农业贷款余额	全国各类贷款余额	农业贷款占比	新增农贷占新增总贷款比重	农林牧渔总产值	农林牧渔增加值	GDP	总产值占比	增加值占比
2007	15429	261691	5.9	6.1	48893.0	28627.0	265810.3	18.4	10.8
2008	17628.8	303467.7	5.8	5.3	58002.2	33702.2	314045.4	18.5	10.7
2009	21622.5	399684.8	5.4	4.2	60361.0	35225.9	340902.8	17.7	10.3
2010	23043.7	452282.5	5.1	2.7	69319.8	40533.6	401512.8	17.3	10.1
2011	24436	556723.7	4.4	1.3	81303.9	47486.1	473104.1	17.2	10.0
2012	27216	601454.9	4.5	6.2	89453.1	52373.6	519470.1	17.2	10.1
平均	6605.1	128658.6	5.7	5.5	25347.4	15121.2	120249.8	30.6	19.7

注：信贷数据来自于相关年份《中国金融年鉴》，依据金融机构人民币信贷收支情况计算整理；农林牧渔相关产值数据来源于《中国农村统计年鉴》。（单位：亿元，%）

二是农村资金外流严重。据《中国金融年鉴》的数据统计，2008～2012年中国农村商业银行存款、贷款余额分别由6616.58亿元和4075.59亿元增长到49516.02亿元、32195.64亿元，但贷存比仅仅上升了3.42个百分点，即由61.6%上升到65.02%。5年里农村商业银行年均存款余额比贷款余额多8943.83亿元，短短5年累计资金流出就达44744.16亿元，远远大于1995～2005年年均约3000亿的贷存差额。就农村信用社资金外流情况来看（表3.7），1980～2012年，农村信用社存款、贷款余额分别由265.1亿元和81.6亿元增加到59724.84亿元和38370.09亿元，年均增长率分别为18.45%、21.2%，但是贷存比在33年里累计仅增长了6.5个百分点，由68.9%增长到75.4%，年均增长率仅为0.28%。1980～2012年农村信用社存款余额比贷款余额年均多5102.46亿元，且流出资金额度呈逐年增长态势（图3.4），33年里累计资金流出高达168381.1亿元。此外，邮政尽管在农村金融服务领域占据大半边天，但是由于其长期以来只存不贷，即使近年来以小额贷款的方式向"三农"领域释放出了部分存储资金，但其吸收存款的本能始终覆盖了其发放贷款的责任，在确保农村资金回流上明显乏力。据统计[1]，2012年中国邮政储蓄银行全部涉农贷款余额不到0.19万亿元，而农村地区的储蓄存款余额就超过2.65万亿元，贷存比仅为0.07，邮政储蓄银行仅2012年带来的农村资金外流至少

---

[1]　数据来自《中国邮政储蓄银行〈三农〉金融服务报告2012》。

在 2.46 万亿元以上。同时，2007 ～ 2012 年，全部金融机构涉农贷款余额从 6.12 万亿元增长到 14.5 万亿元，年均增长速度达 24.4%，而同期农村商业银行、农村信用社、中国邮政储蓄银行三类机构在农村地区吸收的储蓄存款总余额就从 9.11 万亿增长到 29.17 万亿元，同期农村资金外流也至少在 3.0 万亿和 14.7 万亿以上 [1]。因此，中国农村地区不仅正规金融供给总量不足，而且资金外流持续存在且呈上升态势，各类正规金融渠道长期的资金外流必然使得农村资金供给日趋紧张，从而进一步加剧了农村资金的稀缺程度。

表 3.7 1980 ～ 2012 年农村信用社存贷款情况

年份	存款	贷款	存贷差	存贷比	年份	存款	贷款	存贷差	存贷比
1980	265.1	81.6	183.5	0.308	1997	10555.8	7273.2	3282.6	0.689
1981	318.6	96.4	222.2	0.303	1998	12191.5	8340.2	3851.3	0.684
1982	388.7	121.2	267.5	0.312	1999	13358.1	9225.6	4132.5	0.691
1983	486.1	163.1	323	0.336	2000	15129.4	10489.3	4640.1	0.693
1984	623.9	354.5	269.4	0.568	2001	17272.7	12744.3	4528.4	0.738
1985	724.9	400	324.9	0.552	2002	19674.1	14674.2	4999.9	0.746
1986	962.3	568.5	393.8	0.591	2003	23765.3	17759.7	6005.6	0.747
1987	1225.2	771.4	453.8	0.630	2004	27348.4	19748.3	7600.1	0.722
1988	1399.8	908.6	491.2	0.649	2005	27698.1	18551.9	9146.2	0.670
1989	1663.4	1094.9	568.5	0.658	2006	30426.8	20458.3	9968.5	0.672
1990	2144.9	1413	731.9	0.659	2007	35166.97	24121.6	11045.4	0.686
1991	2707.5	1808.6	898.9	0.668	2008	41529	27449.01	14079.99	0.661
1992	3478.5	2453.9	1024.6	0.705	2009	47306.73	32156.31	15150.42	0.680
1993	4297.3	3143.9	1153.4	0.732	2010	50409.95	33972.91	16437.06	0.674
1994	5669.7	4168.6	1501.1	0.735	2011	55698.92	36715.91	18983.01	0.659
1995	7172.9	5234.2	1938.7	0.730	2012	59724.84	38370.09	21354.75	0.642
1996	8793.6	6364.7	2428.9	0.724	合计	479169.1	361197.9	168381.1	0.754

注：数据来自于相关年份《中国金融年鉴》。（数据单位：亿元，%）

---

[1] 根据相关年份《中国金融年鉴》整理得到。

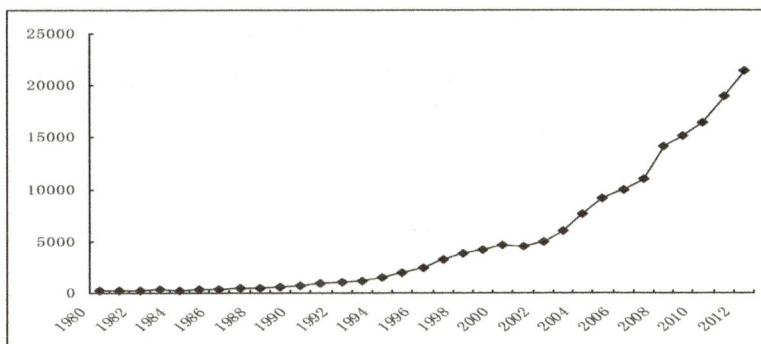

图 3.4 1980 ～ 2012 年农村信用社资金外流情况

农村正规金融在信贷资金供给不足的同时，也面临严重的供给结构不合理的问题。主要表现在如下三个方面：一是农村贫困弱势群体的金融资源获取不足，特别是农村小微企业和农户的金融供给严重匮乏。以地域贷款为例，2012年中国农村地区贷款余额为 14.55 万亿元，其中农村企业贷款 10.36 万亿元，农户贷款 3.62 万亿元，农户贷款仅占农村地区贷款总量的 24.9%[1]。获得贷款的农户家庭数不到农户总数的 2/5。2012 年新增的农户贷款余额为 5000 亿元，仅占同期各项贷款新增总额的 5.5%。就农户贷款的结构来看，2012 年农户生产经营性贷款余额为 3.0 万亿元，占农户各项总贷款余额的 4.4%，同期新增0.37 万亿元，占同期农户各项贷款新增总额的 4.1%。农户消费性贷款余额为0.66 万亿元，占农户各项总贷款余额的 1.0%，同期新增 0.13 万亿元，占同期各项贷款新增总额的 1.4%。信贷供给结构中的农户消费性贷款相对匮乏。从贷款期限结构与行业贷款分布来看，以最贴近"三农"的村镇银行为例，2012年末全国村镇银行年末贷款余额 0.23 万亿元，其中短期贷款余额 0.20 万亿元，占同期村镇银行全部贷款余额的 84.8%。且村镇银行单位承贷主要分布在制造业（470 亿元，占比 21.3%）、批发和零售业（210 亿元，占比 9.5%）、农林牧渔业（177 亿元，占比 8.0%）。三类行业贷款合计占村镇银行全部单位贷款余额的 77.7%。二是正规金融资源分布不平衡凸显。自 2008 年初开始，金融主

[1] 本节统计数据根据相关年份《中国金融年鉴》和《中国农村金融服务报告》整理得到。

管部门多次强调禁止县域金融机构自行撤并县域金融网点，但根据银监会的统计，截至 2012 年末中国县域银行业金融机构服务网点收缩至 7.6 万个，远远少于 2004 年的 13.4 万个、2006 年的 12.4 万个和 2009 年的 12.2 万个。且金融网点分布不平衡，截至 2012 年 9 月，全国仍有 1259 个 "零金融机构" 乡镇，其中 80% 的 "零金融机构" 乡镇聚集在西部贫瘠地区。以近年来政府大力扶持的新型农村金融机构——村镇银行为例，2012 年中国共有村镇银行 765 家，其中 50% 以上聚集在辽宁、山东、内蒙古、江苏、浙江、河南、安徽、四川等 8 个省域，且上述 8 个省域的村镇银行贷款增量占据全国村镇银行贷款总增量的 60% 以上。三是农村地区正规金融服务重资金归集轻资金发放的特征比较显著。主要表现为：存款覆盖面相对较广，提供存款、汇兑、结算的金融机构与金融服务相对较多。截至目前，中国农村正规金融机构所提供的存款、汇兑、结算等金融服务基本上覆盖了 90% 以上的行政村，机构覆盖面远远高于全球 30% ~ 40% 的平均水平。与此相比照的是农村贷款覆盖面相对较窄，提供贷款等信贷资金供给的金融机构与金融服务非常匮乏。就农业保险结构来看，各类型保险机构在农村地区以提供人身保险保障为主，提供生产经营保险保障服务的保险机构还相对匮乏。

上述分析表明，中国农村正规金融机构同时存在信贷资金供给规模与结构的双重失衡，使得其在农村金融供给中的制度性和功能性缺失凸显，难以满足农村各类经济主体的信贷需求。在此背景下农村各类经济主体不得不另辟融资渠道。

二、农村非正规金融供给规模与结构

自 1978 年经济体制改革以来，在中国农村地区广泛地存在着各种不同形态（如友情借贷、关联性借贷、合会、农村合作基金会、非盈利性小额信贷组织、地下钱庄、高利贷等）的非正规金融活动。并且随着时间的推移，这些非正规金融活动日趋活跃，在中介功能上逐渐呈现出对正规金融的替代趋势，成为农户和乡镇企业融资的主要渠道。国际农业发展基金的研究报告指出，中国农民从非正规金融渠道取得的贷款大约为正规金融渠道的四倍[1]。根据郭沛的估算，1997～2002年中国农村窄口径的非正规金融规模大约在1800亿～2750亿元之间，占正规金融机构农村贷款总额的14.6%以上；宽口径的非正规金融规模在0.22万亿～0.28万亿元之间，占正规金融机构农村贷款总额的20.0%以上[2]。

就农村非正规金融供给结构来看，现有研究得出的结论较为一致。首先，林毅夫、徐笑波等、温铁军、汪三贵、黄祖辉等、潘朝顺等大部分学者研究认为农村非正规金融的信贷用途以生活消费性为主[3],[4],[5],[6],[7]。其次，农村非正规金融发展同样具有区域不平衡性。一般来说，欠发达地区非正规金融较发达地区活跃。但就中国而言，东西部农村非正规金融较中部地区活跃，且组织性较强的农村非正规金融机构主要出现在浙江、广东、福建等沿海地区，中西部内陆农村地区尽管非正规金融机构比较多，但组织性普遍不高[8],[9]。以近年来新发展起来的但一直没有纳入到中国人民银行监管范围内的以农村扶贫为中心的小额信贷机构为例，根据2013年《中国金融年鉴》的统计：2012年中国小额信贷公司总数6080家，从业人员7.03万人，6080家小额信贷公司的分布以经济比较发达地区为主，其中江苏（495家，占比8.0%）、安徽（454家，占比7.5%）、内蒙古（452家，占比7.4%）、辽宁（434家，占比7.1%）、河北（325家，占

[1] IFAD.Thematic Study on Rural Financial Services in China. Volumel—Main Report，2001. No.1147—CN Rev，256-267.

[2] 郭沛.中国农村非正规金融规模估算.中国农村观察，2004，（2）：21-25.

[3] 林毅夫，蔡昉，沈明高.我国经济改革与发展战略抉择.经济研究，1989，（3）：28-35.

[4] 温铁军.中国50年来6次粮食供求波动分析.山东省农业管理干部学院学报，2001，（2）:7-9.

[5] 汪三贵.信贷扶贫能帮助穷人吗？调研世界，2001，（5）：20-28.

[6] 黄祖辉,刘西川,程恩江.中国农户的信贷需求:生产性抑或消费性——方法比较与实证分析.管理世界，2007，（3）：73-80.

[7] 潘朝顺.农村信贷需求与非正规金融供给的耦合——广东的实证.农业经济问题，2009，（9）：89-94.

[8] 杨福明，黄筱伟.非正规金融与正规金融协同性的实证分析:温州案例.上海金融，2009，（4）：84-88.

[9] 邵传林.农村非正规金融转型中的制度创新——以富平小额贷款公司为例.中南财经政法大学学报，2011，（5）：108-115.

比 5.4%）、云南（276 家，占比 4.5%）、吉林（265 家，占比 4.4%）、山东（257 家，占比 4.2%）等 8 省域占据了全国小额信贷机构总量的 48.5% 以上。而经济相对落后的西藏、青海、海南、宁夏分别只有 1 家、19 家、21 家和 90 家小额信贷公司，这 4 个省域小额信贷公司贷款余额占全国小额信贷公司总贷款余额的比重还不足 2%。2012 年全年全国小额信贷公司 61.7% 以上的贷款存量、59.6% 以上的贷款增量均集中在经济相对发达的江苏、浙江、内蒙、山东、安徽、辽宁等地。

第四节　中国农村金融发展的问题探讨

农村金融体系形式上的逐步完备一定程度上促进了农村金融服务能力的提升和乡镇企业的发展。伴随着农村金融体系的改革和发展，中国农村金融机构可持续发展能力不断增强，农村存贷款持续增加，农村金融服务已基本覆盖了中国绝大部分农村地区。尽管如此，现有农村金融体系仍然不能全面满足农村各大经济主体的融资需求和农村经济社会发展需要，且未来的发展模式还有很大的可塑性。长期以来存在的农村金融产品单一，农村金融业务以存款、汇兑为主，贷款、保险、理财等产品匮乏的局面还有待从根本上得到改善。农村金融供给总量不足，结构不尽合理，弱势群体特别是小微企业和贫困农户发展依然面临严重的金融服务不足也有待从根本上得到改观。这些表象问题的存在是农村金融体系内在症结的反映。本节将结合上文对农村金融发展现状的分析，深入剖析中国农村金融发展的内在症结，理清这些内在症结也是未来深入推进农村金融体制改革所必须的"起点"和"初始条件"。

一、农村宏观经济环境比较严峻，农村金融市场化程度低

农村金融自身健康发展与有效推进乡镇企业发展的良性互动必须建立在良好的农村金融生态环境基础之上。农村金融生态环境是农村金融组织生存发展的外在条件。当前中国农村宏观经济发展与稳定程度均不高，地方政府对农村

金融活动的干预"越位"与"缺位"并存，金融法律法规的完善程度与执行程度相对滞后，农村信用环境不健全，农村监管环境的规范程度不高。这些问题的存在一定程度上制约了农村金融对乡镇企业的支持力度。

首先，中国农村宏观经济环境比较严峻。历史原因导致的长期的城乡二元经济结构，形成了一种不利于"三农"的政策环境，出现了城乡要素、收入、分配、福利、技术、价格等方面的不均衡配置。在城市工业化高速增长的同时，农村经济增长乏力，城乡差距逐步扩大。在经济决定金融的原则下，农村经济发展的落后也就决定了农村金融发展的落后和农村金融资产质量与效率的低下。农村经济投入与产出规模、收入与消费规模、生产与流通规模等都牵制了农村金融融量规模，抑制了农村金融需求。而农业靠天吃饭的特性、农村较低的市场化程度、农业弱势的自我积累功能、农村产业结构的不合理以及农村经济结构调整的滞后决定了我国农村相对薄弱的经济基础。农村经济基础的薄弱决定了其对信贷资金的吸收、消化能力不强，直接后果就是导致资金不敢轻易进入农村领域，造成农村金融供给不足。在农村金融供给不足的情况下，金融机构处于贷款的安全性与收益性考虑，一般会出现服务目标群体偏移，以实现在承担较小的风险的同时获取相对较高的收益。

第二，政府干预中"越位"与"缺位"并存，农村金融的市场化程度低。中国农村金融体系在自上而下的强制性演进过程中，中央对金融资源纵向管理跨区域条块分割的分配方式以及地方政府事权与财权严重不对等的尴尬，不仅使得政府对农村金融活动的干预成为必然，也使得农村金融自下而上的诱致性制度创新被严重压抑。农村金融的强制性演进导致政府和市场的"双重缺位"，而"双重缺位"导致了市场发育不全。在市场发育不全条件下，当其他金融的发展无法实现对政府金融市场份额腾退的有效替代时，政府的行为边界就不应该过度收缩。不然就有可能摧毁其他金融孕育和成长的基础。事实上，在农村金融自身发育存在束缚与扭曲时，完全寄希望于市场本身的自我修复和完善，即使具有可能性，也必然会是一个痛苦而漫长的过程，并且需要付出高昂的过渡成本。在中国农村金融发展的过程中固然不能完全排斥政府的作用，但是过度的政府干预同样会导致事与愿违。以农村信用社的改革与发展为例，自农村信用社的管理权下放给地方政府之后，地方政府同时作为"内部人"和管理者在某种程度上已经很难代表国家的偏好和利益行事，这种行政化干预的后果就是导致农村信用社信贷资源"错配"和风险外部化，并使其最终偏离市场化改革的逻辑初衷。同时，在当前农村相对宽松的监管环境和市场化导向下，农村金融机构相继滋生出了各种机会主义行为，而政府在这方面却并无多大作为。种种迹象显示，有些地方政府出于自身或局部利益考虑，或者"越位"指令农村金融机构将信贷资金投向一些低效益的政绩性建设项目，或者利用行政权力为关系户或"关系企业""点贷"，或者借发放贷款之机，巧立税收名目从中牟利，或者纵容、默许辖区内能使自身利益最大化的借贷主体逃废农村金融机构的债务，间接争夺农村金融资源，这些问题的存在进一步恶化了乡镇企业的微观经济环境。而农村金融机构自身不规范的治理也一定程度上为政府部门权力寻租、转嫁改革成本提供了条件。据有关调查统计，乡镇企业申请贷款的实际成本构成除了利息成本外，往往还包括支付给农村金融机构工作人员的回扣、"跑贷款"的时间成本和交通成本以及其他"关系"成本。这种情况下，乡镇企业所能享受到的政府贷款的优惠将大打折扣甚至不复存在。此外，政府对农村金融机构干预失当，导致农村金融市场发育度不高，市场化程度偏低，市场交易环境差，也进一步削弱了农村金融机构对乡镇企业的支持能力。

二、农村金融发展的制度环境不理想，外部监管存在诸多问题

首先，长期以来，我国农村法制环境缺失。这体现在农村金融生态和金融支持乡镇企业发展立法思想的缺位、法律体系的缺陷以及执法效率与司法规则的缺失三个方面。目前"有法不依、执法不严"成为农村地区法制建设中根深蒂固的顽疾。一方面，现行法律法规本身的缺陷使法律对农村企业债务人履约不力或者拒绝履约等行为缺乏硬性约束，农村地区某种程度上"不疼不痒"型的执法力度加大了金融机构依法维护自身金融债权的难度。另一方面，农村金融机构通过法律诉讼的执行费用偏高，加上有的地方政府处于各种利益考虑，直接或者间接阻碍诉讼和司法进程，农村金融机构"赢得了官司也赢得了债务"的情况常有发生。其次，农村信用环境亟需改善。当前，中国农村金融需求主

体信用观念相对淡薄，市场风险意识不强。部分微小企业对银行的小额贷款还贷意识差，由于信息不对称，发展较好的中小企业虚报收支以"合理避税"，发展较差的中小企业粉饰财务报表以"骗取贷款"。加之部分中小企业在选择生产发展项目的时候往往盲目跟风，风险意识不强，导致企业亏损进而无法归还贷款。这些问题的存在严重打击了金融机构放贷的积极性。此外，农村征信体系建设滞后，尚没有建立其覆盖相对较广、标准相对统一的相互通透的信用体系，一定程度上增加了非银行信息收集难度，加大了放贷风险。

同时，农村金融外部监管存在诸多问题。在制度设计中，银监会自身还没有充分把好农村金融市场准入关，过程监管亟待加强，退出机制也有待进一步明确和硬化。如在新型农村金融机构监管主体上，形成了银监会与地方政府两大监管序列。村镇银行、农村资金合作社、贷款公司由银监会负责监管，而小额信贷机构由地方政府负责监管。银监会由于实行层级监管制，到农村金融机构这一最底层级，往往由于监管链条长而带来了高成本以及由于监管时效性差而出现监管信息失真的情况。地方政府监管过于宽松，监管手段比较单一。监管主体的不一致必将导致监管标准、宽严度把握的不一致。此外，农村保险市场不论是外部政策环境、公众认识，还是内部体制、技术等都亟待完善和提高。截至目前，相关部门还没有出台专门针对新型农村金融机构的监管办法或者监管条例，也没有形成一套相对完整的农业产业风险防范机制。中国农村金融机构尚难以有效借助外力对风险进行有效监控、防范与化解。

三、农村金融体系内部组织机构之间矛盾冲突严重

当前中国农村金融组织体系的主体是中国农业发展银行、中国农业银行、农村信用合作社。政府对"三农"的资金供给和信贷支持政策，主要是通过这三大金融机构实施并完成的。三大金融机构作为主要面向"三农"的金融服务机构，初步形成了一种政策性金融、商业性金融与合作性金融分工协作的农村金融服务格局。但由于该体系中政策性金融、合作性金融和商业性金融机构之间的作用边界与利益关系没有理顺，内在矛盾冲突严重，一定程度上强化了农村正规金融机构的制度性与功能性缺失程度。

就政策性金融主体——农业发展银行来看，农业发展银行作为农村金融市场"公共金融产品"提供的主体，其初始制度设计的先天性缺陷与实际运行机制的不完善，导致了其自身运作格局的困境与艰难。首先，政策性与金融性含混的主体性质定位导致其运行机制不顺。农业发展银行作为国家主要的政策性金融机构，其功能本质上具有财政"无偿拨付"与金融"有偿借贷"的双重特征。一方面，基于政策性，其必须融洽信贷政策与农业政策，实现政府的政策意图；另一方面，基于自身天然的金融属性，其必然追求信贷安全与投资收益，以实现自身可持续发展[1]。农业发展银行这种集政治目标与经济目标于一体的模式，决定了其自身的运行机制必须具有合适的边界以实现两者之间的均衡。而现实情况是，农业发展银行自建立以来，由于政府过度干预，其金融属性就一直从属于其政治属性，其独立行使的法人权力受到压抑，特别是成立之初至 21 世纪初，农业发展银行基本上被演变成政府的"投资公司"。这种背景下，农业发展银行资产与负债失衡、激励与约束机制软化、内部治理低效、风险控制能力不强、功能缺位等问题层出不穷，使得其往往有对乡镇企业的扶持之心而缺扶持之力。其次，弥补性与导向性功能缺位导致其功能弱化。创设主旨在于弥补"市场失灵"，以实现对农村金融资源空缺进行配置的农业发展银行，其"弥补性"功能的顺利发挥对风险相对较高且社会效应相对较大的贫困地区或者弱势小微企业无疑具有十分重要的作用，同时对凸显农业发展银行自身政策性金融的"导向性"功能意义也十分重大。然而现实情况是，由于直接吸收社会闲置资金受到限制，严重依赖的国家拨补资金也常常不能按时到位，农业发展银行不得不付出高成本以通过商业性经营机构发行金融债券或向央行借款来获得融资，这势必造成其权利与义务的严重不对称。同时，农业发展银行自身资金来源的短期性与政策性金融资金投放的长期性矛盾尖锐，严重影响了其服务"三农"、服务乡镇企业的积极性。另一方面，由于农业发展银行的业务范围主要定位于农产品收购流通方面，即使近年来逐步将业务范围向农村基础设施建设、农业科技、农业综合开发等领域拓展，但拓展领域信贷资金配比依然相当低。并且，伴随着农产品流通体制的创新与粮食体制的市场化改革，作为以农

---

[1] 江浩.浅谈农业发展银行职能定位缺陷与弥补方略.武汉金融，2012，（9）：68-69.

产品特别是粮食为主要服务客体的农业发展银行，在推进自身经营机制转型与服务模式创新方面还相对滞后。加上农业发展银行至今都无法将自身经营服务触角延伸至乡镇及其以下地域，这显然与中国目前高度分散化的农业经营模式和乡镇企业的"乡镇"属地性是不相符合的。上述因素使得农业发展银行既难以弥补农村金融市场失灵，也难以发挥政策性资金的杠杆作用引导其他性质资金投向农村领域和乡镇企业，束缚了其金融功能的释放。再次，政策性目标与商业性目标之间的边界模糊导致农业发展银行的经营轨迹逐渐出现偏移。中国经济体制的市场化改革在一定程度上决定了中国金融发展的市场化主线。农业发展银行逐步向市场化运作模式转型也将成为必然。实践中，自身商业性业务的拓展与四大国有银行商业化转型的示范效应，使得农业发展银行逐利倾向日趋强烈，以致"市场化运行与商业化转型"、"政策性业务与商业性业务"以及"经济效益与社会效益"之间的界限日趋模糊。特别是其近年来推出的准政策性业务，进一步模糊了农业发展银行与商业性金融机构应有的职能区别。随着农业发展银行非盈利性和政策性功能的逐步淡化，其势必将强化对自身经济效益的追求而忽略对社会效益的照顾，进而使其信贷营运逐步向市场偏移，加上制度层面和法律法规的弱化，农业发展银行自身固有的农业政策性金融的根本属性正在逐渐隐褪。至今，作为国家扶持农村的重要力量和国家主要的农业政策性金融机构，农业发展银行并没有如政策期望那样真正承担起涉农政策性金融服务的重任。因此，努力的方向应该是进一步明确政策性金融的作用边界，使其真正将目标市场定位于商业性金融不愿或不能覆盖的具有社会正外部性的领域，发挥补充性功能而非替代性功能，使得政策性金融的存在不再破坏市场的公平竞争原则，损伤市场效率。

就商业性金融主体——农业银行来看，农业银行虽然作为目前定位于面向"三农"，服务县域的金融机构，其经营重心也是经历了农村—城市—农村的纠结历程。中国农业银行于 1953 年正式成立，1957 年与中国人民银行合并，1963 年在中央政府要求与支持下，重新得以建立，1965 年国家为了精简机构，再次将中国农业银行并入中国人民银行。为了推动农村信贷事业发展，国家于1979 年重新恢复了中国农业银行。1995 年开始，中国农业银行开始探索现代商业银行的运营机制。在这之前，中国农业银行的经营重心一直是农村领域。1996 年，应国务院《关于农村金融体制改革的决定》要求，农业银行与农村信用社脱轨，并大幅撤并农村基层分支机构，逐步开始退出农村信贷市场，将经营重心转向城市。1997 年农业银行开始正式步入向国有商业银行转型的发展阶段。2007 年开始至今，农业银行应国家明确要求进行股份制改造，并重新回归农村，开展面向"三农"的金融服务试点。如在农村开展惠农卡和农户小额贷款业务试点，开始承担提供农村商业性金融的使命。但是，农业银行目前的发展也存在一些问题。一方面，农业银行为了适应商业化改革要求，自 1996 年开始大幅撤并农村金融分支机构并在系统内部精简机构、裁减冗员，这虽然在一定程度上提升了自身组织机构运行效率，但是也促成了农村资金严重外流。在利润最大化倾向与农村资本回报率低下的矛盾冲突下，逐步商业化的农业银行事实上已经很难实现真正从城市回归农村，从非农产业回归农业的转轨。

就一直被要求向合作制方向转型的农村信用社来看，自 1996 年与农业银行分离以来，经过 2003 年以来的深化改革，不仅使得自身资本规模窄小、所有权虚置、经营机制不健全、内部人控制、产权不明晰等问题得到明显改善，而且也从此前长期亏损的状态中解脱出来并成功实现盈利，从根本上解决了自身的生存问题。但是在缓减农村融资问题特别是乡镇企业融资问题上，农信社并没有发挥出实质性的功效。由于实行合作制的先天基础和后天动力都相对缺乏，在优胜劣汰的市场化竞争中农村信用社始终表现出明显的效率低下、创新迟滞、发展缓慢等问题。

随着农村经济的发展和农业产业机构的转型升级，农村金融服务需求也呈现多元化特征，但农村信用社中间业务受到限制，业务拓展渠道、经营范围和空间都比较狭窄，业务职能也基本停留在复制或者跟随其他商业银行的发展步伐上，其服务"三农"的水平和能力难以得到大幅提升。农村信用社集合作性、商业性和政策性于一身，面临多重角色和多元目标的冲突，这严重影响了其运行绩效自身的可持续发展。此外，就作为"边际增量"出现的新型合作性金融机构来看，它们固然是激发农村"内生性"金融发展的理想路径。但是，其可持续发展需要破解中国农村长期以来分散化的小农生产关系症结。伴随着农村家庭结构性约束的逐步瓦解和国家制度性监控权力向市场的逐步让渡，农户信用将不可避免地从亲缘信用向契约信用转变，而目前农村新型合作性金融机构似乎还没有在这种关系的转变中表现出很大的适应性。

在三大正规金融机构无法满足农村资金需求、有效服务"三农"的背景下，农村非正规金融组织的培育与发展就成为弥补农村金融减贫缺陷的理性选择。但现实情况是，中国农村的非正规金融支持体系还远远没有真正规范地建立起来。第一，农村非正规金融一定程度上还存在"合理不合法"的地位尴尬，使得农村非正规金融机构难以有效发挥金融功能的同时也阻碍了农村金融差异化竞争格局和互补型市场状态的形成。第二，农村非正规金融存在法制漏洞与体制缺陷。一方面，非正规金融作为农村金融市场的"杂牌军"，其多变的组织形式，较差的稳定性和较大的随意性，决定了其向"非法金融"地带靠近的可能性。另一方面，非正规金融缺乏成熟的准入、运行与退出机制。随着农村市场化改革的深入，其萌生于熟人社会、依赖于内心自制的约束、以道德为根基的担保机制也面临着前所未有的"诚信危机"。组织制度不规范与内部管理的无序进一步加大了其金融风险，进而严重削弱了其作为农村融资主体金融支持"排头兵"作用。第三，农村非正规金融的运行效率也是有条件的。非正规金融组织的信息优势严格依赖其活动范围的大小，其资金来源的局限也决定了其贷款资金只能在有限的空间进行配置，造成效率的损失。同时，农村非正规金融的小规模经营将使得其运作成本偏高，难以实现规模经济。此外，当前农村非正规金融产品和服务方式与农村乡镇企业的实际金融需求也存在一定的错位。这些问题导致非正规金融服务不仅只能覆盖小部分微小企业，而且致使其扶持乡镇企业的深度和强度都受到限制。

由此可见，中国政府主导的、自上而下的强制性农村金融改革，更多的是以农村金融机构的自我完善、部门之间的利益调整而非解决农村融资难题为目标，这种供给导向的金融制度变迁一定程度上脱离了农村经济社会发展的实际需求。其改革的实际绩效自然偏离农村金融制度设计的初衷，没有形成农村金融的有效供给与合理配置，出现了政策性金融经营轨迹偏离既定轨道，商业性金融支农功能弱化重新充当起农村资金外流的渠道，以农村信用社为代表的合作性金融在多元目标冲突下逐步偏离合作化发展的政策设计意图，并且在利益驱使下努力朝商业化方向改造；自身困难重重的农村非正规金融意图突破层层阻碍，顽强地向农村信用社支农减贫"主力军"的地位挑战。因此，目前农村正规金融供给渠道仍旧趋向于萎缩，农村大部分资金需求主体的融资需求仍不同程度被漠视，农村的产业利润与金融利润仍趋向于逃离农村，农村资金外流的趋势仍旧明显，农村资金短缺仍然严重。事实上，在市场经济原则下，追求利润是所有金融组织生存和发展的必然选择，需要思考的是强制性的定性合作性金融、政策性金融不能以盈利为目的是否也至少应该以确保其利率能够覆盖风险为前提呢？

第五节　本章小结

本章首先从农村金融发展的四个阶段即 1949 ～ 1978 年农村金融组织机构的创建与反复阶段、1979 ～ 1992 年单一农村金融体系的形成与发展阶段、1993 ～ 2002 年"三位一体"农村金融体系的初步形成阶段、2003 年至今"三位一体"农村金融体系的深化阶段及其各阶段农村金融发展的典型特征就中国农村金融体系的形成与发展逻辑进行系统分析。然后从供需视角深入剖析中国农村金融发展现状，并通过分析农村金融供需主体的分类及其特征，分析农村金融供需的结构、特点与发展趋势，在此基础上，通过农村金融供给总量不足，结构不尽合理，弱势群体特别是小微企业和贫困农户发展依然面临严重的金融服务不足等农村金融表象深入剖析农村金融体系的内在症结。研究认为：我国农村金融 2003 年之前的改革设计和安排，都是政府主导的从正规金融机构着手，重视金融机构的改革而忽视金融体系的功能的改革与调整。在改革和演进路径上遵循的是自上而下的强制性制度变迁，自下而上的诱致性制度创新被严重压抑。这种路径的依赖和演进与中国农村经济体制的演进路径正好是背道而驰的，其结果就是使得政府成为农村金融体制唯一合法的供给主体，农村正规金融处于垄断地位，而内生于农村经济母体、一定程度上代表着农村金融体制创新的非正规金融组织被严厉打压和排斥，最终导致农村金融领域政府失灵和市场失灵并存，农村资金短缺与农村资金外流并存。2003 年以来，中国开始进行农村金融增量培育改革，使得农户贷款面得到大幅度拓展，农村各类经济主体融资难、融资贵的问题得到了一定程度的缓解。截至目前，基本形成了以中国农业发展银行为主体的政策性金融机构，以中国农业银行、农村商业银行、邮政储蓄银行为主体的商业性金融机构，以农村信用合作社为主体的合作性金融机构共同组成的正规金融供给体系，以及由在改革过程中自然发育和成长起来的不同主体的小额信贷公司、民间金融组织等共同组成的非正规金融辅助性供给体系，有力推动了农村普惠金融发展和对乡镇企业发展的金融支持力度。但是依然存在如下典型突出问题：农村宏观经济环境比较严峻，农村金融市场化程度低；农村金融发展的制度环境不理想，外部监管存在缺陷；农村金融体系内部组织机构之间矛盾冲突严重。这些问题有待于未来通过不断深化改革得到进一步妥善解决。

| 第四章 |

乡镇企业发展非均衡及其来源分析

改革开放以来，我国乡镇企业得到长足发展，乡镇企业在自身不断发展壮大的同时，也在促进乡村经济繁荣和人们物质文化生活水平的提高，促进产业结构升级，吸收和转移乡村剩余劳动力乃至逐步缩小城乡差别和工农差别，建立新型的城乡关系等方面发挥了重要作用。目前，乡镇企业不仅已经成为我国农村、农民脱贫致富的必由之路，而且也是我国新生代企业家成长的平台与大中型企业成长的摇篮，成为我国经济增长的重要引擎和国民经济的一个重要支柱。深刻认识乡镇企业发展的水平与特征，探究乡镇企业发展瓶颈存在的深层次原因，将是深入推进乡镇企业发展的基本前提。为此，本章将全面阐释我国乡镇企业发展状况，并从量的角度测算我国乡镇企业发展的非均衡及其来源，为后继章节的研究打下坚实的基础。

第一节　我国乡镇企业发展的基本现状

乡镇企业作为广大农村地区非农产业中最重要的活动主体，对农村经济发展起到了极大的推动作用。根据统计，我国中小企业中有将近85%左右的企业为农村乡镇企业，其产品遍布于衣、食、住、行以及农业、工业、服务业等各个方面，在满足国家和人民多样化需求方面发挥着重要作用，乡镇企业已经成为我国农村经济发展重要的组成部分，有农村经济的"半壁江山"

之美称。改革开放以来，我国乡镇企业得到了快速的发展，对活跃农村经济、促进地区平衡发展起到了至关重要的作用。事实也得到证明，我国乡镇企业为我国工业化和城镇化建设做出了极为重要的贡献，为整个国民经济的发展提供了重要的动力。然而，在肯定乡镇企业成绩的同时，我们也应该看到乡镇企业在发展过程中凸显出来的一些问题，这些问题严重阻碍了乡镇企业自身的快速发展。如地区发展不平衡、融资难、管理水平低下、产业结构不合理、创新不足等等。

下面我们借助乡镇企业发展的一些主要经济指标来阐述我国目前乡镇企业发展的基本现状。以生产总值为例，2000年，我国乡镇企业总产值为116150亿元，2012年，我国乡镇企业总产值达到476188亿元，短短12年总产值增加了4倍。但是乡镇企业生产总值地区之间发展的不平衡程度也逐步凸显。图4.1～图4.4给出了全国以及东、中、西部地区乡镇企业生产总值的核密度图。从图4.1至图4.4可以发现，全国以及东、中、西部地区乡镇企业生产总值的核密度曲线从2000～2012年的"高、瘦"态势逐渐演变为"矮、胖"态势，这说明就总产值而言，我国乡镇企业发展的地区差距越来越大，各地区之间发展的不平衡程度进一步增强。

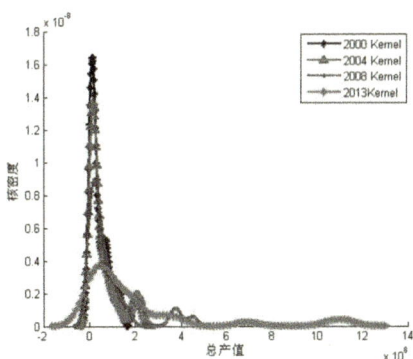

图 4.1 全国乡镇企业总产值分布演进图　4.2 东部乡镇企业总产值分布演进图

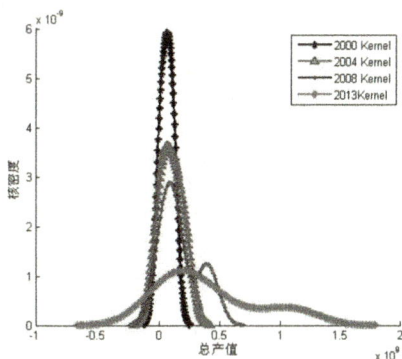

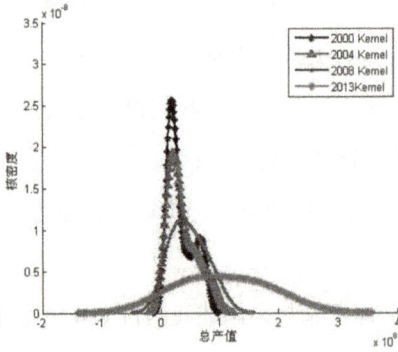

图 4.3 中部乡镇企业总产值分布演进　　图 4.4 西部乡镇企业总产值分布演进

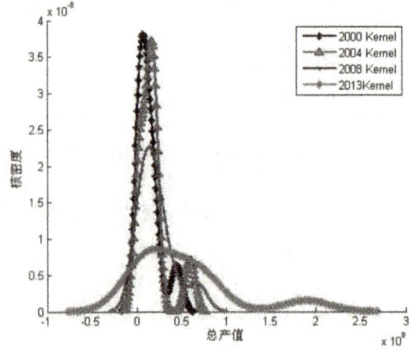

同时，据《中国农业年鉴》和《乡镇企业与农产品加工业年鉴的》上的数据统计：2003 年至 2012 年，我国乡镇企业营业收入从 146783 亿元增长到 472774 亿元，年均增长率高达 13.88%。利润总额从 2003 年的 8571 亿元增长到 2012 年的 25602 亿元，年均增长率为 12.93%。上缴税金从 2003 年的 3130 亿元增长到 2012 年的 12458 亿元，年均增长率为 16.59%。乡镇企业劳动报酬从 2000 年的 7442 亿元增长到 2012 年的 19868 亿元，年均增长率为 8.53%。乡镇企业从业人口从 2000 年的 12820 万人增加到 2012 年的 17395 万人，年均增长率为 2.58%。乡镇企业单位个数从 2000 年的 2016 万个增长到 2012 年的 2978 万个，年均增长率为 2.88%。总体来看，我国乡镇企业主要经济指标均呈现上升趋势，趋向于平稳较快发展。那么，就各地区而言，乡镇企业发展的差异如何？这种差异是如何演变而来的？研究乡镇企业发展的地区差异及其程度对与全面认识我国乡镇企业发展水平及其特征有着非常重要的现实意义。

第二节　我国乡镇企业地区差异的量化考察

一、区域划分

由于地区之间的经济、文化，生态等发展水平存在巨大差异，分地区就乡镇企业发展水平进行探讨更加具有实际意义。本书根据传统的区域划分标准，将我国 31 个省（市，自治区）划分为东部、中部、西部三大区域。其中，东部地区包括北京、天津、河北、辽宁、上海、江苏、浙江、福建、山东、广东、海南共 11 个省（市，自治区）；中部地区包括山西、内蒙古、吉林、黑龙江、安徽、江西、河南、湖北、湖南共 9 个省（市，自治区）；西部地区包括广西、云南、四川、重庆、贵州、陕西、甘肃、青海、西藏、宁夏、新疆共 11 个省（市，自治区）。

二、基尼系数法简介

本书采用相对差异测算方法——基尼系数法对我国乡镇企业主要经济指标进行量化考察。基尼系数（Gini Coefficient）是一个经济学概念，最先是由意大利经济学家基尼（Gini）根据洛伦茨曲线在 20 世纪初期提出的，主要用来分析国民收入规模分配格局。基尼系数在居民收入分配的均衡性和差异性程度中得到了广泛的应用。图 4.5 为洛伦茨曲线示意图。图中横坐标代表累计人数与家庭数的百分比，纵坐标代表为累计收入数百分比。用 A 表示实际收入分配曲线和收入分配绝对平衡曲线之间的面积，用 B 表示实际收入分配曲线右下方面积，则 A/（A＋B）就表示不平等程度，即基尼系数（用 G 表示）。当 A=0 时，基尼系数为 0，表示收入分配绝对平等；当 B＝0 时，基尼系数为 1，表示收入分配绝对不平等。基尼系数可在 0 至 1 范围内取值。洛伦茨曲线的弧度越大，基尼系数值越趋近于 1，收入分配越趋向不平等；洛伦茨曲线的弧度越小，基尼系数值越趋近于 0，收入分配越趋向平等。当前，基尼系数在经济领域的应用已经远远超出了收入分配领域，在人口与工业的地理分布集中度、产品生产的集中度、要素分布的集中度等方面也已经得到了广泛的应用[1]。

[1] 王媛等. 基尼系数法在水污染物总量区域分配中的应用. 中国人口·资源与环境, 2008, 18（3）: 177-180.

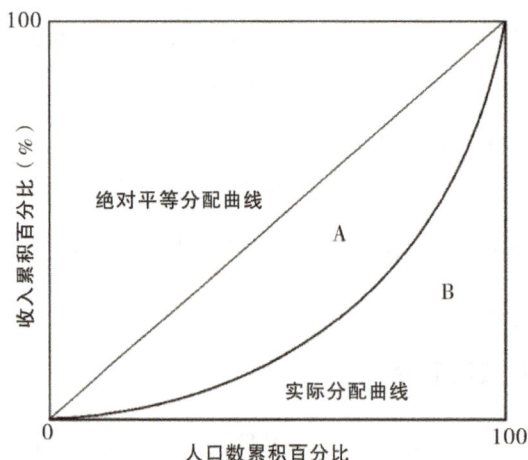

图 4.5 洛伦茨曲线示意图

本节借鉴 Mookherjee 和 Shorrocks 提出的一种衡量空间非均衡程度的基尼系数方法和分解思路，来客观揭示我国乡镇企业发展的空间非均衡特征及其来源[1]。总体基尼系数的测算公式可以表示为：

$$G = \frac{\sum_{i=1}^{N}\sum_{j=1}^{N}\left|y_i - y_j\right|}{2\mu N^2} \tag{4.1}$$

其中，y_i（y_j）是 $j(h)$ 地区乡镇企业发展水平，μ 表示我国乡镇企业发展平均水平，N 表示省（市，自治区）总个数。若任意子集 k 的区域范围与其他任意子集不重叠，则有：

$$G = \sum_{k=1}^{n} p_k^2 \lambda_k G_k + \frac{1}{2}\sum_{k=1}^{n}\sum_{h=1}^{n} \times p_k \times p_h \left|\lambda_k - \lambda_h\right| \tag{4.2}$$

其中，n 是我国区域划分个数，本书划分为东部、中部、西部三个区域，因此 n =3。G_k 表示第 k 基尼系数；λ_k（λ_h）为第 k 组乡镇企业平均发展水平与乡镇企业总体发展水平的比值；p_k（p_h）表示第 k 组样本数占总体样本

<hr>

[1] Mookherjee D，Shorrocks A. A Decomposition Analysis of the Trend in UK Income Inequality. The Economic Journal，1982，92（9）：886-902.

数的份额。如果任意子集之间存在重叠时，（4.2）式转变为（4.3）式。

$$G = \sum_{k=1}^{n} p_k^2 \lambda_k G_k + \frac{1}{2} \sum_{k=1}^{n} \sum_{h=1}^{n} \times p_k \times p_h |\lambda_k - \lambda_h| + R \tag{4.3}$$

其中，R 表示剩余项，通常称为"交错项"。反应同子集乡镇企业发展水平之间重叠的频率和幅度。

三、乡镇企业规模发展的地区差异分析

鉴于统计指标的可获性和统计数据的完整性，我们从乡镇企业单位数量、从业人员数量和乡镇企业总产值三个方面来分析乡镇企业规模发展的地区差异[1]。

（一）乡镇企业单位数量的地区差异分析

首先，就乡镇企业单位数量来看，2012 年我国乡镇企业单位数达到6717796 家。其中农林牧渔业企业 196180 家，占乡镇企业单位总数的 2.92%；工业企业 3199021 家，占乡镇企业单位总数的 47.62%；建筑业企业 215172 家，占乡镇企业单位总数的 3.20%；交通运输与仓储业企业 544354 家，占乡镇企业单位总数的 8.10%；批发零售业企业 1379185 家，占乡镇企业单位总数的 20.53%；住宿及餐饮业企业 512138 家，占乡镇企业单位总数的 7.62%；社会服务业企业 382646 家，占乡镇企业单位总数的 5.70%。表明我国乡镇企业类型以工业企业和批发零售业为主，其次分别是交通运输与仓储业、住宿及餐饮业。

表 4.1　2012 年我国乡镇企业单位数与结构分布

乡镇企业单位总数	农林牧渔业	工业	建筑业	交通运输仓储业	批发零售业	住宿及餐饮业	社会服务业
6717796	196180	3199021	215172	544354	1379185	512138	382646

注：数据来源于 2013 年《中国乡镇企业和农产品加工业年鉴》。（单位：个）

为了进一步分析我国各区域及区域内部乡镇企业发展数量的地区差异及其年度变化趋势，我们采用 1999～2012 年的数据计算了反映乡镇企业数量分

---

[1]　如无特别说明，本章分析数据均来源于相关各年的《中国乡镇企业与农产品加工业年鉴》。

布地区差异的基尼系数，结果如表 4.2 所示。从表 4.2 可知，1999 ~ 2012 年，全国乡镇企业单位数量分布的基尼系数从 0.4175 上升到 0.5561，东部地区从 0.4305 上升到 0.5308，中部地区从 0.3077 上升到 0.4184，西部地区从 0.4488 上升到 0.5386。表明全国整体以及东、中、西部地区内部乡镇企业单位数量分布的地区差异均呈现进一步扩大趋势。考察期间，东、中、西部区域基尼系数的平均值分别为 0.4661、0.3523、0.4820，表明各区域内部乡镇企业单位数量分布差距最大的是西部，其次是东部，中部地区内部差距最小。从基尼系数的年度变化趋势来看（图 4.6），2006 ~ 2007 年是差距扩大的转折年，全国以及东、中、西部地区的基尼系数值分别从 0.4204、0.4294、0.3033、0.4300 迅速上升至 0.5178、0.4854、0.4017、0.5717，增幅分别达到 23.17%、13.04%、32.44%、32.95%，表明乡镇企业数量的地区差异在 2006 ~ 2007 年间迅速扩大。而在 1999 ~ 2006 年间，这种数量分布的地区差异基本上保持平稳；在 2007 ~ 2012 年间，这种地区差异在 2006 ~ 2007 年的基础上还呈现进一步小幅扩大趋势。由此可见，2006 ~ 2007 年各区域乡镇企业单位数量的不均衡发展是导致考察期间我国乡镇企业单位数量分布不平衡程度加剧的重要因素。

表 4.2 乡镇企业单位数量地区差异的基尼系数

年份	全国	东部	中部	西部
1999	0.4175	0.4305	0.3077	0.4488
2000	0.4028	0.4224	0.2730	0.4495
2001	0.4235	0.4431	0.2989	0.4442
2002	0.4239	0.4438	0.2940	0.4449
2003	0.4239	0.4438	0.2940	0.4449
2004	0.4166	0.4186	0.3016	0.4456
2005	0.4218	0.4290	0.3048	0.4321
2006	0.4204	0.4294	0.3033	0.4300
2007	0.5178	0.4854	0.4017	0.5717
2008	0.5333	0.4843	0.4408	0.5678
2019	0.5449	0.5151	0.4360	0.4931
2010	0.5483	0.5188	0.4324	0.5055
2011	0.5564	0.5302	0.4256	0.5307
2012	0.5561	0.5308	0.4184	0.5386
平均值	0.4719	0.4661	0.3523	0.4820

注：根据《中国乡镇企业和农产品加工业年鉴》和《中国农业年鉴》相关数据计算得到。

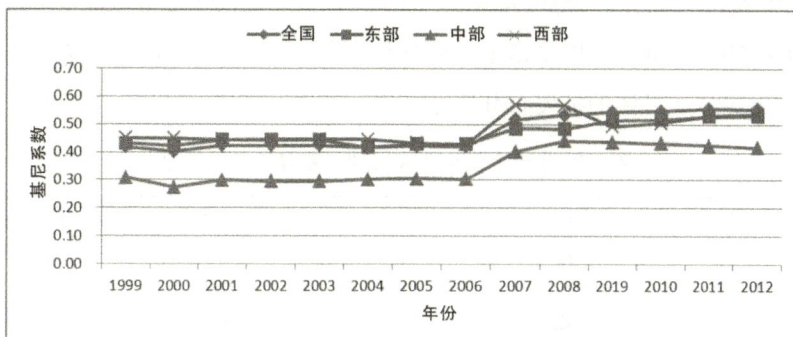

图 4.6　乡镇企业单位数量地区差异基尼系数的年度变化趋势图

（二）乡镇企业从业人员的地区差异分析

就乡镇企业从业人员数量来看，2012 年我国乡镇企业从业人员总量为 12181.0 万，比 1999 年减少 638.6 万（1999 年为 12819.6 万）。乡镇企业从业人员的下降一定程度上意味着乡镇企业对农村劳动力的吸纳力度下降，其原因是多方面的，如乡镇企业资本对劳动力的替代并不是很强，城镇化建设促使农村剩余劳动力逐步向城市转移，部分乡镇企业随着技术进步的加快而实现规模经济等等。

下文采用基尼系数进一步分析我国各区域及区域内部乡镇企业从业人员发展的地区差异及其年度变化趋势。我们利用 1999 ~ 2012 年乡镇企业年末人口的数据计算了反映乡镇企业年末从业人员分布地区差异的基尼系数，结果如表 4.3 所示。从表 4.3 可知，1999 ~ 2012 年，全国乡镇企业从业人员分布的基尼系数从 0.4369 上升到 0.5080。其中，东部地区从 0.4025 上升到 0.4527，中部地区从 3024 上升到 0.3272，西部地区从 0.4245 上升到 0.4368。表明全国整体以及东、中、西部地区内部乡镇企业从业人员分布的地区差异均呈现进一步扩大趋势。考察期间，东、中、西部区域基尼系数的平均值分别为 0.4299、0.3205、0.4181，表明各区域内部乡镇企业从业人员地区分布差距最大的是东部，其次是西部，中部地区内部差距最小。从基尼系数的年度变化趋势来看（图 4.7），2005 ~ 2006 年是差距扩大的转折年，这一期间全国以及东、中、西部地区的基尼系数值均呈现出快速上升趋势。除此之外，其他考察年份乡镇企业年从业人员分布的地区差异整体上波动不大，基本保持平稳。由此可知，1999 ~ 2012 年间，我国乡镇企业从业人员分布的地区差距扩大总体上是由于 2005 ~ 2006 年差距的扩大而引起的。

表 4.3 乡镇企业从业人员地区差异的基尼系数

年份	全国	东部	中部	西部
1999	0.4369	0.4025	0.3024	0.4245
2000	0.4329	0.3985	0.2942	0.4253
2001	0.4526	0.4146	0.3276	0.4159
2002	0.4545	0.4182	0.3254	0.4017
2003	0.4556	0.4145	0.3204	0.3968
2004	0.4568	0.4183	0.3138	0.3834
2005	0.4554	0.4156	0.3059	0.3858
2006	0.5009	0.4427	0.3249	0.4252
2007	0.5013	0.4377	0.3366	0.4198
2008	0.5015	0.4392	0.3351	0.4293
2019	0.5089	0.4513	0.3327	0.4382
2010	0.5076	0.4542	0.3227	0.4351
2011	0.5081	0.4586	0.3182	0.4349
2012	0.5080	0.4527	0.3272	0.4368
平均值	0.4772	0.4299	0.3205	0.4181

注：根据《中国乡镇企业和农产品加工业年鉴》和《中国农业年鉴》相关数据计算得到。

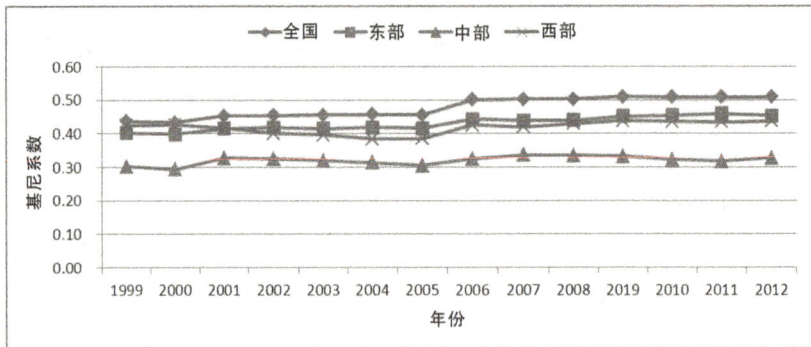

图 4.7 乡镇企业从业人员地区差异基尼系数的年度变化趋势图

（三）乡镇企业总产值的地区差异分析

2012 年我国乡镇企业总产值为 476187.5 亿元，比 1999 年（1999 年为 116150.3 亿元）增长 360037.2 亿元，年均增长 27695.2 亿元，增长速度非常快。2012 年乡镇企业总产值中，农林牧渔类企业、工业、建筑业、交通运输与仓储业、批发零售业、住宿及餐饮业、社会服务业等不同类型的企业的贡献率分别为 1.30%、80.30%、5.00%、2.10%、6.10%、1.90%、1.70%。表明我国乡镇企业的类型主要是以工业企业为主，其次分别是批发零售业和建筑业。

表 4.4　乡镇企业总产值地区差异的基尼系数

年份	全国	东部	中部	西部
1999	0.5189	0.3872	0.3331	0.4933
2000	0.5205	0.3884	0.2946	0.4832
2001	0.5429	0.4125	0.3250	0.4755
2002	0.5527	0.4177	0.3207	0.4488
2003	0.5527	0.4177	0.3207	0.4488
2004	0.5542	0.4201	0.3178	0.4271
2005	0.5658	0.4346	0.3133	0.3959
2006	0.5759	0.4474	0.3101	0.4019
2007	0.6051	0.4610	0.3077	0.4700
2008	0.6044	0.4594	0.3133	0.4728
2019	0.6098	0.4732	0.3167	0.5090
2010	0.6236	0.4779	0.3259	0.5245
2011	0.6010	0.5153	0.3133	0.5327
2012	0.6264	0.4979	0.3219	0.5198
平均值	0.5753	0.4436	0.3167	0.4717

注：根据《中国乡镇企业和农产品加工业年鉴》和《中国农业年鉴》相关数据计算得到。

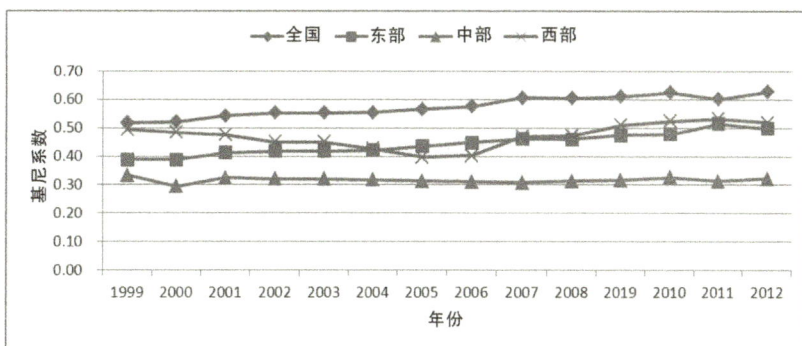

图 4.8　乡镇企业总产值地区差异基尼系数的年度变化趋势图

与前文类似，我们利用基尼系数来进一步分析乡镇企业总产值的地区不均衡程度及其年度变化趋势。计算结果如表 4.4 所示。从表 4.4 可知，考察期间，东、中、西部区域乡镇企业总产值基尼系数的平均值分别为 0.4436、0.3167、0.4717，表明乡镇企业总产值地区分布差距最大的是东部，其次是西部，中部地区内部差距最小。考察期间，全国整体以及东、西部地区乡镇企业总产值地区分布的基尼系数整体上呈现增长趋势，分别从 1999 年的 0.5189、0.3872、0.4933 上升到 2013 年的 0.6264、0.4979、0.5198，增长幅度分别为 20.72%、28.59% 和 5.37%。表明全国整体以及东、西部地区内部乡镇企业总产值地区分布的不均衡程度均呈现进一步加深趋势，且东部地区内部乡镇企业总产值发展的地区不均衡程度加深的速度最快。中部地区内部代表乡镇企业总产值地区不均衡程度的基尼系数从 1999 年的 0.3331 小幅下降到 0.3219，且各考察年份其基尼系数值大部分稳定在 0.31 左右。表明中部地区内部乡镇企业总产值地区分布的不均衡程度基本保持稳定。从基尼系数的年度变化趋势来看（图 4.8），西部地区基尼系数自 1999 年 ~ 2005 年呈现稳步下降趋势，并且在 2005 年下降到最低点，自 2006 开始逐步上升，地区差距逐步扩大。东部地区内部乡镇企业年度总产值的不均衡程度始终保持稳步小幅增长趋势，全国整体上的变化趋势与东部地区基本保持一致。表明我国乡镇企业总产值地区不均衡程度的加深主要是由东部地区不均衡程度的加深而引起的。

综上所述，考察期间，我国乡镇企业单位数量、从业人员数量与企业总产值的地区发展不均衡程度东、西部地区都要普遍高于中部地区；且全国整体以及东、西部地区内部乡镇企业单位数量、从业人员数量与企业总产值的地区差异均呈现进一步扩大趋势。中部地区除乡镇企业生产总值的地区差异呈现小幅下降趋势外，其从业人员数量和企业总产值的地区差异也均呈现进一步扩大的趋势，但是其增长的幅度要远远小于东、西部地区。表明我国乡镇企业规模发展的地区差异逐步扩大，且东、西部地区内部乡镇企业规模发展的地区差距要远远大于中部地区。

四、乡镇企业经济收益的地区差异分析

鉴于统计指标的可获性和统计数据的完整性，我们从乡镇企业营业收入、利润总额、上缴税金和劳动者报酬四个方面来分析乡镇企业经济收益的地区差异。

（一）乡镇企业营业收入的地区差异分析

2012 年我国乡镇企业实现营业收入 472773.9 亿元，是 2003 年（146783.4

亿元）营业收入的 2.22 倍。其中，农林牧渔类企业实现营业收入 6146.1 亿元，占总营业收入的 1.30%；工业类企业实现营业收入 372073.1 亿元，占总营业收入的 78.70%；建筑业企业实现营业收入 23165.9 亿元，占总营业收入的 4.90%；交通运输仓储业企业实现营业收入 10401.0 亿元，占总营业收入的 2.20%；批发零售业企业实现营业收入 34985.3 亿元，占总营业收入的 7.40%；住宿与餐饮业企业实现营业收入 9455.5 亿元，占总营业收入的 2.00%；社会服务业企业实现营业收入 8509.9 亿元，占总营业收入的 1.80%。表明我国乡镇企业营业收入以工业类企业的贡献最大，其次是建筑业企业，农林牧渔类企业的营业收入最少。这与我国乡镇企业单位数量以及总产值均以工业类企业为主是相呼应的。

下文我们同样利用基尼系数来分析乡镇企业营业收入的地区差异及其年度变化趋势。乡镇企业营业收入基尼系数的计算结果如表 4.5 所示。从表 4.5 可知，考察期间，东、中、西部区域乡镇企业营业收入基尼系数的平均值分别为 0.4656、0.3172、0.4764，表明各区域内部乡镇企业营业收入地区差距最大的是西部，其次是东部，中部地区内部差距最小。考察期间，全国整体以及东部、西部地区乡镇企业营业收入地区差异的基尼系数整体上呈现增长趋势，分别从 2003 年的 0.5454、0.4171、0.4407 上升到 2012 年的 0.6243、0.4738、0.5201，增长幅度分别为 14.47%、19.32% 和 18.02%。表明全国整体以及东、西部地区内部乡镇企业营业收入的地区不均衡程度均呈现进一步加深趋势，且东部地区内部乡镇企业营业收入的地区不均衡程度加深的速度最快。中部地区内部乡镇企业营业收入的不均衡程度从 1999 年的 0.3201 小幅下降到 0.3147，年均降幅为 1.69%，且各考察年份其基尼系数值大部分稳定在 0.31 左右。表明中部地区内部乡镇企业营业收入的地区不均衡程度出现小幅缓解。从基尼系数的年度变化趋势来看（图 4.9），西部地区基尼系数在 2006～2007 年期间迅速增长，并且在 2007 年上升到最高点 0.5444，地区差距达到最大；一年之后迅速滑落至 0.4718（略高于 2006 年初的水平），地区差距出现缩小；自 2008 年末开始逐步小幅回升，地区差距逐步小幅扩大。东部地区内部乡镇企业营业收入的地区不均衡程度除在 2011 年出现一次明显的提升外，其余年份基本保持稳步小幅增长趋势。全国整体上的变化趋势与东部地区基本保持一致。表明我国乡镇企业营业收入地区不均衡程度的年度变化趋势主要受东部地区的影响，而进一步从年度变化曲线来看（图 4.9），2007 年西部地区乡镇企业营业收入地区差异的大幅波动同样给全国整体水平带来了明显的影响。

表 4.5　乡镇企业营业收入地区差异的基尼系数

年份	全国	东部	中部	西部
2003	0.5454	0.4171	0.3201	0.4407
2004	0.5507	0.4250	0.3155	0.4266
2005	0.5649	0.4425	0.3180	0.3949
2006	0.5741	0.4495	0.3117	0.3997
2007	0.6174	0.4643	0.3079	0.5444
2008	0.6043	0.4615	0.3130	0.4718
2009	0.6106	0.4738	0.3203	0.5139
2010	0.6253	0.4794	0.3308	0.5247
2011	0.6410	0.5450	0.3197	0.5275
2012	0.6243	0.4977	0.3147	0.5201
平均值	0.5958	0.4656	0.3172	0.4764

注：根据《中国乡镇企业和农产品加工业年鉴》和《中国农业年鉴》相关数据计算得到。

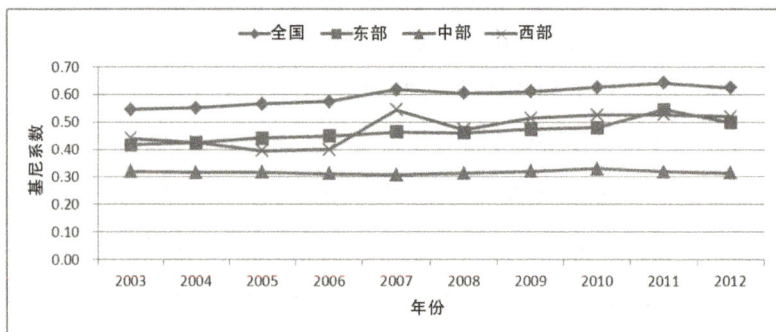

图 4.9　乡镇企业营业收入地区差异基尼系数的年度变化趋势图

（二）乡镇企业利润总额的地区差异分析

2012 年我国乡镇企业利润总额为 25601.9 亿元，是 2003 年（8571.2 亿元）利润总额的 2.97 倍。其中，农林牧渔类企业利润总额为 409.6 亿元，占整体利润总额的的 1.60%；工业类企业利润总额为 19815.9 亿元，占整体利润总额的 77.40%；建筑业企业实现利润总额 1228.9 亿元，占整体利润总额的 4.80%；交通运输仓储业企业利润总额为 640.0 亿元，占整体利润总额的 2.50%；批发零售业企业利润总额为 1740.9 亿元，占整体利润总额的 6.80%；住宿与餐饮业企业利润总额为 665.7 亿元，占整体利润总额的 2.60%；社会服务业企业利润总额为 537.6 亿元，占整体利润总额的 2.10%。各类型乡镇企业利润总额占比与营业收入占比大体保持一致。表明我国乡镇企业利润总额为以工业类企业的贡献最大，其次是批发零售业企业，农林牧渔类企业的营业收入最少。

下文我们同样利用基尼系数来分析乡镇企业利润总额的地区差异及其年度变化趋势。乡镇企业利润总额基尼系数计算结果如表 4.6 所示。从表 4.6 可知，考察期间，东、中、西部区域乡镇企业利润总额基尼系数的平均值分别为 0.4556、0.3536、0.4280，表明各区域内部乡镇企业利润总额地区差距最大的是东部，其次是西部，中部地区内部差距最小。考察期间，全国整体以及东部、中、西部地区乡镇企业利润总额地区差异的基尼系数整体上均呈现增长趋势，分别从 2003 年的 0.5321、0.3893、0.3563、0.3590 上升到 2012 年的 0.6257、0.5041、0.3621、0.5306，增长幅度分别为 17.59%、29.49%、1.63%、47.80%。表明全国整体以及三大区域内部乡镇企业利润总额的地区不均衡程度均呈现进一步加深趋势，且东部和西部地区内部乡镇企业利润总额的地区不均衡程度加深的速度要明显大于中部地区。图 4.10 给出了乡镇企业利润总额基尼系数的年度变化趋势，从图 4.10 可知，全国整体以及三大区域内部乡镇企业利润总额的基尼系数值基本上都是从 2004 年开始出现增长。且东部地区的基尼系数在 2004 ～ 2006 年间经历了一个快速的增长过程，西部地区的基尼系数在 2005 ～ 2011 年间经历了一个快速的增长过程。中部地区的基尼系数值总体上保持波动，尽管期间偶有下降，但总体上呈现小幅上升趋势。表明全国整体以及三大区域内部乡镇企业利润总额的地区差距自 2004 年开始扩大，东部、西部地区分别在 2004 ～ 2006 年间和 2006 ～ 2009 年间，差距迅速扩大。

表 4.6　乡镇企业利润总额地区差异的基尼系数

年份	全国	东部	中部	西部
2003	0.5321	0.3893	0.3563	0.3590
2004	0.5317	0.3901	0.3576	0.3580
2005	0.5439	0.4273	0.3421	0.3574
2006	0.5637	0.4579	0.3305	0.3774

（续表）

年份	全国	东部	中部	西部
2007	0.5928	0.4629	0.3520	0.4101
2008	0.5850	0.4634	0.3645	0.4135
2009	0.6012	0.4815	0.3443	0.4714
2010	0.6214	0.4900	0.3610	0.4887
2011	0.6188	0.4890	0.3653	0.5142
2012	0.6257	0.5041	0.3621	0.5306
平均值	0.5816	0.4556	0.3536	0.4280

注：根据《中国乡镇企业和农产品加工业年鉴》和《中国农业年鉴》相关数据计算得到。

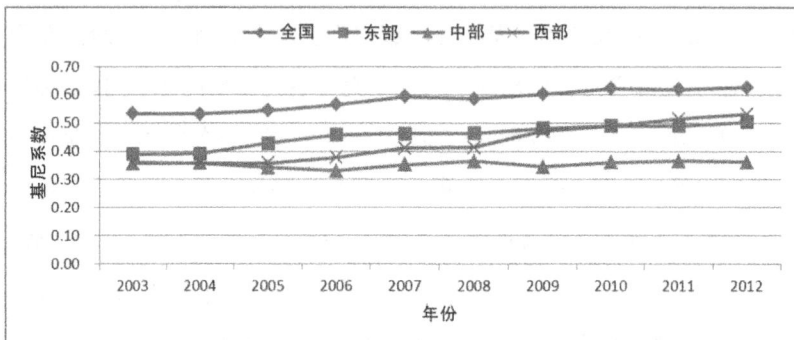

图 4.10 乡镇企业利润总额地区差异基尼系数的年度变化趋势图

（三）乡镇企业上缴税金的地区差异分析

2012 年我国乡镇企业上交税金总额为 12457.6 亿元，是 2003 年（3130.1 亿元）上交税金总额的 3.98 倍，占其利润总额的 48.66%。其中，农林牧渔类企业上交税金 124.6 亿元，占其上交税金总额的 1.00%；工业类企业上交税金 9692.0 亿元，占其上交税金总额的 77.80%；建筑业企业上交税金 685.2 亿元，占其上交税金总额的 5.50%；交通运输仓储业企业上交税金 286.5 亿元，占其上交税金总额的 2.30%；批发零售业企业上交税金 809.7 亿元，占其上交税金总额的 6.50%；住宿与餐饮业企业上交税金 311.4 亿元，占其上交税金总额的 2.50%；社会服务业企业上交税金 261.6 亿元，占其上交税金总额的 2.10%。各类型乡镇企业上交税金占比与利润总额占比大体保持一致。表明我国乡镇企业上交税金以工业类企业的贡献最大，其次是批发零售业企业，农林牧渔类企业上交税金额度最少。

同样采用基尼系数来分析我国乡镇企业上交税金的地区差异及其年度变化

趋势。乡镇企业上交税金基尼系数的计算结果如表 4.7 所示。从表 4.7 可知：考察期间，反映东、中、西部区域乡镇企业上交税金地区差异的基尼系数的平均值分别为 0.4756、0.3080、0.4668，表明各区域内部乡镇企业上交税金地区差距最大的是东部，其次是西部，中部地区内部差距最小。考察期间，全国整体以及东、中、西部地区乡镇企业上交税金地区差异的基尼系数整体上均呈现增长趋势，分别从 2003 年的 0.5735、4658、2421、0.4067 上升到 2012 年的 0.6362、0.5068、0.3852、0.5448，增长幅度分别为 10.93%、8.80%、59.11%、33.96%。表明全国整体以及三大区域内部乡镇企业上交税金额度的地区不均衡程度均呈现进一步加深趋势，且中部和西部地区内部乡镇企业上交税金的地区不均衡程度加深的速度要明显大于东部地区。图 4.11 给出了乡镇企业上交税金地区差异基尼系数的年度变化趋势。从图 4.11 可知，东部地区内部乡镇企业上交税金的地区差异除在 2004 年出现一次明显的下降过程外，其余年份均保持稳步小幅上升趋势。中部地区乡镇企业上交税金的基尼系数值在 2004～2008 年和 2010～2012 年两个时间段内均经历了一个快速提升过程。中部地区乡镇企业上交税金的地区差异增大主要是在这两个时间段形成的。西部地区乡镇企业上交税金的基尼系数值在 2003～2005 年年末波动不大，自 2006 年初开始至 2012 年总体上经历了一个稳步上升的过程。整体上看，考察期间，西部地区乡镇企业上交税金的地区差异扩大主要是在这一时间段内形成的。

表 4.7　乡镇企业上缴税金地区差异的基尼系数

年份	全国	东部	中部	西部
2003	0.5735	0.4658	0.2421	0.4067
2004	0.5660	0.4383	0.2514	0.4086
2005	0.5760	0.4726	0.2855	0.3847
2006	0.5835	0.4692	0.2822	0.3998
2007	0.5961	0.4716	0.3197	0.4564
2008	0.6002	0.4666	0.3428	0.4748
2009	0.6053	0.4818	0.2979	0.5154
2010	0.6175	0.4906	0.3140	0.5280
2011	0.6278	0.4927	0.3588	0.5487
2012	0.6362	0.5068	0.3852	0.5448
平均值	0.5982	0.4756	0.3080	0.4668

注：根据《中国乡镇企业和农产品加工业年鉴》和《中国农业年鉴》相关数据计算得到。

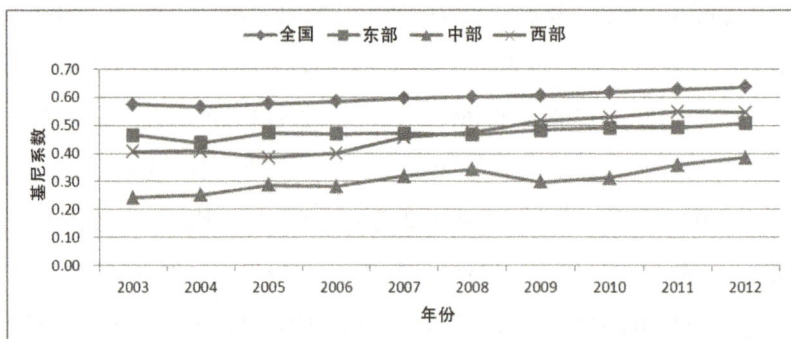

图 4.11 乡镇企业上交税金地区差异基尼系数的年度变化趋势图

（四）乡镇企业劳动者报酬的地区差异分析

2012 年我国乡镇企业劳动者报酬总额为 19868.0 亿元，是 2003 年（9071.8 亿元）乡镇企业劳动者报酬的 2.19 倍，占其利润总额的 77.60%。其中，农林牧渔类企业劳动者报酬为 298.0 亿元，占乡镇企业劳动者报酬总额的 1.50%；工业类企业劳动者报酬为 14603.0 亿元，占乡镇企业劳动者报酬总额的 73.50%；建筑业企业劳动者报酬为 1668.9 亿元，占乡镇企业劳动者报酬总额的 8.40%；交通运输仓储业企业劳动者报酬为 556.3 亿元，占乡镇企业劳动者报酬总额的 2.80%；批发零售业企业劳动者报酬为 1251.7 亿元，占乡镇企业劳动者报酬总额的 6.30%；住宿与餐饮业企业劳动者报酬为 635.8 亿元，占乡镇企业劳动者报酬总额的 3.20%；社会服务业企业劳动者报酬为 457.0 亿元，占乡镇企业劳动者报酬总额的 2.30%。各类型乡镇企业劳动者报酬占比与其利润总额、上交税金占比大体保持一致。表明我国乡镇企业劳动者报酬同样以工业类企业的贡献最大，其次分别是建筑业企业、批发零售业企业，农林牧渔类企业劳动者报酬额度最少。利用 2012 年各类型企业从业人员数，进一步计算得到各类型乡镇企业人均劳动者报酬如表 4.8 所示。从表 4.8 可知，乡镇企业人均劳动者报酬以建筑业企业为最高，其次是工业企业，农林牧渔业企业人均劳动报酬最低。

表 4.8　2012 年各类型乡镇企业单位劳动者人均报酬情况

指标	总量	农林牧渔业	工业	建筑业	交通运输仓储业	批发零售业	住宿及餐饮业	社会服务业
劳动者报酬总额（亿元）	19868.0	298.0	14603.0	1668.9	556.3	1251.7	635.8	457.0
从业人员（万人）	10150.0	223.3	7155.7	801.9	294.3	771.4	4263.0	253.7
人均劳动者报酬（万元）	1.96	1.33	2.04	2.08	1.89	1.62	1.49	1.80

注：数据来自于 2013 年《中国乡镇企业与农产品加工业年鉴》。

同样采用基尼系数来分析我国乡镇企业劳动者报酬的地区差异及其年度变化趋势。计算结果如表 4.9 所示。从表 4.9 可知：考察期间，反映全国以及东、中、西部区域乡镇企业劳动者报酬地区差异的基尼系数的平均值分别为 0.5201、0.4328、0.3256、0.4403，表明各区域内部乡镇企业劳动者报酬地区差距最大的是西部，其次是东部，中部地区内部差距最小。全国整体乡镇企业劳动者报酬的地区差异要高于各区域内部差异，表明各区域之间乡镇企业劳动者报酬差异较大。考察期间，全国整体以及东、西部地区乡镇企业劳动者报酬地区差异的基尼系数整体上均呈现增长趋势，分别从 1999 年的 0.5069、4281、0.4291 上升到 2012 年的 0.5680、0.4663、0.5294，增长幅度分别为 12.05%、8.92%、23.37%。中部地区乡镇企业劳动者报酬地区差异的基尼系数从 1999 年的 0.3929 下降到 2012 年的 0.2821，降幅为 28.20%。表明全国整体以及东、西部区域内部乡镇企业劳动者报酬额度的地区不均衡程度均呈现进一步加深趋势，且西部地区内部乡镇企业劳动者报酬的地区不均衡程度加深的速度要明显大于东部地区；中部地区内部乡镇企业劳动者报酬的地区不均衡程度呈现进一步缓解趋势。图 4.12 给出了乡镇企业劳动者报酬地区差异基尼系数的年度变化趋势。从图 4.12 可知，东部地区内部乡镇企业劳动者报酬的地区差异大体上经历了"减速下降（1999 ~ 2004 年）—加速上升（2005 ~ 2008 年）—稳步小幅上升（2009 ~ 2012 年）"的变化历程。中部地区乡镇企业劳动者报酬的基尼系数值在各考察年份整体上均保持了比较稳定的下降趋势。考察期间，西部地区乡镇企业劳动者报酬各年度的基尼系数值总体上波动较大，反复波动主要集中在2003～2007年期间，2003～2004经历了一次快速上涨过程，随即在2005年迅速下降，自2006年初开始至2007年又迅速上升，此后保持小幅稳定增长态势。

表 4.9 乡镇企业劳动者报酬地区差异的基尼系数

年份	全国	东部	中部	西部
1999	0.5069	0.4281	0.3929	0.4291
2000	0.4960	0.4164	0.3617	0.4073
2001	0.4893	0.4079	0.3418	0.3904
2002	0.4854	0.4026	0.3259	0.3768
2003	0.4854	0.4026	0.3259	0.3768
2004	0.4786	0.4021	0.3236	0.4840
2005	0.5050	0.4289	0.3213	0.3603
2006	0.5023	0.4310	0.3147	0.3747
2007	0.5433	0.4503	0.3269	0.4762
2008	0.5412	0.4474	0.3109	0.4517
2019	0.5507	0.4544	0.3222	0.4833
2010	0.5627	0.4579	0.3112	0.5127
2011	0.5669	0.4631	0.2972	0.5118
2012	0.5680	0.4663	0.2821	0.5294
平均值	0.5201	0.4328	0.3256	0.4403

注：根据《中国乡镇企业和农产品加工业年鉴》和《中国农业年鉴》相关数据计算得到。

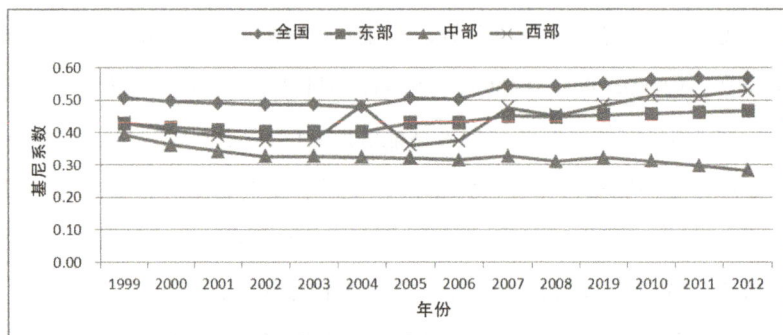

图 4.12 乡镇企业劳动者报酬地区差异基尼系数的年度变化趋势图

基于以上乡镇企业营业收入、利润总额、上缴税金和劳动者报酬四个方面的分析可知：考察期间各区域内部乡镇企业营业收入与劳动者报酬的地区差距最大的是西部，其次是东部；乡镇企业利润总额与上交税金地区差距最大的是东部，其次是西部。通过营业收入、利润总额、上缴税金、劳动者报酬四个指标表示的乡镇企业经济收益的地区差异均以中部地区为最小。全国整体以及东、西部地区内部乡镇企业营业收入与劳动者报酬的地区不均衡程度均呈现进一步加深趋势，中部地区呈微幅下降趋势。全国整体以及东、中、西部地区乡镇企业利润总额与上交税金的地区差异整体上均呈现增长趋势。表明考察期间总体上我国乡镇企业经济收益的地区差异进一步扩大，这些差异主要来源于东、西部地区，中部地区差异相对较小。这也意味着我国乡镇企业经济收益发展的不均衡主要是由东、西部地区不均衡程度上升所导致。随着时间的推移，中部地区乡镇企业经济收益的发展不均衡程度正在逐步得到缓解。

第三节　我国乡镇企业地区差异的来源分析

为了进一步深入分析我国乡镇企业发展规模与经济效益地区差异的来源，我们利用上面介绍的基尼系数分解法，借助乡镇企业单位数量、乡镇企业从业人员数量和乡镇企业总产值三个方面的指标来进一步挖掘乡镇企业发展地区差异的来源及其贡献率。

一、乡镇企业发展规模地区差异来源分析

（一）乡镇企业单位数量地区差异的来源及其分解

表 4.10 描述了我国乡镇企业单位数量总体地区差距的来源及其贡献率。图 4.13 进一步描述了各贡献率的变化趋势。从表 4.10 可知，我国乡镇企业单位数量的组间差距与组内差距整体上呈现进一步扩大趋势。乡镇企业单位数量地区差异的组内基尼系数值由 1999 年的 0.1311 稳步上升到 2012 年的 0.1688。表明我国乡镇企业单位数量的区域内差距逐渐增大。

乡镇企业单位数量的组间基尼系数整体上经历了"先下降再上升"的变化历程。1999 ~ 2004 年是组间差距的缩小期，在 2004 年组间差距达到最小；从 2004 年底开始，组间差距从最低点开始稳步小幅上升，到 2012 年达到最大值。剩余项差距的变化趋势恰好与组间差距的变化趋势相反，其整体上经历了"先

上升再下降"的变化历程。考察期间，组内差距、组间差距以及剩余项差距的平均贡献率分别为31.03%、28.42%和40.55%。表明我国乡镇企业单位数量的地区差异主要是由剩余项差距引起，其次是组内差距，组间差距对乡镇企业单位数量发展的地区差距贡献最小。表明三大区域之间乡镇企业单位数量交错增减的省份数量有所增加，省级之间乡镇企业单位数量增减的交替程度有所增大，意味着乡镇企业单位数量相对较多的省份中，部分省份乡镇企业单位数量大幅下降，而乡镇企业单位数量相对较少的省份中，部分省份乡镇企业单位数量大幅增长，进而加大了原本乡镇企业单位数量较多的地区与原本乡镇企业单位数量较少地区之间的交错程度。从组内差距、组间差距以及剩余项差距贡献率的年度变化趋势来看（图4.13），组内差距的贡献率基本波动不大，基本保持稳定；组间差距贡献率与剩余项差距贡献率的年度变化趋势正好完全相反。意味着组间差距贡献率与剩余项差距贡献反向变动，即组间差距先降后升与剩余项差距先升后降，从而共同导致了我国乡镇企业单位数量发展不均衡的客观现实。

表 4.10 乡镇企业单位数量基尼系数的结构分解

年份	总体	地区内基尼系数	地区间基尼系数	剩余项	贡献率		
		组内	组间		组内	组间	剩余项
1999	0.4175	0.1311	0.1174	0.1690	31.40%	28.12%	40.48%
2000	0.4028	0.1272	0.1008	0.1748	31.59%	25.02%	43.39%
2001	0.4235	0.1354	0.0904	0.1977	31.98%	21.35%	46.67%
2002	0.4239	0.1347	0.0931	0.1961	31.77%	21.96%	46.27%
2003	0.4239	0.1347	0.0931	0.1961	31.77%	21.96%	46.27%
2004	0.4166	0.1309	0.0848	0.2009	31.42%	20.36%	48.23%
2005	0.4218	0.1314	0.0915	0.1989	31.15%	21.69%	47.16%
2006	0.4204	0.1308	0.0955	0.1941	31.12%	22.72%	46.16%
2007	0.5178	0.1578	0.1653	0.1947	30.47%	31.92%	37.60%
2008	0.5333	0.1630	0.1605	0.2098	30.57%	30.10%	39.34%
2019	0.5449	0.1650	0.2076	0.1723	30.27%	38.10%	31.63%
2010	0.5483	0.1656	0.2077	0.1750	30.21%	37.88%	31.91%
2011	0.5564	0.1689	0.2131	0.1744	30.36%	38.30%	31.34%
2012	0.5561	0.1688	0.2139	0.1734	30.35%	38.46%	31.18%
平均值	0.4719	0.1461	0.1382	0.1877	31.03%	28.42%	40.51%

注：根据《中国乡镇企业和农产品加工业年鉴》和《中国农业年鉴》相关数据计算得到。

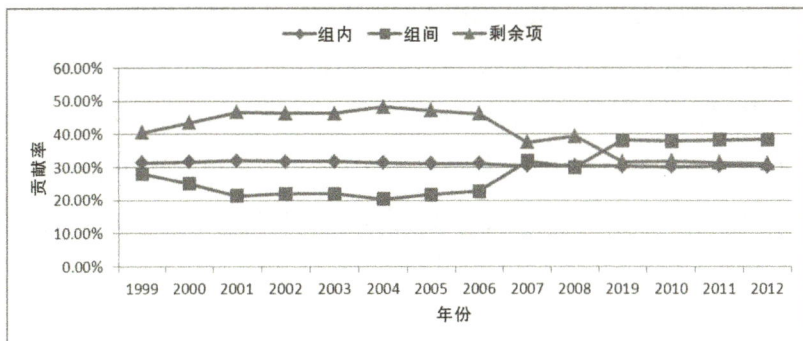

图 4.13　乡镇企业单位数量地区差异来源贡献率的演变趋势

进一步比较组内差距、组间差距和剩余项的贡献率及其变化态势（图 4.13），可以发现，剩余项的贡献率最大，其次分别是组内差距和组间差距。因此，在现有三大区域设定分组条件下，剩余项差距缩小是我国整体保险业发展水平空间非均衡程度下降的主要动因。而组间差距与剩余项差距变动态势反向运动，即组间差距先升后降与剩余项差距先降后升构成了我国整体保险业发展水平空间极化程度降低的内在动因。

（二）乡镇企业从业人员地区差异的来源及其分解

表 4.11 给出了我国乡镇企业从业人员总体地区差距的来源，图 4.14 进一步描述了各贡献率的变化趋势。从中可知：考察期间我国乡镇企业从业人员的组内基尼系数、组间基尼系数以及剩余项系数的年度平均值分别为 0.1375、0.2349、0.1049，其贡献率的平均值分别为 28.82%、48.95% 和 22.24%。表明我国乡镇企业从业人员总体地区差距构成中，组间差距的贡献率最大，意味着地区间差距是我国乡镇企业从业人员总体地区差距的主要来源，其次是组内差距，最小的是剩余项。从演变过程来看，1999 年至 2012 年，我国乡镇企业从业人员地区间差距的贡献率呈上升趋势，剩余项和地区内差距的贡献率呈下降趋势。从具体数值来看，地区内差距的贡献率变化较为平稳，基本维持在 28% 至 29% 左右。地区间差距的贡献率波动较大，表现为两个明显的变化阶段：1999 ~ 2007 年为第一个阶段，这个期间地区间差距的贡献率一直呈上升趋势，从 1999 年的 41.34% 上升至 2008 年的 53.82%；第二个阶段为 2007 年

至 2012 年期间，地区间差距的贡献率波动很小，基本维持在 53% 左右。从剩余项差距贡献率的变动过程来看，从 1999 年至 2007 年一直保持下降态势，在 2007 年降到最小值 17.82%，2007 年以后，剩余项的贡献率波动很小，基本维持在 18% 左右水平。进一步比较可知，地区间差距贡献率与剩余项差距贡献率的年度变化趋势基本完全相反。意味着组间差距与剩余项差距反向变动共同导致了我国乡镇企业从业人员发展不均衡的客观现实。这一结论与乡镇企业单位数量地区差异来源的情况具有一致性。

表 4.11 乡镇企业从业人员基尼系数的结构分解

年份	总体	地区内基尼系数	地区间基尼系数	剩余项	贡献率		
		组内	组间		组内	组间	剩余项
1999	0.4369	0.1273	0.1806	0.1290	29.13%	41.34%	29.54%
2000	0.4329	0.1265	0.1844	0.1220	29.21%	42.60%	28.19%
2001	0.4526	0.1334	0.1988	0.1204	29.48%	43.92%	26.60%
2002	0.4545	0.1333	0.2035	0.1177	29.32%	44.77%	25.90%
2003	0.4556	0.1322	0.2121	0.1113	29.03%	46.55%	24.42%
2004	0.4568	0.1315	0.2115	0.1138	28.78%	46.30%	24.92%
2005	0.4554	0.1306	0.2131	0.1117	28.67%	46.79%	24.53%
2006	0.5009	0.1425	0.2672	0.0912	28.44%	53.34%	18.21%
2007	0.5013	0.1422	0.2698	0.0893	28.36%	53.82%	17.82%
2008	0.5015	0.1428	0.2692	0.0895	28.48%	53.68%	17.84%
2019	0.5089	0.1459	0.2719	0.0911	28.67%	53.43%	17.91%
2010	0.5076	0.1452	0.2688	0.0936	28.60%	52.96%	18.45%
2011	0.5081	0.1456	0.2668	0.0957	28.65%	52.51%	18.84%
2012	0.5080	0.1455	0.2704	0.0921	28.64%	53.23%	18.13%
平均值	0.4772	0.1375	0.2349	0.1049	28.82%	48.95%	22.24%

注：根据《中国乡镇企业和农产品加工业年鉴》和《中国农业年鉴》相关数据计算得到。

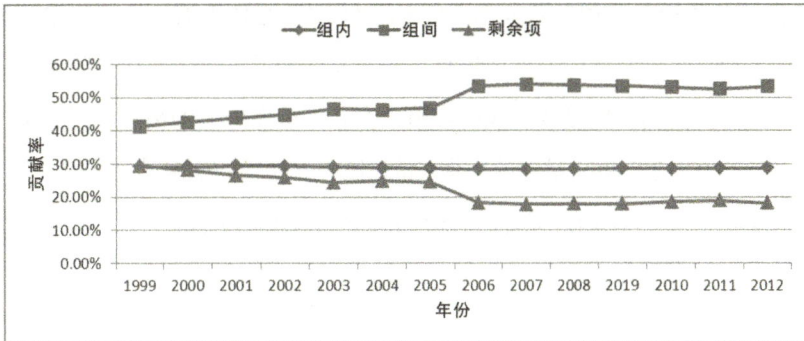

图 4.14　乡镇企业从业人员地区差异来源贡献率的演变趋势

（三）乡镇企业总产值地区差异的来源及其分解

　　表 4.12 描述了我国乡镇企业总产值总体地区差距的来源及其贡献率。图 4.15 进一步描述了各贡献率的变化趋势。从表 4.12 可知，考察期间，反映乡镇企业总产值总体地区差距中地区内差距、地区间差距以及剩余项差距的基尼系数的年度平均值分别为 0.1493、0.3872、0.0488，其对总体差异的平均贡献率分别为 25.92%、65.50% 和 8.59%。表明我国乡镇企业总产值的地区差异主要是由地区间差距引起，其次是地区内差距，剩余项差距对乡镇企业总产值发展地区差距的贡献最小。从演变过程来看，1999 年至 2012 年，我国乡镇企业总产值地区间差距的贡献率总体上呈上升趋势，剩余项差距的贡献率总体上呈现出下降趋势，而地区内差距的贡献率基本保持平稳，没有呈现明显的上升或者下降趋势。从具体数值来看，地区间差距的贡献率总体上经历了"上升—下降—上升"三个比较明显的变化历程：1999 ~ 2007 年表现为稳步小幅上升态势，在 2007 年达到最大值 68.40%；在 2008 ~ 2011 年时间段内，地区间差距的贡献率表现为下降态势，其中在 2008 ~ 2010 时间段下降的幅度比较小，在 2011 年下降的幅度非常大，并在该年末达到最小值为 60.33%。2012 年贡献率迅速回升，从 2011 年的 60.33% 回升到 66.19%。地区内差距贡献率的变化趋势总体上较为平稳，基本维持在 25% 左右，整个考察期内变化不大，在 2011 年达到最大值 28.00%。剩余项差距的贡献率在整个考察期内呈现出先下降后上升的趋势，具体可以分为两个阶段：1999 ~ 2007 年一直呈下降态势，并且在 2007 年达到最小值 5.96%；2007 ~ 2012 年这段时间，剩余项差距的贡献率呈

现出上下波动态势，2012 年其贡献率达到 7.00%。总体上看，地区间差距贡献率与剩余项差距贡献率的年度变化趋势基本完全相反。意味着地区间差距与剩余项差距反向变动共同导致了我国乡镇企业总产值发展不均衡的客观现实。这一结论与乡镇企业单位数量以及从业人员地区差异变动的情况是一致的。

表 4.12 乡镇企业总产值基尼系数的结构分解

年份	总体	地区内基尼系数 组内	地区间基尼系数 组间	剩余项	贡献率		
					组内	组间	剩余项
1999	0.5189	0.1333	0.3176	0.0680	25.69%	61.21%	13.11%
2000	0.5205	0.1316	0.3304	0.0585	25.28%	63.48%	11.24%
2001	0.5429	0.1404	0.3448	0.0577	25.86%	63.51%	10.63%
2002	0.5527	0.1410	0.3615	0.0502	25.51%	65.41%	9.08%
2003	0.5527	0.1410	0.3615	0.0502	25.51%	65.41%	9.08%
2004	0.5542	0.1408	0.3682	0.0452	25.41%	66.44%	8.15%
2005	0.5658	0.1436	0.3785	0.0437	25.37%	66.90%	7.73%
2006	0.5759	0.1475	0.3864	0.0420	25.61%	67.09%	7.29%
2007	0.6051	0.1552	0.4139	0.0360	25.64%	68.40%	5.96%
2008	0.6044	0.1553	0.4116	0.0375	25.69%	68.10%	6.21%
2019	0.6098	0.1604	0.4084	0.0410	26.30%	66.97%	6.72%
2010	0.6236	0.1631	0.4211	0.0394	26.15%	67.53%	6.32%
2011	0.6010	0.1683	0.3626	0.0701	28.00%	60.33%	11.67%
2012	0.6264	0.1680	0.4146	0.0438	26.81%	66.19%	7.00%
平均值	0.5753	0.1493	0.3772	0.0488	25.92%	65.50%	8.59%

注：根据《中国乡镇企业和农产品加工业年鉴》和《中国农业年鉴》相关数据计算得到。

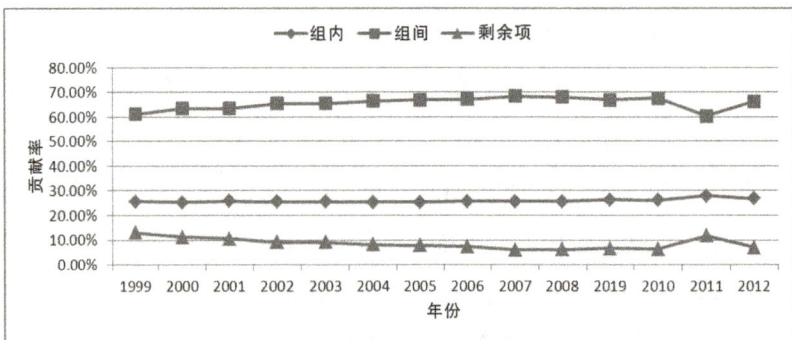

图 4.15 乡镇企业总产值地区差异来源贡献率的演变趋势

综上所述，我国乡镇企业单位数量的地区差异主要是由剩余项差距引起，而乡镇企业从业人员和乡镇企业总产值的地区差异主要是由地区间差距引起。地区间差距与剩余项差距反向变动共同导致了我国乡镇企业规模发展不均衡的客观现实。

二、乡镇企业经济收益地区差异来源分析

（一）乡镇企业营业收入地区差异的来源及其分解

表 4.13 描述了我国乡镇企业营业收入总体地区差距的来源及其贡献率。图 4.16 进一步描述了各贡献率的变化趋势。从表 4.13 可知，考察期间，反映乡镇企业营业收入总体地区差距中，地区内差距、地区间差距以及剩余项差距的基尼系数的年度平均值分别为 0.1563、0.3966、0.0429，其对总体差异的平均贡献率分别为 26.21%、66.55% 和 7.24%。表明我国乡镇企业营业收入的地区差异主要是由地区间差距引起，其次是地区内差距，剩余项差距对乡镇企业营业收入发展地区差距的贡献最小。从演变过程来看，2003 ~ 2012 年，我国乡镇企业营业收入地区间差距的贡献率总体上呈波动上升趋势，但波动的幅度不大；而地区内差距的贡献率在整个考察期内没有明显的变化，剩余项差距的贡献率总体上呈现出先下降后上升的趋势，但变动的幅度也比较有限。从具体数值来看，地区内差距的贡献率变化较为平稳，基本维持在 26% ~ 28% 之间。地区间差距的贡献率大体上经历了变化阶段：2003 ~ 2007 年一直保持小幅上升态势，并且在 2007 年达到最大值 68.82%；2007 ~ 2011 年地区间差距的贡献率出现小幅度的下降态势，并且在 2011 年达到最小值 63.57%。剩余项差距的贡献率在整个考察期内呈现出先下降后上升的趋势，2003 ~ 2007 年始终保持小幅下降态势，并且在 2007 年达到最小值 5.56%；2007 ~ 2012 年这段时间，剩余项差距的贡献率虽然出现波动态势，但波动的幅度有限。

总体上看，我国乡镇企业营业收入地区间差距的贡献率与剩余项差距的贡献率的年度变化趋势基本相反。意味着地区间差距与剩余项差距反向变动共同导致了我国乡镇企业营业收入发展不均衡的客观现实。这一结论与乡镇企业总产值地区差异变动的情况基本相同。

表 4.13 乡镇企业营业收入基尼系数的结构分解

年份	总体	地区内基尼系数	地区间基尼系数	剩余项	贡献率		
		组内	组间		组内	组间	剩余项
2003	0.5454	0.1406	0.3547	0.0501	25.78%	65.03%	9.18%
2004	0.5507	0.1421	0.3631	0.0455	25.81%	65.93%	8.26%
2005	0.5649	0.1459	0.3739	0.0451	25.83%	66.19%	7.98%
2006	0.5741	0.1482	0.3838	0.0421	25.82%	66.85%	7.33%
2007	0.6174	0.1582	0.4249	0.0343	25.62%	68.82%	5.56%
2008	0.6043	0.1559	0.4116	0.0368	25.80%	68.11%	6.09%
2019	0.6106	0.1610	0.4085	0.0411	26.36%	66.90%	6.73%
2010	0.6253	0.1639	0.4231	0.0383	26.21%	67.66%	6.13%
2011	0.6410	0.1799	0.4075	0.0536	28.07%	63.57%	8.36%
2012	0.6243	0.1674	0.4146	0.0423	26.81%	66.41%	6.78%
平均值	0.5958	0.1563	0.3966	0.0429	26.21%	66.55%	7.24%

注：根据《中国乡镇企业和农产品加工业年鉴》和《中国农业年鉴》相关数据计算得到。

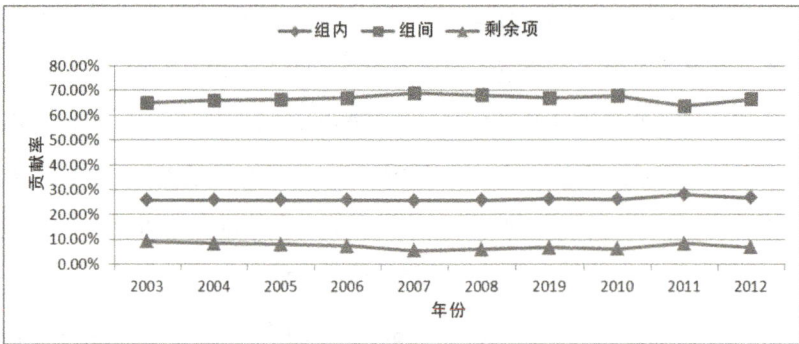

图 4.16 乡镇企业营业收入地区差异来源贡献率的演变趋势

（二）乡镇企业利润总额地区差异的来源及其分解

表 4.14 描述了我国乡镇企业利润总额总体地区差距的来源及其贡献率。图 4.17 进一步描述了各贡献率的变化趋势。从表 4.14 可知，考察期间，乡镇企业利润总额是总体地区差距中，地区内差距、地区间差距以及剩余项差距的基尼系数的年度平均值分别为 0.1538、0.3667、0.0612，其对总体差异的平均贡献率分别为 26.40%、63.09% 和 10.51%。表明我国乡镇企业利润总额的地区差异同样主要由地区间差距引起，其次是地区内差距，剩余项差距对乡镇企业

利润总额发展地区差距的贡献最小。从演变过程来看，考察期间，我国乡镇企业利润总额的地区内差距总体上保持稳定，基本维持在24%至28%之间，没有出现大的波动。最大值出现在2012年，贡献率为27.23%，最小值出现在2003年，贡献率为24.80%。地区间差距和剩余项差距在2006~2008年均经历了一次比较大的波动历程。其中，地区间差距在2006~2007年间加速下降，并于2007年达到最低点后（43.08%）随即在2008年回升到2006年的水平。这一变动历程与剩余项差距的变动历程几乎完全相反。这种现象出现的原因可能与当时的金融危机有关，金融危机严重影响了乡镇企业的收益。而其他年份地区间差距和剩余项差距的贡献率基本分别维持在65%左右和7%~8%水平。总体上看，乡镇企业利润总额的地区间差距与剩余项差距反向变动共同导致了我国乡镇企业利润总额发展不均衡的客观现实。这一结论与乡镇企业总产值地区以及营业收入差异变动的情况是基本相同的。

表 4.14　乡镇企业利润总额基尼系数的结构分解

年份	总体	地区内基尼系数 组内	地区间基尼系数 组间	剩余项	贡献率 组内	组间	剩余项
2003	0.5321	0.1319	0.3540	0.0462	24.80%	66.53%	8.68%
2004	0.5317	0.1322	0.3534	0.0461	24.87%	66.47%	8.67%
2005	0.5439	0.1399	0.3489	0.0551	25.72%	64.15%	10.13%
2006	0.5637	0.1481	0.3622	0.0534	26.27%	64.25%	9.47%
2007	0.5928	0.1711	0.2554	0.1663	28.86%	43.08%	28.05%
2008	0.5850	0.1542	0.3795	0.0513	26.35%	64.87%	8.78%
2019	0.6012	0.1600	0.3897	0.0515	26.61%	64.82%	8.57%
2010	0.6214	0.1650	0.4092	0.0472	26.56%	65.85%	7.59%
2011	0.6188	0.1656	0.4080	0.0452	26.77%	65.93%	7.30%
2012	0.6257	0.1704	0.4064	0.0489	27.23%	64.95%	7.82%
平均值	0.5816	0.1538	0.3667	0.0612	26.40%	63.09%	10.51%

注：根据《中国乡镇企业和农产品加工业年鉴》和《中国农业年鉴》相关数据计算得到。

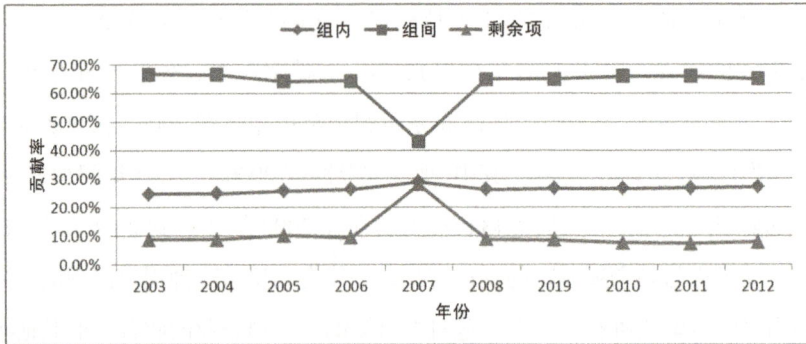

图 4.17 乡镇企业利润总额地区差异来源贡献率的演变趋势

（三）乡镇企业上缴税金地区差异的来源及其分解

表 4.15 描述了我国乡镇企业上缴税金总体地区差距的来源及其贡献率。图 4.18 进一步描述了各贡献率的年度变化趋势。从表 4.15 可知，考察期间，乡镇企业上缴税金的总体地区差距中，地区内差距、地区间差距以及剩余项差距基尼系数的年度平均值分别为 0.1590、0.4018、0.0374，其对总体差异的平均贡献率分别为 26.57%、67.21% 和 6.23%。表明我国乡镇企业上缴税金的地区差异同样主要由地区间差距引起，其次是地区内差距，剩余项差距对乡镇企业上缴税金发展地区差距的贡献最小。从地区差距的变化趋势来看，考察期间，我国乡镇企业上缴税金地区间差距、地区内差距和剩余项差距的贡献率的年度变化趋势基本保存平稳，没有比较大的波动，整个考察期间变化不大。其中，地区间差距的贡献率总体上呈现出小幅度的下降趋势，而地区内差距和剩余项差距的贡献率总体上呈小幅度的上升趋势。地区内差距的贡献率在 2004 年达到最小值 25.42%，2012 年达到最大值 27.39%。地区间差距的贡献率由 2003 年的 68.04% 上升至 2004 年的最大值 69.56%，随后一直呈小幅度波动下降趋势，到 2012 年达到最小值 65.37%。而剩余项差距的贡献率由 2003 年的 5.66% 小幅度波动上升至 2012 年的最大值 7.24%。

表 4.15　乡镇企业上缴税金基尼系数的结构分解

年份	总体	地区内基尼系数	地区间基尼系数	剩余项	贡献率		
		组内	组间		组内	组间	剩余项
2003	0.5735	0.1508	0.3902	0.0325	26.30%	68.04%	5.66%
2004	0.5660	0.1439	0.3937	0.0284	25.42%	69.56%	5.02%
2005	0.5760	0.1529	0.3869	0.0362	26.55%	67.17%	6.28%
2006	0.5835	0.1533	0.3976	0.0326	26.26%	68.14%	5.59%
2007	0.5961	0.1586	0.4003	0.0372	26.61%	67.15%	6.24%
2008	0.6002	0.1584	0.4031	0.0387	26.40%	67.16%	6.44%
2019	0.6053	0.1624	0.4025	0.0404	26.83%	66.50%	6.68%
2010	0.6175	0.1663	0.4115	0.0397	26.92%	66.64%	6.44%
2011	0.6278	0.1694	0.4166	0.0418	26.99%	66.36%	6.66%
2012	0.6362	0.1743	0.4159	0.0460	27.39%	65.37%	7.24%
平均值	0.5982	0.1590	0.4018	0.0374	26.57%	67.21%	6.23%

注：根据《中国乡镇企业和农产品加工业年鉴》和《中国农业年鉴》相关数据计算得到。

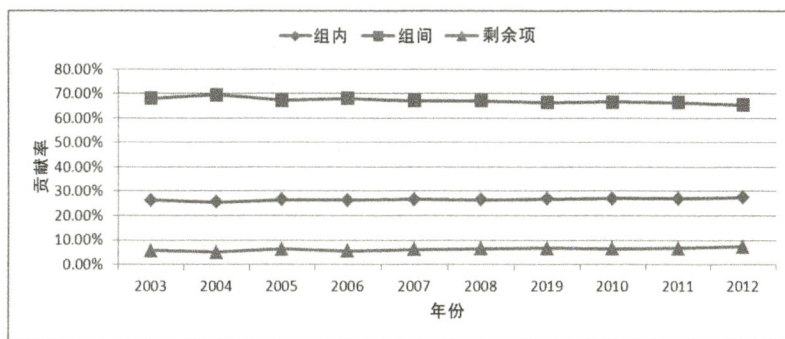

图 4.18　我国乡镇企业上缴税金基尼系数贡献率演变趋势

（四）乡镇企业劳动者报酬地区差异的来源及其分解

　　表 4.16 描述了我国乡镇企业劳动者报酬总体地区差距的来源及其贡献率。图 4.19 进一步描述了各贡献率的年度变化趋势。从表 4.16 可知，考察期间，乡镇企业劳动者报酬的总体地区差距中，地区内差距、地区间差距以及剩余项差距基尼系数的年度平均值分别为 0.1431、0.3078、0.0692，其对总体差异的平均贡献率分别为 27.52%、59.00% 和 13.48%。表明我国乡镇企业劳动者报酬

的地区差异同样主要由地区间差距引起，其次是地区内差距，剩余项差距对乡镇企业劳动者报酬地区差距的贡献最小。从地区差异来源的变化趋势来看，考察期间，我国乡镇企业劳动者报酬地区间差距的贡献率总体上呈上升趋势，剩余项差距的贡献率总体上呈下降趋势，而地区内差距的贡献率总体上保持稳定，基本维持在27%左右，变化不明显。地区间差距的贡献率考察期内波动相对较大，最大的一次波动主要发生在2004年。整体上看，地区间差距的贡献率在1999～2003年表现为稳步小幅上升，2004年快速下降到最低点51.40%，随即迅速回升，在2005年回升到2003年的水平上，2005年以后依然保持稳定小幅上升态势，到2011年达到最大值63.36%。剩余项差距贡献率的演变趋势基本与地区间差距贡献率的演变趋势相反。考察期内，整体上呈现出下降态势，在2004年达到最大值19.96%，2011年达到最小值9.34%。

表 4.16 乡镇企业劳动者报酬基尼系数的结构分解

年份	总体	地区内基尼系数	地区间基尼系数	剩余项	贡献率		
		组内	组间		组内	组间	剩余项
1999	0.5069	0.1442	0.2677	0.0950	28.45%	52.81%	18.74%
2000	0.4960	0.1384	0.2755	0.0821	27.90%	55.54%	16.55%
2001	0.4893	0.1344	0.2814	0.0735	27.47%	57.51%	15.02%
2002	0.4854	0.1316	0.2860	0.0678	27.11%	58.92%	13.97%
2003	0.4854	0.1316	0.2860	0.0678	27.11%	58.92%	13.97%
2004	0.4786	0.1371	0.2460	0.0955	28.64%	51.40%	19.96%
2005	0.5050	0.1368	0.2971	0.0711	27.10%	58.83%	14.07%
2006	0.5023	0.1374	0.2952	0.0697	27.35%	58.77%	13.88%
2007	0.5433	0.1492	0.3338	0.0603	27.46%	61.44%	11.10%
2008	0.5412	0.1470	0.3366	0.0576	27.17%	62.20%	10.64%
2019	0.5507	0.1516	0.3378	0.0613	27.52%	61.34%	11.14%
2010	0.5627	0.1538	0.3508	0.0581	27.33%	62.34%	10.33%
2011	0.5669	0.1547	0.3592	0.0530	27.30%	63.36%	9.34%
2012	0.5680	0.1557	0.3558	0.0565	27.40%	62.64%	9.95%
平均值	0.5201	0.1431	0.3078	0.0692	27.52%	59.00%	13.48%

注：根据《中国乡镇企业和农产品加工业年鉴》和《中国农业年鉴》相关数据计算得到。

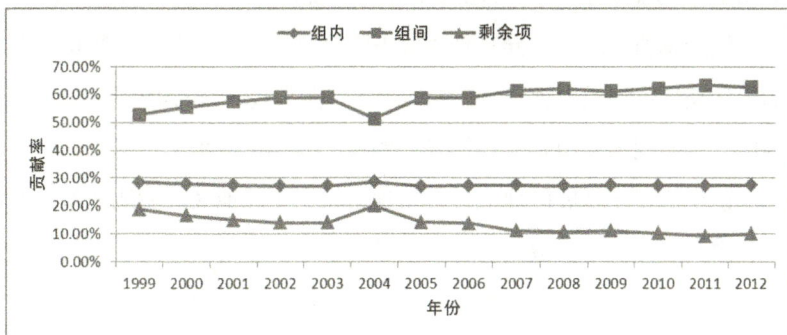

图 4.19　乡镇企业劳动者报酬地区差异来源贡献率的演变趋势

综上所述，考察期间，我国乡镇企业营业收入、利润总额、上缴税金和劳动者报酬的地区差异主要是由地区间差距引起，其次是地区内差距，剩余项差距对我国乡镇企业经济收益地区差距的贡献最小。从变化趋势来看，地区内差距的变化趋势总体上保持相对稳定，整个考察期间变化不大，而地区间差距和剩余项差距的变动态势总体上表现为相反的变化历程。因此，地区间差距和剩余项差距反向变动是我国乡镇企业经济收益地区差异发生变动的一大动因。

第四节　本章小节

本章首先分析我国乡镇企业发展的基本现状，然后借助相对差异测算方法——基尼系数法，从量的角度测算我国乡镇企业规模发展的地区非均衡及其来源，以及乡镇企业经济收益的地区非均衡及其来源。研究发现我国乡镇企业发展规模和经济收益均存在显著的地区非均衡特征，且地区非均衡的来源业存在显著差异。具体而言：

基于乡镇企业单位数量、乡镇企业从业人员、乡镇企业总产值三个方面的指标来描述的乡镇企业发展规模的量化研究表明：考察期间，我国东、西部地区的乡镇企业单位数量、从业人员数量与企业总产值的地区发展不均衡程度都要普遍高于中部地区；且全国整体以及东、西部地区内部乡镇企业单位数量、从业人员数量与企业总产值的地区差异均呈现进一步扩大趋势。中部地区除乡镇企业生产总值的地区差异呈现小幅下降趋势外，其从业人员数量和企业总产值的地区差异也均呈现进一步扩大的趋势，但是其增长的幅度要远远小于东、西部地区。表明我国乡镇企业规模发展的地区差异逐步扩大，且东部、西部地区内部乡镇企业规模发展的地区差距要远远大于中部地区。就地区差异的来源来看：我国乡镇企业单位数量的地区差异主要是由剩余项差距引起，而乡镇企业从业人员和乡镇企业总产值的地区差异主要是由地区间差距引起。地区间差距与剩余项差距反向变动共同导致了我国乡镇企业规模发展不均衡的客观现实。

基于乡镇企业营业收入、利润总额、上缴税金和劳动者报酬四个方面的指标来描述的乡镇企业经济收益的量化研究表明：考察期间，各区域内部乡镇企业营业收入与劳动者报酬的地区差距最大的是西部，其次是东部；乡镇企业利润总额与上交税金地区差距最大的是东部，其次是西部。我国乡镇企业经济收益的地区差异以中部地区为最小。全国整体以及东、西部地区内部乡镇企业营业收入与劳动者报酬的地区不均衡程度均呈现进一步加深趋势，中部地区呈微幅下降趋势。全国整体以及东、中、西部地区乡镇企业利润总额与上交税金的地区差异整体上均呈现增长趋势。考察期间总体上我国乡镇企业经济收益的地区差异进一步扩大，这些差异主要来源于东、西部地区，中部地区差异相对较小。也意味着我国乡镇企业经济收益发展的不均衡主要是由东、西部地区不均衡程度上升所导致。随着时间的推移，中部地区乡镇企业经济收益的发展不均衡程度正在逐步得到缓解。就地区差异的来源来看：考察期间，我国乡镇企业经济收益的地区差异主要是由地区间差距引起，其次是地区内差距，剩余项差距对我国乡镇企业经济收益地区差距的贡献最小。从变化趋势来看，地区内差距的变化趋势总体上保持相对稳定，整个考察期间变化不大，而地区间差距和剩余项差距的变动态势总体上表现为相反的变化历程。因此，地区间差距和剩余项差距反向变动是我国乡镇企业经济收益地区差异发生变动的一大动因。

| 第五章 |

乡镇企业的资金来源及融资难的成因分析

在当前经济转轨期，乡镇企业发展较之一般意义上的中小企业有其自身特有的制度背景与环境特点，我国乡镇企业存在与发展的重要性和必要性也就十分明显。近年来，在国家相关政策的扶持下，我国乡镇企业得到了快速发展，但是在发展过程中也凸显一些问题，其中以融资问题最为突出。2011年农业部颁布的《全国乡镇企业发展"十二五"规划》明确指出："十二五"期间我国乡镇企业要推进结构调整，促进乡镇企业优化升级；推动科技进步，促进乡镇企业增长方式转变；发挥乡镇企业支撑作用，促进"三农"健康发展；实施节能减排，促进乡镇企业实现资源节约型、环境友好型发展；完善服务机制，促进乡镇企业服务体系建设五个重大发展任务。其中，加强乡镇企业融资服务体系建设是促进乡镇企业服务体系建设的重要组成部分。《规划》强调，要推进与金融机构战略合作，建立银企合作、对接平台，支持举办面向乡镇企业的银企合作、对接活动，建设乡镇企业项目库，开展证券融资培训。引导乡镇企业通过上市、集合发债等多种直接融资方式拓宽融资渠道。完善乡镇企业信用担保制度，加快发展政策性和商业性信用中介服务机构，逐步建立乡镇企业信用证制度、评级发布制度和失信惩戒制度，开展对企业信用评级、集中授信，为乡镇企业提供评级授信、资产评估、贷款担保、贷款支持"一条龙"服务。推进建立乡镇企业信用档案试点工作，建立和完善乡镇企业信用档案数据库[1]。从现实的角度与政策的导向都可以发现，融资问题已经成为了现阶段我国乡镇企业可持续发展过程中亟待解决的一个重大问题。

本章首先分析我国乡镇企业的资金来源与结构，然后从企业自身层面、金融体系层面、政府及其他层面三个方面来全面剖析我国乡镇企业融资难的成因。

第一节 我国乡镇企业的资金来源与结构

改革开放以来的经验表明，在我国乡镇企业迅速增长的过程中，资金增长一直是重要的贡献因子，资金短缺是制约其发展的突出问题。因此，剖析乡镇企业的资金来源与融资结构，揭示其现状与问题，对于指导乡镇企业发展具有重要意义。

根据资金来源途径的不同，乡镇企业的融资可以分为内源融资和外源融资。内源融资是企业向自己进行融资的结果，主要是指企业自有资金和在生产经营过程中的资金积累部分。一般情况下，也包括企业向员工发行的内部债券、员工集资等。外源融资是指企业向外部主体进行融资，包括银行贷款、其他金融机构贷款、股票与债券融资、商业信用借债、政府扶持资金等。根据企业融资方式的不同，外部融资又可分为直接融资与间接融资。两者的区别主要看是否存在融资中介。乡镇企业通过不同的来源渠道筹集的资金之间的比例关系就构成了乡镇企业的资金来源结构，即融资结构。乡镇企业融资结构是其融资行为的结果，不仅决定和影响着乡镇企业的融资能力与融资绩效，也反映了乡镇企业的融资风险和融资成本。

根据姜长云[2]的研究：20世纪90年代初期以前，我国乡镇企业的资金来源和融资结构主要呈现如下特征：（1）乡镇企业创办、投资和营运的基础主要不是自有资金，而是对多种多样的信用关系的充分利用；负债是乡镇企业融资和扩大总资产的主要途径，高比例的负债经营是乡镇企业资产结构的基本特征。

---

[1] 中华人民共和国农业部 . 全国乡镇企业发展"十二五"规划 .2011–05.

[2] 姜长云 . 乡镇企业资金来源与融资结构的动态变化：分析与思考 . 经济研究，2000，（2）：34.

（2）在乡镇企业融资中，内源融资（如企业积累基金）和各种直接融资的相对地位仍然比较低，乡镇企业融资主要呈现出以外源融资和间接融资为主的特征。（3）乡镇企业的融资和资金增长对于银行、信用社贷款具有较强的依赖性，商业信用、政府信用（如财政周转金和一些应交款）和企业内信用对于乡镇企业融资也有一定的重要作用。（4）企业的负债倾向比较集中地指向政府信用和银行信用，乡镇企业利用信用的愿望和顺序是：政府信用→银行信用→企业间信用→民间信用。除去应付款等短期往来资金外，乡村基金和银行贷款是乡镇企业的最主要的稳定资金来源，区域之间的资金流动规模不大，不同类型企业对信贷资金的依赖程度差异显著。这一时期乡镇企业的资金来源和融资结构呈现上述特征的主要原因在于：（1）政企不分的体制环境。一方面，乡镇企业特别是乡村集体企业程度不同地受到了来自政府特别是乡村政府的"父爱主义"保护；这种保护必然导致乡镇企业的预算约束软化，放大乡镇企业发展对信贷资金的需求。另一方面，银行商业化改革滞后所导致的银行预算软约束、政府对银行信用社信贷投放的干预和影响，以及"区域平衡、以存定贷"的信贷原则的执行，又极易软化银行、信用社对乡镇企业信贷供给和"借债还钱"的约束。在这两方面因素的综合作用下，乡镇企业必然面临明显的信贷软约束，进而必然导致企业信贷的超常扩张和企业高比例负债经营的局面。（2）乡村集体企业作为乡镇企业的主体，由于企业产权结构和社区—政府—企业之间的复杂联系以及与此相关的乡镇企业发展的社区政府推动模式，乡镇企业的投资行为往往表现出强烈的外延式扩张冲动，并且这种扩张冲动还要高于以扩张冲动闻名的国有企业，由此必然加剧乡镇企业对资金的庞大需求。面对这种庞大的需求，一方面，乡镇企业由于总体发展水平相对不高，有的还处于原始积累阶段，自身积累能力有限，内源融资难以满足需要；另一方面，由于资本市场发展不足，直接融资的渠道和能力有限，更不堪重任；因而乡镇企业高比例负债经营、严重依赖于银行和信用社就在所难免。（3）在20世纪90年代初期以前，总体来说乡镇企业面对的是一个经济迅速发展、蓬勃向上的发展环境。国际经验表明，在这样的发展环境中，企业保持较高的负债率有一定的合理性，是乡镇企业在支付与偿债的双重压力下，不断产生进一步扩大负债的内在要求，这个特征可以用农村工业化冲动强烈、资金相对稀缺的经济环境来解释。（4）政府信用对于乡镇企业其他信用的形成起到了一定的引导作用。在其他条件基本相同的情况下，乡镇企业能得到政府信用意味着信誉较好，与政府或政府组成人员的关系比较密切，信用的偿还相对具有保障。因而据此其他信用的提供者也愿意提供相应的信用。（5）区域之间资金流动不足对乡镇企业高比例负债的形成和信用扩张也起到了推波助澜的作用[1]。

20世纪90年代以来，由于渐进式改革的推进，我国乡镇企业的资金来源与融资结构模式也处于变迁过程中，原有模式的惯性还在，新的更有效的融资体系有待构建。在第三章第三节我们以乡镇企业固定资产投资资金结构来源为例，初步分析了当前我国乡镇企业资金需求状况。根据第三章的分析可知，我国乡镇企业固定资产投资资金主要以企业自有资金投入为主，金融机构贷款获得的资金不足企业自有资金投入的1/3，不足企业固定资产投资总资金需求的20%，企业通过群众集资、民间借贷等其他途径获得的资金也仅次于从金融机构获得的贷款，并且远远大于政府即有关部门的扶持资金。由此可见，我国金融机构对乡镇企业的资金支持还有待加强，无法满足乡镇企业的融资需求。下面，我们分别从国家及有关部门对乡镇企业的扶持资金情况、金融机构对乡镇企业的贷款情况、乡镇企业股票与债券融资状况以及乡镇企业自筹资金情况4个方面来全面分析20世纪以来我国乡镇企业的资金来源与结构。如不特别说明，本章分析用数据主要来源于相关各年《中国乡镇企业和农产品加工业年鉴》和《中国农业年鉴》。

一、国家及有关部门扶持资金

为了更好地推动我国乡镇企业发展，国家及有关部门对乡镇企业发展予以一定的资金扶持，但是扶持力度极为有限。表5.1给出了国家及有关部门对我国乡镇企业的资金扶持占比情况。从表5.1可知，1999～2012年间，国家及有关部门扶持资金占我国乡镇企业融资资金总量的比例非常小，年度平均比例为1.10%。大部分年份这一比例基本维持在1%～1.5%之间，最大占比也只

[1] 姜长云. 乡镇企业资金来源与融资结构的动态变化：分析与思考. 经济研究, 2000,（2）: 35-36.

有 6.66%（2012 年）。分区域来看，东部、中部、西部地区国家及有关部门扶持资金占其乡镇企业融资资金的平均比例分别为 0.85%、1.78%、1.71%。表明东部地区国家及有关部门扶持资金占乡镇企业总融资的份额最小，其次是西部地区，中部地区国家及有关部门扶持资金占乡镇企业总融资的份额最大。从国家及有关部门扶持资金的变动态势来看，考察期间，我国东、中、西部地区国家及有关部门扶持资金占乡镇企业总融资的份额大体上经历了一个先下降再上升的过程。其中，西部地区国家及有关部门扶持资金占乡镇企业总融资的份额年度波动趋势很大，中部地区次之，东部地区最小。全国总体国家及有关部门扶持资金占乡镇企业总融资的份额年度变化趋势与东部地区的变化趋势基本相似。这些情况的出现主要是由于我国乡镇企业发展的地区不均衡引起。我国不同地区乡镇企业获得的国家及有关部门扶持资金存在很大差异。

表 5.1　国家及有关部门对乡镇企业资金扶持占比情况

年份	全国	东部	中部	西部
1999	1.42%	1.22%	1.96%	1.83%
2000	1.36%	1.13%	1.89%	1.69%
2001	0.84%	0.51%	1.67%	2.20%
2002	0.59%	0.39%	1.20%	1.29%
2003	0.60%	0.40%	1.23%	0.74%
2004	0.82%	0.65%	1.15%	1.93%
2005	0.79%	0.51%	1.76%	0.81%
2006	0.71%	0.52%	1.23%	0.80%
2007	0.88%	0.57%	1.56%	0.88%
2008	1.18%	0.92%	1.86%	1.34%
2009	1.47%	1.27%	2.15%	1.80%
2010	1.51%	1.25%	2.33%	2.81%
2011	1.53%	1.26%	2.41%	2.90%
2012	1.66%	1.31%	2.47%	2.88%

注：根据相关各年《中国乡镇企业与农产品加工业年鉴》和《中国农业年鉴》整理得到。

尽管乡镇企业在发展过程中得到部分国家及有关部门的资金扶持，但是乡镇企业上缴的税负也是不容忽视的。《2011 年中国企业家生存环境指数研究》

对民营企业税务负担进行的调查分析中发现，有 73.4% 的中小企业主认为目前的税负过重，其中 9.8% 的企业家认为现在税负非常重，63.6% 企业家认为现在的税负比较重。这说明了税收负担过重也是制约我国乡镇企业融资的又一大障碍。

二、金融机构贷款

农村正规金融市场主要由农业银行、农业发展银行和农村信用社组成。由于农业发展银行主要面向的贷款领域是农副产品收购、农村基础建设、商品粮基地建设等。农业银行与农村信用社就成了主要面向农户和乡镇企业放贷的正规金融机构。根据相关数据统计，大部分乡镇企业能够获得的融资贷款主要来自于农村信用社。由此可见，面向乡镇企业服务的农村正规金融市场是一个严重缺乏竞争的市场。尽管当前农村正规金融机构是我国乡镇企业融资的重要渠道，但是在这样一个严重缺乏竞争的市场中，乡镇企业获得贷款的难度也就可想而知。据相关数据统计，金融机构对我国乡镇企业的融资力度远远跟不上我国乡镇企业的发展速度。表 5.2 给出了 2003 ~ 2012 年我国乡镇企业发展的主要经济指标及其金融机构融资情况。从表 5.2 可知，2003 ~ 2012 年我国乡镇企业总产值、固定资产投资、出口交货值、营业收入和上缴税金额分别以年均13.50%、22.46%、13.88%、13.88%、16.59% 的增长率增长，然而金融机构对乡镇企业的贷款比例却基本维持在 10% 以内，并且随着时间的推移，这一比例还呈现出不断下降态势。由此可见，金融机构资金供给不足严重制约着我国乡镇企业的快速发展。

表 5.2 我国乡镇企业 2003 ~ 2012 年主要经济指标统计数据

年份	总产值（亿元）	固定资产投资（亿元）	出口交货值（亿元）	营业收入（亿元）	上缴税金（亿元）	金融机构贷款占比（%）
2003	152361	12301	14197	146783	3130	9.29%
2004	172517	14884	16932	166368	3658	9.04%
2005	217819	18008	20662	215204	5181	6.31%
2006	249808	25219	25416	246811	6105	6.21%
2007	227425	31515	31543	224821	6065	5.95%

（续表）

年份	总产值（亿元）	固定资产投资（亿元）	出口交货值（亿元）	营业收入（亿元）	上缴税金（亿元）	金融机构贷款占比（%）
2008	277124	38338	35888	273949	7214	6.16%
2009	312054	48843	32032	307077	8016	6.24%
2010	360080	58747	35751	354770	9320	6.37%
2011	432162	62940	43734	428569	11047	6.45%
2012	476188	76186	45736	472774	12458	6.71%

注：根据相关各年《中国乡镇企业与农产品加工业年鉴》和《中国农业年鉴》整理得到。

三、股票与债券融资

当前，股票融资是企业融资的一个重要渠道。但当前就我国乡镇企业而言，通过股票市场融资还存在很大一段距离。出于各方面利益的考虑，我国乡镇企业在成立初期就往往采用挂靠集体、合资合作或投资入股的方式与当地政府部门存在千丝万缕的联系，因而不同程度地存在固定资产和土地使用权等方面产权不明晰的问题[1]。产权不明晰就不符合我国资本市场股权融资的要求。因此，相关研究及其发展现实均不同程度地表明，由于自身治理结构存在缺陷、盈利能力较小、规模有限、市场前景不明朗、财务管理水平不规范等各方面原因，目前我国乡镇企业股份制转型及其上市融资的总体情况并不理想。从现行的法律来看，上市发行股票必须要具备法律规定的相应资格和条件，从我国乡镇企业上市情况来看，目前乡镇企业股票融资存在以下三个方面的特点：首先，股票上市融资的乡镇企业数量非常少；其次，股票上市融资的乡镇企业空间分布不均衡，绝大多数上市融资的乡镇企业分布在东部发达省区；最后，乡镇企业上市融资的门槛比较高。对于我国绝大部分乡镇企业而言，由于自身发展水平与大中型企业相比还存在一定的差距，要达到上述融资上市的要求还有很长一段路要走。但是，鉴于股票融资的优势，在一定范围内限额发行一定数目的普通股票应该成为未来我国乡镇企业融资的一种改革试点。从理论与实践上加以创新，从法律上加以规范。发行普通股并上市流通，不仅会给我国乡镇企业带

[1] 肖萍.乡镇企业融资供需失衡成因及其均衡实现.河南师范大学学报（哲学社会科学版），2010，（3）：115-117.

来一定的流动资金，还会较快提高乡镇企业的知名度和信誉度，增强乡镇企业的综合竞争力。

相比股票融资而言，债券融资就具有一些明显的优势。但是就目前来看，我国乡镇企业要实现债券融资也将同样与股票融资一样艰难。我国债券融资市场本身还不完善，还存在一系列问题。同时，尽管当前我国政府对国债给予了极大的重视，但是对于企业债券而言，重视程度远远低于国债，并且对企业债券设置了很多门槛障碍，加之目前我国债券市场中对债券的信用评价机制还不完善，从而导致债券发行信用度不高、风险很大。因此，就我国绝大部分乡镇企业而言，想通过外部债券融资来缓解自身需求状况在未来相当长一段时期内还将是可望不可及的事情。

四、自筹资金

（一）内源融资

内源融资是指企业依靠自有资金和在生产经营过程中的资金积累部分来满足自身的资金需求。我国乡镇企业由于天生的"弱质性"，融资渠道比较单一，通过正规金融机构、股票、债券等外部融资往往难以满足自身的资金需求。因此，在外源融资渠道受阻的情况下，绝大多数乡镇企业会依靠内源融资来缓解自身资金需求。同样以乡镇企业固定资产投资资金结构来源为例，《中国乡镇企业与农产品加工业年鉴》的相关数据统计显示，我国乡镇企业的固定资产投总额中自筹资金比例一直保持在50%以上的高位运行，国家扶持资金和金融机构贷款资金比例始终保持在20%以下。可见，自筹资金是我国乡镇企业融资的主要来源，尤其是中小规模的乡镇企业。国务院研究发展中心2005年对农村中小型企业的规模调查结果显示：在企业成立的初期，将近46.7%的企业仅仅依靠内源融资来获得资金，利用民间融资和正规融资两种方式获得初始资金的企业仅占22.8%，仅通过民间融资获得初始资金的企业占31.5%。由此可见，我国乡镇企业成立初期，主要是依靠内源融资方式满足自身发展资金需求，其次是民间融资渠道，而通过正规金融机构获得融资的非常之少。我国乡镇企业融资主要只能依靠内源融资解决的主要原因与乡镇企业自身的偿债能力有限、企业规模大小有限、企业资信不高、资金实力不强等因素有着直接的关系，外部融资渠道受到很大程度地限制。根据姜春梅（2003）的研究，1990 ~ 2000年我国乡镇企业内源融资资金的相对份额以年均 7.96% 的速度增长，外源性融资资金的相对份额以年均 3.87% 的速度下降 [1]。虽然内源融资是我国乡镇企业资金的主要来源，但是由于我国乡镇企业大多以中小企业为主，且大部分属于劳动密集型企业，企业自身利润水平有限，加之部分乡镇企业的管理层对自身资金积累的不重视，缺乏长远发展目标。导致乡镇企业仅仅依靠自身内源融资将远远无法满足自身发展对资金的需求。在正规金融渠道融资和自身内源性融资双双受阻的情况下，乡镇企业必须寻求其他的融资渠道。

（二）民间融资

民间融资也称民间信用、非正规金融，是各个国家普遍存在的一种金融交易现象。一般而言，民间融资是指没有经过银监机构批准，游离于正规金融体制与法律监管之外的一种个人与个人、个人与企业、企业与企业或其他在组织之外的资金筹措活动。亚洲发展银行将之定义为"政府对资本金、储备和流动性、存贷利率限制、强制性信贷目标以及审计报告等要求约束之外的一种金融组织"。在正规金融渠道融资和自身内源性融资均不能满足自身资金需求的情况下，民间融资就成为了我国乡镇企业外部融资的另外一种重要渠道。一般而言，乡镇企业主要在以下两种情况下进行民间融资：第一情况是因为乡镇企业急需流动资金，这主要是由于临时性或者季节性因素的影响，导致流动资金缺乏。第二种情况是随着乡镇企业自身规模的不断壮大，自身资金已无法满足企业的需求，企业需要大量的长期资金注入以推动企业快速发展，但是又难以通过正规金融机构获取资金，这时民间融资成为乡镇企业融资的主要渠道。

民间融资能够在一定程度上满足不断成长壮大、具有较大潜力的乡镇企业发展所需的资金，为乡镇企业进一步发展提供强有力的资金支持。根据国务院研究发展中心 2005 年对农村中小型企业的规模调查结果显示：我国农村中小企业发展初始资金来源结构中：内源融资占比 66%；外源融资占比 34%。外源融资中，民间融资占 22%，银行及信用社贷款占 9%，政府扶持及其他投入

---

[1]　姜春梅 . 中国乡镇企业融资来源及结构分析 . 经济评论，2003，（6）：58–62.

占 3%。由此可见，民间融资是我国乡镇企业外源融资的主要组成部分，在我国乡镇企业发展过程中发挥了相当重要的作用。相比正规金融机构而言，民间融资在资金的可获得性、信息、运作程序等方面都具有相对优势。以不同融资渠道的可获性和交易成本为例，我们借助表 5.3 可以发现，民间融资的财务成本相比其他融资渠道要高，但是比较容易获得资金，这正是民间融资能够成为我国乡镇企业重要融资渠道的最根本原因。

表 5.3 乡镇企业各种融资渠道交易成本的比较

资金来源	可获得性	财务成木
内源融资	受企业自身现有财务资源限制	低
农村信用社	贷款期限短，一般为 6 个月以内	利率高于商业银行
商业银行	企业缺乏抵押扣保，较难获得，且获得资金非常有限	相对较低
民间融资	依靠地缘、人缘的关系，较容易获得	高

民间融资在有效解决乡镇企业融资困境、提高金融市场竞争方面发挥了重要作用。但是与此同时，法律制度不健全，缺乏有效规范的民间融资也很容易成为我国市场经济和金融产业发展的隐患和掣肘。因此，建立健全民间金融发展法律法规，鼓励和引导民间金融规范、有序发展，规范乡镇企业治理机制，才能实现我国金融产业与乡镇企业发展的双赢。

综上所述，目前，我国乡镇企业面临着融资困难的窘境，具体表现为融资渠道单一、股票债券融资缺乏平台、银行贷款困难、民间融资不规范等。随着乡镇企业的发展，乡镇企业融资对政府信用、银行信用的依赖程度不断减弱，表现为政府支持资金和银行信用社贷款的绝对数额和相对份额的下降，与此同时，企业间的商业信用和民间信用的重要性上升，但不同地区、不同所有制类型的乡镇企业之间存在显著差异。乡镇企业的融资主要通过内部融资和民间融资获得解决。我国乡镇企业融资来源结构受企业产权制度、宏观经济环境、宏观经济政策特别是金融政策的影响很大，产权制度及其变革决定了地方政府对乡镇企业融资的支持力度，也决定了企业的信用选择偏好和次序；宏观经济环境决定了乡镇企业内源融资的来源与规模；宏观经济增长，尤其是金融政策决定了乡镇企业直接和间接融资的规模与比例。乡镇企业融资问题的解决将注定不是一蹴而就的事情，需要进行广泛而深入的配套改革以及周全而科学的政策设计，必将是一个复杂、艰难而又漫长的过程。

第二节　乡镇企业融资难的原因分析

上文我们对我国乡镇企业资金来源与结构进行了分析，那么导致乡镇企业融资难的原因在哪里呢？通过前面各章的分析，不难发现，乡镇企业融资难既有乡镇企业自身的原因，也有金融机构的原因，更有政府政策以及其他方面的原因。本节我们从乡镇企业自身层面、金融体系层面、政府及其他层面三个方面来探究乡镇企业融资难的症结之所在。

一、企业自身层面的原因

（一）乡镇企业信用程度低

企业自身信用评价是决定银行是否向乡镇企业发放贷款的一项非常重要的指标。首先，我国乡镇企业的所有权与经营权从其成立一开始就密不可分，虽经过改制，但至今还没有建立起良好的公司治理结构和健全的企业制度。治理结构不甚完善，直接决定了乡镇企业财务信息失真现象较为严重，导致乡镇企业经营风险较高。这势必影响到乡镇企业最重要的资金供给方——正规金融机构。同时，乡镇企业是在我国特定的历史阶段发展起来的，其生存发展环境特别是社会信用文化环境相对较差，再加上管理理念落后，经营者对自身信用建设不够重视，长期忽视企业信用建设、内部信用管理不规范、制度缺失等原因，导致我国乡镇企业信用状况要普遍低于全社会整体信用水平。自身信用水平低下是我国金融机构拒绝向乡镇企业发放贷款的重要原因之一。根据相关调查，乡镇企业向银行申请贷款时，将近42%的企业被拒绝，主要原因是因为一部分企业在贷款过程中存在偷漏税收、拖欠贷款、有约不遵、逃废债务，甚至造假仿冒、恶意欺诈等现象。这些现象不但影响到贷款企业本身的形象和发展前景，而且还影响到乡镇企业的整体信用形象，一定程度上影响了其融资与发展前景。为了引导乡镇企业加强内部信用管理，提高企业信用水平，2006 年农业部制定出台了《乡镇企业信用管理规范》，该管理规范对乡镇企业信用管理机构、企业基础信用管理、客户资信管理、销售风险管理、贷款回收管理以及组织实施等问题做出了明确规定。同时，明确要求乡镇企业的经营者要将信用管理纳入企业经营管理体制，建立起符合市场机制和企业特点的内部信用管理体系。要求企业应从实际出发，逐步建立起符合市场经济要求的包括资金信用管理制度、合同信用管理制度、产品（服务）信用管理制度、财务信用管理制度、劳动信用管理制度、环保信用管理制度、安全与职业卫生信用管理制度、经营者信用管理制度等在内的企业内部信用管理制度。同时要求乡镇企业要建立企业信用管理责任制，将信用管理的职责落实到各个业务部门，信用部门、销售部门、财务部门、采购部门等应按各自不同的业务特点承担不同的信用管理工作。《乡镇企业信用管理规范》为乡镇企业信用体系建设铺设了美好的愿景，但是由于相关部门以及企业自身在实际操作过程中并没有按照《乡镇企业信用管理规范》中的具体要求来实施，导致此法最终没有收到预期所期望的成效。

（二）乡镇企业经营风险大

相对于国有企业和其他大中型企业而言，乡镇企业经营规模与资本规模普遍偏小，加之受地理位置的限制与自身管理不规范等原因，导致自身经营具有很大的不确定性，经营风险比较大。正因为如此，银行在向乡镇企业融资时，往往会比较谨慎。我国的乡镇企业绝大多数属于中小型企业，企业经营规模较小。企业规模小看似是一个很好的优势，如企业经营灵活度高，经营方式多元化，然而，在融资过程中却是一个很大的劣势。一方面，我国大部分中、小型乡镇企业还没有建立起健全的企业管理制度和良好的公司治理结构，这将直接导致乡镇企业经营风险较高，进而就直接影响到资金的供给方。如在贷款风险大的情况下，银行往往因担心其权益得不到保障而投资欲望不强，惜贷现象就时有发生。另一方面，我国大部分乡镇企业属于家族式企业。

家族式企业在发展过程中普遍遇到的一个突出问题就是对职业管理人才的"信任危机"。由于家族式管理缺乏对非亲缘关系高级职业管理人员的信任，而这种不信任和隔阂将严重侵蚀到企业的向心力，使得乡镇企业内聚力不强，竞争力下降。在乡镇企业市场竞争力不断削弱的情况下，势必进一步导致其融资能力下降。而乡镇企业融资的困难又有可能反过来导致企业经营的更加不确定性，使企业经营风险更大，预期投资收益不稳定。此外，乡镇企业产品的科技含量较低，技术创新的产品较少，在市场竞争中常常处于劣势地位，这也是导致乡镇企业经营不稳定和融资难的重要原因。乡镇企业抵抗风险能力存在天然的弱势，使得其遭遇经营风险甚至破产的可能性相对要高。由于乡镇企业经营的高风险性，面临着较高的信用风险控制系数，导致其向商业银行等机构融资的难度增加。

二、金融体系层面的原因

（一）农村金融市场缺乏竞争，正规金融机构少

伴随着乡镇经济的快速发展，其融资需求将越来越强烈。但是我国农村金融体系还不完善，农村正规金融机构少，资金严重不足。据相关数据调查来看，我国仍有两千多个"正规金融机构空白乡镇"，并且目前还有很多商业银行正在逐步撤离农村市场，使原本缺乏竞争力的农村金融市场更加缺乏活力。农业银行与农村信用社作为目前为乡镇企业提供服务的主要金融机构，在农村金融市场严重缺乏竞争的情况下，决定了其明显的定价权优势以及普遍偏高的贷款利率。一方面增加了乡镇企业的融资成本，另一方面也降低了农信社、农业银行等金融机构的产品创新动力，限制了质押融资等创新性金融服务的开展。从商业银行来看，出于对贷款成本的控制和防范借贷资金风险，我国商业银行主要倾向于为大中型企业提供金融服务，整体上限制对乡镇企业信用贷款。面向乡镇企业放贷的条件苛刻，基本上要有担保和抵押。这样即便是乡镇企业经济效益再好，也容易因抵押物不足或者缺乏可靠的担保而无法获得贷款。同时，商业银行对乡镇企业的监督成本相对较高，这主要是因为乡镇企业分布较为分散，不利于监督管理，贷款额度上也不具有规模效应，再加上国家严格的利率

管制，商业银行不能通过提高贷款利率的形式来抵消其放贷的高成本，这就必然导致乡镇企业成为商业银行拒贷的对象。加上商业银行对于基层级的贷款规模限制严格，特别是对于面向乡镇企业提供服务的县级支行基本上没有贷款申批权限，也导致其对乡镇企业的服务范围与服务程度受限。因此，我国正规金融市场缺乏竞争严重影响了乡镇企业贷款渠道的拓展，造成商业银行对乡镇企业的贷款支持非常有限的客观现实。

（二）乡镇企业缺乏专业金融服务机构的扶持

在美、日、韩等发达及新兴国家，其中小企业也存在融资难的问题，但这些国家通过不断健全中小企业的金融服务体系，大力发展中小金融机构，有效缓解了中小企业融资难的问题。通过专门设置为中小企业服务的金融机构来解决其融资问题，这是一种已经被国外许多国家实践证明了的行之有效的方式。如美国，资产在 10 亿美元以下的小银行就有 7000 多家，政府设立的小企业管理局专门为不能从其他正常渠道获得必需资金的小企业提供融资帮助。这些小银行组织极大地缓解了美国中小企业融资难问题，为美国成为世界上农业最发达的国家做出了历史性贡献。为使得我国乡镇企业在发展过程中的资金需求得到保障，我国应予以借鉴和效仿。目前，我国金融机构的体制机制尚不健全，一直没有设立为包括乡镇企业在内的中小企业发展服务的专门的中小金融机构，为中小企业特别是专门为乡镇企业服务的中小金融机构建设严重滞后。专门服务于乡镇企业的金融机构缺失无疑是导致乡镇企业融资困难的原因之一。

（三）资本市场存在严重缺陷

乡镇企业融资方式包括直接融资和间接融资。从股票和债券市场融资是其一种重要的直接融资形式。从资本市场来看，我国资本市场同样存在着比较严重的缺陷，整体上看，资本市场缺乏层次差异，低层次资本市场严重短缺。同时，资本市场体系具有高度集中并将其股市化的特点，表现为主板市场集中于上海、深圳两大证券交易所，乡镇企业通过主板市场上市融资的很少。2004年在深圳设立的中小企业板也仅能满足部门乡镇企业的直接融资需求，大部分乡镇企业通过股票市场实现直接融资还可望而不可及。同时，债券市场的发展受到严重的限制，且进入门滥太高，绝大多数乡镇企业还远远达不到其基本门槛要求，也就无从通过发行债券来筹措资金。此外，满足乡镇企业上市融资需求的区域性股权交易市场也严重缺乏。我国资本市场存在的缺陷正好与我国乡镇企业对低层次资本市场的需求相矛盾，极大地限制了我国乡镇企业直接融资的发展。在乡镇企业利用债券和股票筹资等直接融资方式的操作空间极为有限的背景下，乡镇企业融资难也就在情理之中。

（四）民间金融市场不规范

民间融资是出资人与受资人之间未经国家法定金融机构批准，以获取高额利息与取得资金使用权并支付约定利息而暂时改变资金使用权的一种融资行为，包括民间借贷、民间票据融资、民间有价证券融资和社会集资等多种形式。一直以来，民间融资都是包括乡镇企业在内的中小企业发展的重要融资渠道。实践证明，民间金融在一定程度上能够避免正规金融由于信息不对称而产生的逆向选择和道德风险问题，相对正规金融而言具有一定的比较优势，一定程度上满足了乡镇企业这一特定经济主体的融资需求，为乡镇企业的发展作出了积极贡献。然而，民间融资市场由于自身存在的缺陷，导致其发展受到限制。一是融资难度大，融资成本高。民间融资常以高于市场利率的投资回报而获得投资者青睐，当央行以通货膨胀为首要调控任务，实施稳健货币政策的时候，民间金融的利率水平将进一步提高，高利率必将导致本来融资难度较大的中小企业融资困难加剧，并使其承受较大的支付风险。因此，在规范民间金融与管控社会风险之间，利率保护线将是一个必不可少的压力缓冲阀。其次，由于民间金融活动不受国家信用控制和中央银行监管，缺乏相应的金融法规对其进行规范，没有相应的外部审计与风险防范机制，导致民间融资缺乏有效的法律保护，隐藏着较大的金融风险。民间融资往往成为了非法集资、高息借贷、地下钱庄等的代名词，甚至逐渐发展为一种非法的民间借贷。因此，实现民间金融合法化，建立适合民间金融发展的监管机制是民间融资健康发展的前提条件。而积极扩展民间融资渠道，开展市场创新，研究推出适合不同类型企业需求的金融投资产品，也将是缓解乡镇企业融资难问题的有效途径之一。

三、政府及其他层面的原因

（一）专门针对乡镇企业的相关法律法规不健全

近年来，国家相关部委先后颁布出台了《中小企业促进法》《关于进一步促进中小企业发展的若干意见》《关于鼓励和引导民间投资健康发展的若干意见》等多个法律文件，努力为我国中小企业的发展创造一个法治、平等、公正的社会环境，在推动中小企业发展方面取得了一定成效。但是，乡镇企业属于中小企业中有着自身特色的弱势群体，与我国其他中小企业在很多方面有着本质差别，开展专门针对乡镇企业的立法工作还是很有必要的。目前，我国专门针对乡镇企业的相关立法还比较欠缺。目前仅有 1997 年颁布实施的《乡镇企业法》以及时隔 9 年后农业部制定出台的《乡镇企业信用管理规范》。但是这两部法律法规并没有对乡镇企业的发展起到很好的保护作用。对于乡镇企业的融资、技术创新、现代化运营等方面，还没有通过相关法律的形式予以提及和明确，也就无法及时、有效地解决乡镇企业发展实践当中所遇到的一些困难和问题，阻碍了乡镇企业的发展。乡镇企业作为我国中小企业的特殊群体，其发展离不开相关法律法规的保证，世界上许多国家如美国、日本等，专门针对小微企业的法律法规支持已经给予了我们极为重要的参考与借鉴。因此，应当进一步推进专门针对乡镇企业的相关立法工作，为乡镇企业发展提供一个良好的法律环境。

（二）政府相关政策对乡镇企业的支持有限

乡镇企业作为我国中小型企业中重要而特殊的组成部分，在我国现有国情背景下，政府关注的重心往往是国有大中型企业。对于乡镇企业政府相关部门还没有给予足够的重视。20 世纪 90 年代末，我国经历了亚洲金融危机，2008年又一次经历了全球金融危机，政府吸取了日本、韩国的严重教训，同时也看到了美国和我国台湾地区支持中小型企业发展所具有的巨大潜力，政府才逐步开始关注我国中小型企业的发展，开始关注农村乡镇企业的发展。但是，在以经济增长速度作为地方政府重要绩效考核指标的情况下，乡镇企业自身有限的盈利水平与纳税能力也就决定了政府在资金的调配上向国有大中型企业严重倾斜的政策导向。就目前而言，我国实施的是积极的财政政策，对于国家基础建设予以了重大支持，带动了大型企业的发展，然而对中小型企业并没有带来很大的利益。银行贷款大量贷给了国有大中型企业，在有限的资金额度范围内，也就决定了乡镇企业获得贷款的有限性和困难程度，再加上国家在外汇体制、税收、金融、投资、外资等方面实施了系列积极的改革，政策制定上在一定程度上可能忽视了乡镇企业这个非常特殊的群体，也不利于乡镇企业的发展，导致乡镇企业获取资金的困难。

（三）乡镇企业信用担保缺乏

在乡镇企业发展初期，我国信用制度和经济法律法规不健全，地方政府就成为了信用的标志，乡镇企业往往依靠地方政府的社会地位作为信用保障来化解自身融资困境。这个时期，地方政府的适当干预与信誉保障一定程度上为乡镇企业的发展带来了积极效应，促进了乡镇企业的发展。但是，随着乡镇企业的不断发展壮大，地方政府在对乡镇企业的干预中"越位"与"缺位"并存，使得乡镇企业产权模糊、政企不分，一定程度上制约了乡镇企业的发展。因此，乡镇企业模仿国有企业进行转型，掀起一番改革的浪潮，逐步走向产权多元化，摆脱地方政府对企业的干预。然而，地方政府的退出，虽然有利于乡镇企业的生产经营，但是从融资角度来讲，由于没有了地方政府这层最有力的信用保障，在企业自身抵押担保品不足的情况下，乡镇企业从正规金融机构获得融资也就变得更加困难。

当前，由于我国乡镇企业信用担保存在着承担巨大的信用风险以及缺乏资金补偿机制等问题。因此，当务之急应该是从多个方面着手力促乡镇企业成为一个合格的借贷主体。可行的途径之一是发挥政府引导作用，加快社会信用制度建设，推进乡镇企业信用担保机构建设，促进乡镇企业信用担保主体的多元化，同时扩大乡镇企业担保机构的资金来源，规范担保机构的运行机制，加强担保机构的风险管理，积极开展担保机构的业务创新，在业务创新中防范和化解风险。

（四）乡镇企业缺乏其他社会服务部门的支持

当前，乡镇企业由于地域限制，普遍面临规模小、专业技术人才匮乏，生产工艺落后的难题，而且能为乡镇企业提供融资担保的机构或者组织也非常有限。我国大部分乡镇企业拥有的固定资产少、流动资金需求不稳定，再加上部分乡镇企业从主观上不讲究信用，资信程度差，极大地制约着企业还本付息功能的正常发挥，这为乡镇企业在向银行等正规金融机构申请贷款增加了很大的难度。随着乡镇企业在产权改制过程中政府部门的逐步退出，乡镇企业向银行等正规金融机构申请贷款就往往需要依赖社会中介担保机构。然而，就目前来看，我国各地区能够为乡镇企业贷款进行担保的中介机构还是非常少的，即使有个别中介机构能够做到这一点，但也存在很多问题，例如操作不规范、缺乏经验、缺乏高技术人才、效率低下等，这也严重制约了中介机构作用的发挥。此外，部分乡镇企业在不断的发展壮大过程中，往往需要进行投资。在投资初期，由于投资规模较小，乡镇企业家依靠自己的经验和积累，能够得到比较满意的回报。然而，随着规模的进一步扩大，加之国家政策的变化与市场的不断演变，乡镇企业家如果不能跟随市场的变化而相应的调整和改变投资方式，就很容易陷入巨大的风险之中。投资方法、渠道和对象是否得当往往会直接关乎着整个乡镇企业的发展。由于大多乡镇企业家基本都是农民出生，在企业管理和设计投资决策时，缺乏一定的经验，一旦投资失败，不仅会将所投资资金损失殆尽，而且还可能进一步给整个企业带来非常重大的打击，甚至导致企业破产，乡镇企业家自身积累也将毁于一旦。因此，客观科学的投资决策对乡镇企业生存和发展至关重要。然而，在农村地区，能为乡镇企业提供投资经营咨询与服务的机构还相当稀少，这也进一步增加了乡镇企业因为投资失败而造成资金链断裂的可能，加剧乡镇企业融资难度。

第三节　本章小结

本章首先分析我国乡镇企业的资金来源与结构，然后从企业自身层面、金融体系层面、政府及其他层面三个方面来全面剖析我国乡镇企业融资难的成因。研究表明：我国乡镇企业融资来源结构受企业产权制度、宏观经济环境、宏观经济政策特别是金融政策的影响很大，产权制度及其变革决定了地方政府对乡镇企业融资的支持力度，也决定了企业的信用选择偏好和次序；宏观经济环境决定了乡镇企业内源融资的来源与规模；宏观经济增长，尤其是金融政策决定了乡镇企业直接和间接融资的规模与比例。由于政府在资金调配上存在向国有大中型企业严重倾斜的政策导向，乡镇企业加之乡镇企业自身治理结构存在缺陷、盈利能力较小、规模有限、市场前景不明朗、财务管理水平不规范等各方面原因，我国乡镇企业的资金来源结构以自身内源性融资和民间融资为主。正规金融机构对乡镇企业的融资力度远远跟不上我国乡镇企业的发展速度。总体来看，我国乡镇企业融资难的症结是企业自身、金融机构、政府以及其他等多个方面因素综合而形成的。企业自身因素主要表现为乡镇企业信用程度低、经营风险大；金融体系层面原因主要表现为农村金融市场缺乏竞争，正规金融机构少，乡镇企业缺乏专业金融服务机构的扶持，资本市场存在严重缺陷，民间金融市场不规范；政府及其他层面的原因主要表现为：专门针对乡镇企业的相关法律法规不健全。政府相关政策对乡镇企业的支持有限，缺乏信用担保机构及其他社会服务部门的支持。鉴于此，我国乡镇企业融资问题的解决将注定不是一蹴而就的事情，需要进行广泛而深入的配套改革以及周全而科学的政策设计，必将是一个复杂、艰难而又漫长的过程。

| 第六章 |

乡镇企业信贷配给的形成机理及其治理

上一章的分析表明,尽管正规金融机构是我国乡镇企业首选而重要的融资渠道,但是大部分乡镇企业依然不得不面临信贷配给的境地。我国正规金融市场缺乏竞争严重影响了乡镇企业贷款渠道的拓展,造成正规金融机构对乡镇企业的信贷支持非常有限的客观现实。那么,乡镇企业信贷配给的形成机理是什么?现有农村金融结构乃至农村金融体系对乡镇企业信贷配给的形成起到了哪些作用?应该从哪些方面加以治理?本章试图从理论上来回答这些问题。本章的结构如下:第一节对乡镇企业信贷配给理论做简要的述评,并回顾相关文献;第二节提出一个理论模型,从理论上分析乡镇企业信贷配给的形成机理,进一步拓展乡镇企业信贷配给的相关理论;第三节根据模型推理,在挖掘缓解乡镇企业信贷配给的有效途径并提出相关政策建议的同时,也就新模型框架对传统主流理论的解析进行了系统阐释;第四节进一步深入探讨了乡镇企业信贷融资中的租值耗散问题,就银行、信贷腐败的主体、信用支持体系的主体对租值的分割行为及其后果进行了系统分析。

第一节 乡镇企业信贷配给的理论述评

当前,国内关于中小企业信贷配给问题的相关研究颇为丰硕,但是专门研究乡镇企业信贷配给的文献还比较少,纯粹涉及乡镇企业信贷配给的形成机理及其治理的深层次研究也就更加缺乏，基本只能间接地通过中小企业信贷配给的相关研究获得一些信息。尽管如此，乡镇企业是我国中小企业的重要组成部分，国内涉及中小企业信贷配给形成机理的相关研究是紧密结合了我国国情现实的，相关学者基于不同角度得出的有益的阐释和见解，无疑对于研究乡镇企业的信贷配给问题将具有较强的参考与借鉴价值。根据学者们分析问题的侧重点的不同，关于乡镇企业信贷配给形成原因的理论分析大体上可归纳为如下四类：

一、银行市场结构论

银行市场结构论认为我国乡镇企业信贷配给主要是由于大银行主导的市场结构所导致。我国以工、农、中、建四大国有银行为代表的大银行占据了我国金融资源与市场份额的绝对主导地位，商业银行垄断型的市场结构特征明显，由于大银行在向中小企业融资的过程中不具备交易成本优势和有效缓解银企间信息不对称的优势，从而导致大银行缺乏向中小企业特别是乡镇企业贷款的积极性，加之四大国有银行目前仅农行在农村地区有服务网点，乡镇企业信贷配给也就自然而然形成了。基于银行市场结构论，大力发展中小银行机构，在农村地区大力发展微型金融机构将是缓解乡镇企业信贷配给问题的关键。

李志赟基于一个中小企业融资问题的综合分析框架，分析了银行业结构与中小企业信贷配给的关系[1]。研究认为影响中小企业从银行获得信贷的三个主要因素是中小企业的非匀质性、贷款抵押和交易成本。因此，缓和信息不对称程度、增加贷款抵押、降低交易成本，都将缓解中小企业信贷配给，促进中小企业融资增加。研究同时发现，中小金融机构的信息优势、数量与中小企业的融资总额之间存在着正向关系。在此基础上，作者采用中国的经验数据的实证分析进一步论证了在当前我国银行业高度垄断、资本相对过剩的经济中，引入中小金融机构将有效缓解中小企业信贷配给，进而促进社会总体福利增加的结论。他们认为，从长期来讲，打破大银行垄断局面，放松银行业的准入限制，大力发展和完善地方中小银行，支持城市和农村信用合作社发展，建立一个以中小金

[1]　李志赟.银行结构与中小企业融资.经济研究，2002，(6)：38-45.

融机构为主体的金融体系是解决中小企业信贷配给和融资难问题的根本办法。

张捷基于融资中的信息种类与银行组织结构的关系分析了银企之间的关系型借贷对于中小企业信贷配给的作用，并通过一个权衡信息成本与代理成本以寻求最优贷款决策位置的组织理论模型论证了银行组织结构的不同将导致代理成本的差异，鉴于关系型借贷在很大程度上依赖于基层经理和信贷员对企业的专有知识与贷款决策权的匹配，因而小银行在对中小企业关系型借贷上具有明显优势的结论[1]。

林毅夫等研究认为中国中小企业融资难问题形成的根本原因主要是现有大银行主导的垄断型金融机构与中小企业为主题的产业结构不匹配而造成的，只有建立和完善中小金融机构体系才可能从根本上解决或缓解我国中小企业信贷配给问题[2],[3],[4],[5]。在此基础上，他们提出了新结构经济学最优金融结构理论，认为现阶段要素禀赋结构决定了中小企业是中国最优产业结构中的主要企业类型，而最优金融结构安排只有适应和满足中小企业融资需求，才能实现金融资源的最优配置。为此中国金融市场应当向非国有中小金融机构开放，并允许中小企业合作性金融机构和中小企业专门融资机构进行有效竞争与合作。

董晓林和杨小丽基于产业组织理论中的SCP分析模式和江苏省13个县域的独立混合截面数据，建立农村中小企业信贷可获性影响因素的多元回归模型，实证分析农村金融市场结构对中小企业信贷可获性的影响。研究发现：农村中小企业信贷可获性受其自身特征以及农村金融市场结构（主要指农村银行业市场结构）特征等因素的显著影响。农村金融市场集中度对农村中小企业信贷可获性的影响是负面的[6]。

姚耀军和董钢锋基于新结构经济学最优金融结构理论视角以欧拉方程投资

[1] 张捷.中小企业的关系型借贷与银行组织结构.经济研究，2002，（6）：32-37.

[2] 林毅夫，李永军.中小金融机构发展与中小企业融资.经济研究，2001，（1）：10-18.

[3] 林毅夫，孙希芳.银行业结构与经济增长.经济研究，2008，（3）：31-45.

[4] 林毅夫，孙希芳，姜烨.经济发展中的最优金融结构理论初探.经济研究，2009，（8）：4-17.

[5] 林毅夫，徐立新.金融结构与经济发展相关性的最新研究进展.金融监管研究，2012，（3）：4-20.

[6] 董晓林，杨小丽.农村金融市场结构与中小企业信贷可获性——基于江苏县域的经济数据.中国农村经济，2011，（5）：82-92.

模型为基础系统分析了中小银行发展对于缓解中小企业融资约束的重要性。研究发现，中小银行发展显著降低了企业投资对现金流的敏感性，有效缓解了中小企业融资约束[1]。他们认为与推动总量上的金融发展及放松利率管制相比，大力发展中小银行应当成为中国金融结构改革的重中之重。

二、所有制歧视（摩擦）论

所有制歧视（摩擦）论认为导致中小企业信贷配给的原因主要是由于银行和企业的所有制差异引起的。我国金融资源由国有商业银行主导，其国有企业的性质以及国有企业的管理特征注定了其天生为国有经济提供金融服务的本质功能，也注定了其对非国有经济的天然性制度歧视，大多隶属于民营经济的中小企业在金融市场上出现信贷配给也就在情理之中了。所有制歧视（摩擦）论进一步指出，由于国有商业银行与国有企业最终均由政府所掌控，国有企业即使出现不良贷款也会因为银企利益主体的共同属性而淡化其实质性的责任认定。因此，国有银行更加乐意为国有企业提供金融服务。同时，由于国有企业往往承担着比较重要的就业、社会稳定与促进经济增长的任务，政府部门为了提高就业、促进社会稳定与经济增长也会干预国有银行，强化国有银行为国有企业服务的功能，在金融资源有限的情况下，这也将造成非国有企业特别是中小企业的信贷配给。

张杰研究认为，作为渐进改革的一种内生现象，民营经济的金融困境源于国有金融体制对国有企业的金融支持和国有企业对这种支持的刚性依赖[2]。民营经济一时无法在国家控制的金融体制中寻求到金融支持，其要害在于它与国有金融体制处于不同的信用联系之中。国有银行向国有经济提供信贷的纵向信用逻辑也就不能套用于民营经济。从理论上讲，依托于国有银行的纵向金融支持固然可以实现民营经济的短期增长，但却要以损害其长期增长机制尤其是资本结构为代价，并由此影响整个经济的民营化与市场化进程。他认为，解除民

---

[1]　姚耀军，董钢锋. 中小银行发展与中小企业融资约束——新结构经济学最优金融结构理论视角下的经验研究. 财经研究，2014，（1）：105-115.

[2]　张杰. 民营经济的金融困境与融资次序. 经济研究，2000，（4）：3-10.

营经济金融困境的根本出路既不在于改变国有银行的信贷行为与资金投向，也不在于由政府出面发育多少外生性的中小金融机构，更不在于给其提供进入股票市场的方便，而在于营造内生性金融制度成长的外部环境；只有内生性金融制度的存在和发展才不至于损害民营经济可贵的内源融资基础。

王博基于我国商业银行体制结构特征，通过不同银行体制下的商业银行信贷行为模型分析了不同银行体制结构条件下的信贷市场均衡，以及银行最优信贷利率与信贷投向政策选择。研究认为我国转型时期特殊的银行体制导致银行在信贷市场中过分追求与强调贷款的安全性，银行负责人为了最大化自己的经理人薪酬，在提高利率的情况下依然会谨慎选择对中小企业放贷[1]。从而出现中小企业无论以将利率抬到多高都难以从商业银行获得信贷的"规模歧视"现象。

余力和孙碧澄构建了一个金融抑制环境下的信贷均衡模型，研究了政府在有限的资金约束下按照国家整体发展战略对经济中的不同主体进行差异化资源配置的机制[2]。研究认为政府通过干预信贷市场、限制金融市场准入、管控利率为金融机构和国有企业创造的特许权价值和租金机会远大于存款者福利损失。当金融约束政策的边际成本大于边际收益时，金融约束就演变为金融抑制。资金价格被利率管制扭曲，信贷歧视造成国有企业垄断了银行可贷资金，民营企业信贷配给也就自然形成。然而，金融抑制同时将催生出具有制度烙印的中国式金融脱媒现象，这种金融脱媒现象又在一定程度上修正了抑制政策给民营经济发展带来的负效应。因此，他们认为，金融深化将对不同所有制经济发展带来贡献，渐进式的金融深化对促进民营经济的发展是非常重要的。

三、企业规模歧视论

企业规模歧视论认为，银行市场结构论基于信息不对称和交易成本等原因而建议发展中小金融机构，以及所有制歧视（摩擦）论基于金融机构所有制性

---

[1] 王博.银行体制、信贷配给与我国中小企业的融资困难.中国经济问题，2008，（5）：55-61.

[2] 余力，孙碧澄.民营经济发展的融资困境研究——基于金融抑制视角.财经科学，2013，（8）：19-27.

质而主张发展民营银行的观点均存在片面性。比如它们对为什么市场上风险可控的有效益的中小企业其信贷需求基本都能够得到满足缺乏解释力。殷孟波和贺国生认为原因在于上述理论都停留在传统的理性趋利的经济学框架内，忽视了银行委托人和银行代理人作为投资者其心理感受对贷款行为的影响[1]。他们基于行为金融学理论的研究表明，展望理论计算出的展望值差异是造成国有银行集中将资金贷给国有企业（或大企业）的根源，从众心理支配下的羊群效应则是我国中小银行也争相贷款给国有企业或大企业的症结所在，而造成展望值差异和羊群效应的最关键因素在于信息不对称条件下的贷款人非理性。因此，如何克服信贷市场上的信息不对称，是解决贷款集中到国有大企业而中小企业遭遇信贷配给问题的关键。陶军的研究进一步支持了我国中小银行贷款向国有企业（或大企业）集中的原因是从众心理支配下的羊群行为，而导致羊群行为的主要影响因素是信息不对称，委托代理关系的存在等等[2]。就银行信息角度来看，贷款市场信息的不对称加上贷款人的有限理性，中小银行出于国有大银行的群体压力，在选择放贷对象上最终根据从众策略将资金贷款给国有企业（或大企业）；从银行经营者的角度来看，委托代理关系的存在，出于自己声誉、报酬和责任担当的考虑，代理人也往往选择将贷款集中投向国有企业（或大企业）。因此，解决银行贷款集中或中小企业信贷配给问题的首要应该是解决信贷市场上的信息不对称问题，提高贷款市场的信息透明度。

四、外环境缺陷论

外环境缺陷论认为我国中小企业信贷配给的根本原因在于我国中小企业不完善的信用支持体系（特别是担保体系）以及不容乐观的金融生态环境。因此，努力构建一个完善的信贷担保体系和良好的金融生态环境才是破解中小企业信贷配给的关键。

李伟等基于一个中小企业融资问题的分析框架，研究认为因信息不对称所

[1]　殷孟波，贺国生.银行为什么愿意向大企业贷款.经济学家，2003，（4）：85-90.
[2]　陶军.我国中小银行贷款集中的羊群行为分析.当代经济科学，2006，（2）：116-117.

导致的中小企业融资困难，本质上是金融交易中的市场失灵 [1]。因此，从外部因素来看，进一步完善资本市场要求的信息披露机制，构建中小企业信用评估与信用担保体系，改善金融生态环境，都将在一定程度上化解中小企业融资难问题。

王传东和王家传 [2] 分析认为在竞争条件下金融市场无法实现出清状态时，信贷和利率的市场均衡与古典状态出现差异，即出现资源配置失灵。从市场机制来看，信贷配给也是一种特殊的市场均衡，在没有外力的作用下，这种均衡将一直持续下去。农村中小企业融资担保从就是一种外力作用，在农村中小企业抵押物品不足、信用信息不全的情况下，融资担保机构的介入将弥补市场资源配置失灵造成的融资堵塞，缓建中小企业的信贷配给。因此，无论是从效用上还是操作性上，完善融资担保机制都将是化解中小企业信贷配给行之有效的工具。

赵岳和谭之博 [3] 研究认为，基于信息不对称使得银行通过设计抵押品和利率的传统信贷模式无法满足部分中小企业的融资需求，从而出现信贷配给的现状，提出了银行通过电子商务平台为中小企业贷款的新型信贷模式。并通过经验分析论证了引入电子商务平台后，银行在增大企业违约成本、采集企业信息、实现风险共担等方面的优势可以在一定条件下帮助企业展示自己的信用类型。因此，即使在没有抵押品的情况下，传统模式下受到信贷约束的低风险中小企业在新模式下可以获得银行授信。

以上观点都从不同的角度不同程度地解释了中小企业信贷配给的成因，并给出了各自的政策主张。尽管有些观点还有失偏颇或有待检验，但统揽各种观点，可以发现，基于 Stiglitz 和 Weiss[4] 提出的信息不对称下的均衡信贷配给理论，

[1] 李伟，唐齐鸣，苏小燕.金融支持与中小企业发展：一个关于资金需求和供给的均衡分析.世界经济，2004，（5）：20-25.

[2] 王传东，王家传.信贷配给视角下的农村中小企业融资担保.农业经济问题，2006，（6）：48-51.

[3] 赵岳，谭之博.企业规模与融资来源的实证研究——基于小企业银行融资制的视角.金融研究，2012，（3）：166-179.

[4] Stiglitz J, Weiss A. Credit Rationing in Market with Imperfect Information. American Economics Review, 1981, 71（6）：393-410.

即银企间的信息不对称引致信贷市场上的逆向选择与道德风险以及企业事后监督审计成本的发生是信贷配给的主因这一问题上，理论界的认识是广泛一致的。因此，信息不对称问题以及与此相关的或由此衍生的其他问题，必然是研究中小企业信贷配给问题的重心之所在。上述理论给了本书很好的借鉴与参考，但是我们也发现，上述各理论之间好像是彼此独立，相互割裂的，那么这些理论是否存在某些内在关联？在一定的条件下是否可以将这些理论纳入一个统一的分析框架？以使得这些理论能够更好地系统地阐释中小企业以及乡镇企业信贷配给的机理呢？为此，我们以殷孟波和翁舟杰的研究为基础，构建一个统一的分析框架系统运用租值耗散和交易费用理论来系统分析这一问题[1]。

第二节 乡镇企业信贷配给的形成机理

一、"租值耗散－交易费用"理论的基本逻辑

租值耗散理论（The Theory of Rent Dissipation）作为当代产权经济学的一个重要理论，其核心思想是对于本来有价值的财产或资源，由于产权界定不清等原因而导致其公共的部分被经济行为主体竞争性使用，使得最终价值（或租金）下降乃至完全消失，进而造成社会利益的损失。该理论强调了产权安排对资源配置的重要作用。

信贷产品本质上就是一项资产，而资产的产权是由消费这些资产、依赖这些资产获得收入以及让渡这些资产的多种权利构成的组合。银行通过交换让渡资产获得收入，同时，银行需要对信贷产品的产权进行界定以确保在交换中获得最大收益。但是由于信息成本的存在，精确界定某些信贷产权的交易费用是相当高昂的，因此信贷产权的产权界定就不可能具有完全性，部分产权（或财富）不得不被置于公共领域。殷孟波和翁舟杰研究指出，若不考虑政府对利率

---

[1] 殷孟波，翁舟杰.解读中小企业贷款难理论谜团的新框架——租值耗散与交易费用视角.金融研究，2008，（5）：99-106.

的管制，信贷配给就可以理解成为是银行主动对利率进行控制的结果[1]。银行的这种主动控制与政府的利率管制类似，同样会带来信贷市场无法通过价格机制出清的后果。在信贷产品的产权界定不完全的情况下，银行这种对贷款利率的主动控制必然导致本应由银行所有的产权（或财富）被置入公共领域，公共领域的租值构成就是企业意愿出价和控制价格的差额，信贷市场的相关参与主体必然会产生去攫取这些租值的动机，于是租值耗散就产生了。显然，银行作为信贷市场的参与主体之一，也会努力去攫取这些"免费的午餐"，但很明显，这些"免费的午餐"是远远小于其通过主动对利率进行控制而置入公共领域的产权（或财富）数量的，某种程度上来说完全是社会利益的损失。那么银行主动控制利率进而实施信贷配给的动机是什么呢？问题的答案在于信贷市场的交易费用。事实上，信贷市场中交易费用大量存在，就银行而言，其约束条件下的最优选择就是：主动利率控制导致部分租值耗散的同时带来的交易费用节约的数量大于由此增加的租值耗散数量。当租值耗散和交易费用的节约在边际上相等时，银行利益实现最大化。从而银行就产生了这种去促成这种均衡的动机，于是作为一种通过部分的否决价格机制以达成银行最有利均衡的方法——信贷配给就产生了。

二、租值耗散 – 交易费用的均衡

基于上述"租值耗散 – 交易费用"理论的基本逻辑可知，银行主动对利率的控制既导致部分产权（或财富）置入公共领域并耗散，也带了交易费用的节约。两者之间的权衡就依利率控制的幅度决定。而在边际上，银行利率控制的最佳水平就是当增加的租值耗散与节约的交易费用相等的时候。为此，本部分建立一个数理模型来求解最佳控制利率，即均衡利率（i^*），以期望能进一步深入阐释乡镇企业信贷配给的形成机理。

（一）边际租值耗散曲线及其求解

假设 1：当某银行可以完全无成本界定信贷产品的产权因而不存在租值耗

---

[1] 殷孟波，翁舟杰. 租值耗散理论与我国中小企业贷款难问题研究. 经济学动态，2006，（7）：102-105.

散时，即形成无任何交易费用的瓦尔拉均衡时的出清利率为 i_E，信贷规模为 i_E。当某银行不可以完全无成本界定信贷产品，即存在交易费用时银行的信贷资金供给曲线为 $Q = Q_0 + qi$，且 $q > 0$，$Q_0 > 0$（即使利率水平较低的情况下，银行仍然有可能出于各种原因向小部分乡镇企业贷款）。进一步假设某银行由于主动对利率进行控制而带来的租值耗散在数量上等于银行减少的利息收入（不考虑银行在租值分割中的收益）。基于以上假设，并以 u 表示其他影响交易费用的变量（不含利率 i），则租值耗散曲线 $D(i,u)$ 可以表示为：

$$D(i,u) = Q_E i_E - Qi \qquad (6.1)$$

将 $Q = Q_0 + qi$ 代入上式，得：

$$D(i,u) = Q_E i_E - (Q_0 + qi)i = Q_E i_E - Q_0 i - qi^2 \qquad (6.2)$$

上式表明银行主动向下控制利率 i 会导致租值耗散，并且租值耗散总量将随着利率 i 的下降而上升。

对（6.2）式求导，得到边际租值耗散曲线为：

$$\frac{\partial D(i,u)}{\partial i} = -Q_0 - 2qi \qquad (6.3)$$

由（6.3）式可知，边际租值耗散将随着利率 i 的下降而下降。在其他条件相同的情况下，边际租值耗散将随着 q 的增大而增大。

（二）边际交易费用曲线及其求解

上述分析已经表明，银行主动向下控制利率会带来交易费用的节约。我们假设在控制的初期，交易费用节约的效果会很明显，随着利率向下控制的加深，交易费用的节约效果将随之减弱。为此，我们假设：

假设 2：利率 i 下，银行对信贷企业必须支付的交易费用为 $C(i,\eta)$，η 表示其他影响交易费用的变量（不含利率 i），而边际交易费用 $C(i,\eta)$ 依利率控制的加深而减少，即：

$$\frac{\partial C(i,\eta)}{\partial i}\bigg|_{i=i_2} < \frac{\partial C(i,\eta)}{\partial i}\bigg|_{i=i_1} \quad (i_2 < i_1) \qquad (6.4)$$

进一步将银行在既定信贷规模下的交易费用函数通过二次曲线拟合为：

$$C(i,\eta) = C_0 + l_1 i + l_2 i^2 \quad \text{其中 } C_0 > 0, l_1 > 0, l_2 > 0 \qquad (6.5)$$

同样假设银行无任何交易费用的瓦尔拉均衡时的出清利率为 i_E，而此时银行必须支付的交易费用为 C_E。因此，交易费用节约曲线可以表示为：

$$\Delta C(i,\eta) = C_E - C(i,\eta) \qquad (6.6)$$

将 $C(i,\eta) = C_0 + l_1 i + l_2 i^2$ 代入上式，得：

$$\Delta C(i,\eta) = C_E - C_0 - l_1 i - l_2 i^2 \qquad (6.7)$$

由上式可知，银行主动向下控制利率 i 会带来交易费用节约，并且交易费用节约总量将随着利率 i 的下降而上升。

对（6.7）式求导，得到边际交易费用节约曲线为：

$$\frac{\partial \Delta C(i,\eta)}{\partial i} = -l_1 - 2l_2 i \qquad (6.8)$$

由（6.8）式可知，边际交易费用节约的效应将随着利率 i 的下降而下降。并且在其他条件相同的情况下，参数 $l(l_1, l_2)$ 越大，边际交易费用节约的效应也将越大。

（三）租值耗散与交易费用的边际均衡

现实中，银行对乡镇企业融资的交易费用是高昂的，即参数 $l(l_1, l_2)$ 值比较大。因而银行向下控制利率而产生的交易费用节约效应要比租值耗散效应明显，在这种情况下，银行为了节约交易费用而乐于向下控制利率，信贷配给由此产生。反之，如果银行对乡镇企业融资的交易费用是低廉的，即参数 $l(l_1, l_2)$ 值比较小，则银行向下控制利率而产生的租值耗散效应要比交易费用节约效应明显，这种情况下，银行没有向下控制利率的动力，也就不存在信贷配给。下面我们通过图 6.1 和图 6.2[1] 来分析边际租值耗散与边际交易费用的均衡状态。

---

[1] 图来源于殷孟波和翁舟杰：中国中小企业信贷配给问题研究——"租值耗散 - 交易费用"框架。

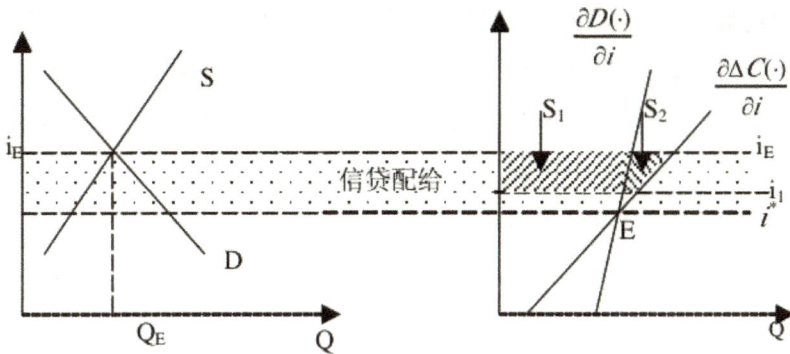

图 6.1 "供给–需求"均衡　　图 6.2 "租值耗散–交易费用"边际均衡

图 6.1 描述的是无交易费用时信贷市场的瓦尔拉理想均衡，此时市场的供求均衡纯粹由出清利率 i_E 决定。此时，由于银行承担了较大的交易费用，为了降低交易费用，银行在既定约束条件下的最优决策就是向下控制利率，并使得获得交易费用节约总量在边际上超过租值耗散总量。图 6.2 描述的是边际租值耗散与边际交易费用的均衡。当图 6.2 中的 i_E 下调到 i_1 时，区域 S_1 代表租值耗散额，区域 S_2 代表银行增加的收益额，$S_{1+}S_2$ 就构成了交易费用节约总额。银行将利率下调显然是有利的。但是下调的额度也就是控制的幅度并不是无止境的。当交易费用已经被较大节约时，继续下调利率带来的交易费用节约将逐步减少，当这种边际交易费用节约低于变价租值耗散时，就不是银行的最优选择。因此，在边际租值耗散与边际交易费用相等处即为控制利率幅度均衡点（E），此时均衡利率为 i^*。其值由下式决定：

$$\frac{\partial \Delta C(i,\eta)}{\partial i} = \frac{\partial D(i,u)}{\partial i} \qquad (6.9)$$

$$即 -l_1 - 2l_2 i = -Q_0 - 2qi \qquad (6.10)$$

求解上式，得均衡利率：$$i^* = \frac{Q_0 - l_1}{2(l_2 - q)} \qquad (6.11)$$

图 6.1 和 6.2 中 i_1 到 i_E 之间的阴影部分区域就表示信贷配给。显然，"租值耗散–交易费用"边际均衡与传统的供求均衡存在差异。传统的供求均衡是

由价格机制主导的，以更好的配置资源为前提，忽略了现实中大量存在的交易费用，因而单纯的价格机制均衡并不是最有效均衡。信贷配给实际上就是这样一种通过部分的否定价格机制以实现银行最优均衡的方法。当边际租值耗散与边际交易费用节约相等时，银行利益实现最大化，银行将产生努力去维持这种均衡的动机，乡镇企业信贷配给也就由此产生了。

我们知道，目前我国银行业的市场结构存在高度垄断的特征，而具有垄断力的大银行其信贷供给曲线中的 q 值是相对较低的。而我国乡镇企业的运行特点与信用支持体系，以及银行金融机构的所有制结构、竞争结构与治理结构均决定了银行在向乡镇企业进行信贷融资中的交易费用是高昂的，即 $l(l_1, l_2)$ 值比较大。在乡镇企业信贷市场上，较低的 q 值与较高的 $l(l_1, l_2)$ 必然导致信贷市场上较低的均衡利率 $i^* = \dfrac{Q_0 - l_1}{2(l_2 - q)}$，也就决定了乡镇企业不仅仅只是被信贷配给，而且信贷配给的程度也是相当严重的。

第三节 乡镇企业信贷配给的治理——新模型的启示

一、新模型对缓解乡镇企业信贷配给的政策启示

上述理论模型已经证明了信贷配给均衡时的利率水平为 $i^* = \dfrac{Q_0 - l_1}{2(l_2 - q)}$。从该表达式可知：提高 q 值或者降低 $l(l_1, l_2)$ 值都可以使得均衡利率水平 i^* 上升，基于理论模型赋予 q 值和 $l(l_1, l_2)$ 的具体含义，我们给出缓解乡镇企业信贷配给的可行路径。

首先，从提高 q 值来看。从（6.3）式可知，提高 q 值意味着边际租值耗散曲线更为平坦，表现为图 6.3 中的虚线。这将使得银行在通过利率控制以节约交易费用时的租值耗散增加，造成银行主动向下控制利率的动机下降，进而使得信贷配给均衡利率水平提高，由此带来信贷配给程度的缓解。同时，从

$Q = Q_0 + qi$ 来看。提高 q 值意味着供给曲线更为平坦，或者说银行市场的竞争结构得到提升。因此，在竞争相对充分的信贷市场，银行通过主动对利率进行控制来节约交易费用的成本是比较高的，因而银行对利率的这种主动控制动机相对较弱，信贷配给程度随之下降。而在竞争不充分即垄断性的信贷市场，信贷配给程度将随之加深。因此，提高 q 值的含义就是增强信贷市场的竞争程度。同时，在面临竞争压力的条件下，银行也会采取措施积极主动地去收集和完善相关信息，从而有利于缓解银行与乡镇企业之间的信息不对称程度，银行向企业融资的交易费用也得以降低。为此，提高 q 值带给我们的政策启示是：降低农村金融市场银行业的准入门槛，鼓励和发展民营银行、县域社区银行、乡村银行以及农村中小或微型银行金融机构，打破农村信贷市场的垄断格局，促进农村银行机构的相互竞争，这将在一定程度上缓解农村信贷市场上乡镇企业的信贷配给现象。

其次，从降低 $l(l_1, l_2)$ 值来看。降低 $l(l_1, l_2)$ 值意味着变价交易费用节约曲线向左移动且更为陡峭，如图 6.4 中的虚线所示。表明银行通过对利率的控制以实现交易费用节约的效应将下降，银行主动控制利率的动机减弱，表现在图 6.4 中就是提高了均衡利率水平，由此带来信贷配给程度的缓解。进一步，从交易费用函数 $C(i, \eta) = C_0 + l_1 i + l_2 i^2$ 可知，当参数从 $l(l_1, l_2)$ 降低到 $l(l_1, l_2)$ 时，意味着在给定的利率水平下带来了相关的交易费用的降低。事实上，如果信贷市场上的贷款信息公开是完全透明且规范健康运行的，那么银行交易费用的节约空间将非常小，也就没有必要再通过信贷配给的方式来节约交易费用（包括信息费、监督费等），为此，降低 $l(l_1, l_2)$ 值带给我们的政策启示是：完善相关机制促使乡镇企业规范运营，建立并完善征信体系与抵押担保机制，这都有助于降低银行的交易费用，进而促进信贷配给的缓解。需要说明的是，我国的信用担保体系虽然已经基本建成，但是中小企业特别是乡镇企业的担保体系规模还远远难以满足庞大的中小企业融资需求，大部分位处农村的乡镇企业就更加难以顾及。加之目前的担保机构主要以政策性担保机构占主导，商业性担保机构、互助性担保机构发育、发展都比较滞后，导致在担保资金的补偿机制上，也难以形成定期注入足够补偿的良性机制。因此，至少就短期而言，通过完善乡镇企业的担保体系以实现交易费用的节约进而缓解信贷配给的作用还将是比较有限的。

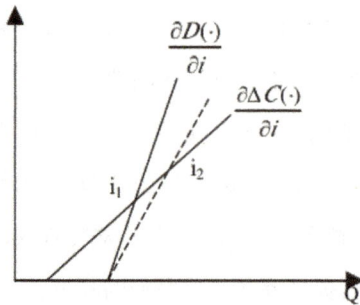

图 6.3 提高 q 值的效应图　　图 6.4 降低 k (k_1, k_2) 值的效应图

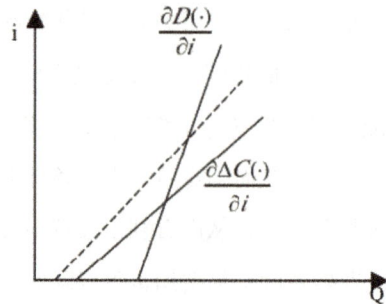

二、新模型对传统乡镇企业信贷配给理论的解读

在本章的开始部分，我们把国内典型的中小企业信贷配给理论归纳为银行市场结构论、所有制歧视（摩擦）论、企业规模歧视论、外环境缺陷论四种。通过对"租值耗散 – 交易费用"新模型框架的分析，可以发现，由于新模型并没有考虑所有制问题，因此除了不能对所有制歧视论给出解释外，其他三个理论均能在新模型框架下得到解析，换而言之，这三个理论只是新模型框架自然而然演绎出来的三个推论。

首先，就银行市场结构论来看。当前，我国以工、农、中、建四大国有银行为代表的大银行占据了我国金融资源与市场份额的绝对主导地位，高度垄断型的银行市场结构特征明显。垄断性的市场结构在"租值耗散 – 交易费用"新模型框架中就对应了一个比较小的 q 值。同时，基于交易费用角度来看，小银行优势论与关系型信贷理论都认为，小银行由于拥有良好的关系型信贷技术，组织规模、运行方式等在信息生产与信息传递方面具有独特优势，从而能够有效地节约信息费用、监督费用等交易费用。因此，相对于大银行，小银行在中小企业融资方面具有比较优势。而大银行也具有为大企业服务的天然优势，因而我国以大银行为主导的市场结构，必然导致大银行在向小企业融资时的交易费用高昂，在"租值耗散 – 交易费用"新模型框架中就对应了一个比较大的

$l(l_1,l_2)$ 值。垄断性的银行市场结构决定了我国乡镇企业信贷市场一个较低的均衡利率水平，从而导致乡镇企业存在较为严重的信贷配给。银行市场结构论可以从"租值耗散－交易费用"新模型框架中得到解析。

其次，从企业规模论来看。我国乡镇企业相对不规范的产权结构与相对落后的治理结构，较低的资产规模以及较弱的抗风险能力，加之相对缺乏技术创新能力与科学长远的规划，在信贷规模较小以及还贷能力不明确的情况下都将导致银行在向乡镇企业提供信贷时产生比较高的交易费用，从而导致银行对乡镇企业实施信贷配给。

具体来讲，当前我国乡镇企业具有规模偏小、地域性强、行业分布广、企业文化相对缺失、内部管理欠规范等特点，企业信息内部化倾向明显，信息的真实性难以保证。这些都导致银行在向乡镇企业放贷之前需要付出相对较高的信息搜寻费用与识别费用。放贷后，由于乡镇企业大都内部管理不规范，制度机制不健全，经营的盲目性、不稳定性以及决策的随意性都比较大，银行为了防止贷款投资目标不偏移，确保企业本息的按时足额支付，还需要持续对其进行监督并支付监督费用。加之乡镇企业贷款额度相对较小而贷款笔数相对较多，使得银行在向乡镇企业融资的过程中往往存在规模不经济，银行发放贷款的固定费用往往都无法得到有效摊派。这些都决定了银行向乡镇企业放贷的单位信息费用、单位监督费用等单位交易费用要远远超过向大企业放贷的单位交易费用。乡镇企业自身运营特点导致银行向其融资时的交易费用 $l(l_1,l_2)$ 相对较高，进而导致信贷市场上乡镇企业信贷配给的发生。

最后，就外环境缺陷论来看。众所周知，信贷市场的外环境与银行向企业融资的交易费用息息相关。乡镇企业信用支持体系同样包括信用评级体系、信用担保体系与征信体系，都是农村信贷市场外环境的重要组成部分。当前，我国乡镇企业大都根植于农村地区，而农村整体信用支持体系建设是相当滞后的，还没有专业化的稳定的固定性机构来收集、管理乡镇企业的信用信息资料，不同乡镇企业的信用信息未能实现有效的整合与共享。由于乡镇企业信用支持体系建设需要政府、公安、金融、税务、财政、法院、企业等部门的共同参与与努力，因此注定了我国乡镇企业的信用支持体系建设必将是一个相对漫长而艰巨的历程。也意味着在当前相对落后和欠规范的乡镇企业信用支持体系条件下，银行向乡镇企业发放贷款的交易费用是很难降低的，乡镇企业信贷配给无法避免。

乡镇企业健全的信用支持体系必将降低银行的各项交易费用和其他风险损失，为此，就完善担保体系而言，可以尝试结合正在进行的农村土地制度改革，探索企业经营权抵押贷款；根据农村中小企业和农户融资"量小、频高、随意性大"的特点，创新农村小额信贷抵押担保模式，尝试开发无实物抵押小额贷款、多主体联保小额贷款、分期偿还小额贷款等模式，建立由信用担保、互助担保和商业担保多种模式相结合的信用担保体系。探索通过不同主体融资组建农业贷款担保中心或担保公司，以现代金融理念和金融发展思路破解农村乡镇企业"贷款难"、"贷款贵"的问题。同时，农村金融生态的好坏直接影响到农村金融机构向乡镇企业提供金融服务的积极性与主动性。我们就需要逐步完善农村金融发展的法律制度环境。完善的法律制度环境是良好金融生态的主要构成要素。因此，有必要按照"普惠型"原则，推进农村财税政策与农村金融政策的有效衔接与良性互动，在政策范围与导向、政策设计与内涵、政策结合方式与时机等方面形成支持合力。拓展政策适应范围，扩大农村金融机构向乡镇企业融资的税收优惠范围和定向补贴范围。根据农村金融机构对乡镇企业支持能力与支持力度普遍给予金融机构相应层次所得税、营业税优惠以及运营成本补贴，对于金融需求迫切但金融收益较低的特殊困难农村地区应给予金融机构最大力度的财政弥补。在政策设计上，注重提高透明度和规范性，强化政策的激励约束功能。加快完善县域金融机构扶持乡镇企业的奖励性政策。同时，尽快出台有效保护农村乡镇企业利益的相关政策，缓减农村乡镇企业由于信息、权力和资产的不对称而面临的市场竞争劣势。其次，要健全农村金融有效运行的信用环境。一方面各地区可根据自身实际，尝试采取政府组建＋政策性运作模式、政府组建＋市场化运作模式、社会化组建＋商业化运作模式或者互助合作型运作模式加快完善农村信用担保体系；另一方面广泛开展农村信用评级活动，树立乡镇企业和农村居民良好的信用意识。加强乡镇企业与农村居民的诚信教育，通过正面宣传和舆论引导，在完善守信行为的正向激励政策的同时，加大对失信行为的惩处力度，提高失信企业的违约成本。此外，加快完善农村乡镇企业信用的征集、评估、发布与服务体系。完善乡镇企业主体的信用登记制度，建立农村乡镇企业和农户信用信息库，并开展乡镇企业和农户和信用等级评定工作，探索将乡镇企业和农户的信用等级与可获贷款额度挂钩，增强贷款诚信保障。此外，也要加快农村金融知识的推广与普及，培育乡镇企业和农村居民的现代金融意识，提高其有效利用现代金融工具的能力。通过农村金融生态环境建设，促进乡镇企业信贷配给的逐步有效缓解。

综上所述，除所有制歧视论外，其他三种主流理论都可以从"租值耗散 – 交易费用"新模型框架中得到演绎与推导。新模型框架将乡镇企业信贷配给理论纳入了一个统一的分析框架，对解释乡镇企业信贷配给的形成机理具有更加全面的解释力。

第四节 乡镇企业信贷融资中的租值耗散

"交易费用 – 租值耗散"新模型框架阐释的是交易费用和租值耗散与乡镇企业信贷配给的关系。上文我们详细解析了银行交易费用与乡镇企业信贷配给的关系，本节以翁周杰的研究为基础，就银行、信贷腐败的主体、信用支持体系的主体对租值的分割行为及其后果进行了系统分析，以更加细致深入地阐释租值耗散与乡镇企业信贷配给的关系 [1]。

我们已经知道，银行利率管制会导致部分财富置于公共领域，由于相关利益主体并不会置这些财富而不顾，而是会积极主动地攫取这些财富，因此置于公共领域的财富只会被部分耗散而非全部耗散。这就表明租值耗散实际上包含了纯粹耗散与租值分割两种基本形式。纯粹租值耗散是信贷市场失灵而付出的社会代价，也是一种社会福利的净损失，因而越小越好。获取信贷的过程、时间冗长、手续繁琐、与银行工作人员必须但无谓的客套、信贷拨付的漫长等待

---

[1] 翁周杰. 中国中小企业信贷配给问题研究——"租值耗散 – 交易费用"框架. 西南财经大学博士学位论文，2008：83-99.

等都是信贷市场上纯粹租值耗散的基本表现形式。租值分割的行为主体包括企业、银行、银行从业人员、提供信用支持的相关机构等等。这些主体分割租值的效应要一分为二地看待，有些主体在分割租值的过程中可能存在腐败行为并导致效率损失，但有些主体在分割租值的过程中也因使部分置于公共领域的财富得到重新分配而有效地避免了纯粹租值耗散。

一、银行与租值分割

银行对租值的分割机理可以通过巴泽尔 20 世纪 70 年代提出的"排队配给"模型来直观地分析。价格管制造成汽油价格下降，并导致部分财富（或汽油产权）被置于公共领域,而要获得这些财富（或汽油产权）就会产生资源的花费。在所有权确定之前,这部分置于公共领域的财富（或汽油产权）是没有价值的。当价格手段不再有效，就"可以通过排队等候来确定未被拥有部分财富（或汽油产权）的权利"。排队的存在就意味着一定存在绕过排队的潜在收益。加油站和消费者都会想办法去攫取这部分财富。就加油站而言，会采取诸如将汽油与其他商品（甚至抬高商品价格）捆绑销售的办法来攫取这部分财富。就消费者（或加油者）而言，只要商品的边际价值不超过其边际成本，即商品的加价幅度不超过其排队的时间成本，就会选择购买加价的汽油而绕过排队等候。这样，消费者也分割到了置入公共领域的部分财富。类似的，对于农村乡镇企业信贷市场，银行同样有动机采取措施去分割主动利率控制条件下被置入公共领域的财富，而向乡镇企业追加额外的贷款条件（如存一贷二、结算账户要求、补偿性余额等）、降低服务质量（如部分信贷产品不对乡镇企业开放、缩减乡镇企业信贷市场的人员配备、不开发专门针对乡镇企业的信贷产品等）等都是其租值分割的存在形式。对于乡镇企业而言，只要由此带来的机会成本不超过由此节约的排队成本，他们也会接受这种安排，从而也攫取了部分置于公共领域的财富（或汽油产权），实现对租值的分割。

那么，银行参与租值分割将产生什么样的效应与后果呢？事实上，银行参与租值分割方式的不同决定了租值分割所带来的效应与后果也就不同。以设置额外贷款条件为例，这种租值分割形式实质上是银行运用其他价格机制在实施主动利率控制的基础上进一步对信贷产品定价。这种租值分割形式的后果之一就是能够使银行在同等的"名义"利率水平上向乡镇企业供给更多的信贷资金。即可能提高信贷供给曲线（$Q = Q_0 + qi$）中的 Q_0 值或 q 值。而不论是提高 Q_0 值还是提高 q 值，都会使得边际租值耗散曲线（$\frac{\partial D(i,u)}{\partial i} = -Q_0 - 2qi$）向有利于缓解乡镇企业信贷配给的方向移动，从而有利于提高市场均衡利率水平，一定程度上带来乡镇企业信贷配给程度的缓解。由于额外贷款条件折合为追加利率实际上是提高了乡镇企业原本负担的贷款利率水平，那么银行是否可以采取直接提高乡镇企业贷款利率水平的方式达到这一目的呢？我们发现，银行一般都不这么做。原因是对企业实施额外贷款条件下，银行等于"掌握"了企业的部分资金，类似于一种隐形抵押和监督，使得银行能够进一步节约信息费用。而纯粹采取直接提高乡镇企业贷款利率水平的方式并不能产生这种抵押与监督效应，也就无从带来银行交易费用的节约，甚至会增加银行单笔信贷的交易费用。也就是说，对乡镇企业实施额外贷款条件将会带来交易费用节约效应，进而使得银行的边际交易费用节约曲线向有利于缓解信贷配给的方向移动，从而有利于提高市场均衡利率水平，一定程度上带来乡镇企业信贷配给程度的缓解。尽管如此，实施额外贷款条件所产生的后果也不都是正面的。一方面，由于额外贷款条件的最终实施是银行与企业谈判与博弈的结果，其过程必然需要耗费大量的谈判费用与时间成本，这就在一定程度上产生了纯粹的租值耗散，造成部分社会利益的净损失。另一方面，过多地或者过度地实施额外贷款条件将使得乡镇企业的剩余福利被银行榨取，影响乡镇企业的成长与可持续发展。

就银行租值分割的另一种方式——降低服务质量来看，其产生的后果就基本都是负面的。一般来说，银行信贷服务质量的降低必然使得乡镇企业为了成功获得贷款而不得不付出更多的额外耗费，从而必然产生纯粹的租值耗散。尽管降低服务质量可能会使银行在某些方面能够节约一定的交易费用，但是也可能会由于银行人员配给、机构设置、监督治理等的不到位造成对乡镇企业的识别与监督缺位而给银行带来更多的损失，从而在总体上增加银行向乡镇企业融资的交易费用。在这种情况下，乡镇企业信贷市场就有可能陷入如下形式的恶性循环中：为了分割租值银行降低服务质量→企业违约概率增加使得银行总体交易费用增加→银行通过主动利率控制节约交易费用造成信贷配给程度加重→更多的财富或租值被置入公共领域→为了继续分割租值银行进一步降低服务质量。

二、信贷腐败与租值分割

信贷腐败是银行从业人员分割租值的典型形式。信贷腐败是金融腐败的一种典型表现形式，是指银行从业人员在企业或个人向银行获取信贷融资的过程中，利用手中职权寻租或共谋而产生的腐败行为。收礼吃请、贪污受贿、巨额欺诈都是信贷腐败的表现。由于信贷腐败中对租值的分割额度是巨大的，因此其是银行操作风险的重要组成部分。

信贷腐败危害金融安全，扰乱金融秩序，于法律所不允许。但是在信贷配给市场上将难以杜绝。透过"交易费用－租值耗散"理论模型框架来看，存在配给的信贷市场上，信贷腐败一定程度上有其存在的必然性和合理性。由前文的分析可知，银行主动控制利率引致信贷配给的同时也导致部分财富（或产权）被置入公共领域，任何理性的经济人都有动机采取措施去将这些财富揽入囊中，银行从业人员固然也不例外，这就是信贷腐败的必然性之所在。同时，置入公共领域的财富（或产权）全部的被纯粹耗散只会造成社会利益的净损失，而信贷腐败至少使得银行从业人员和企业能够分割到部分租值，减少了财富的纯粹耗散与社会利益的净损失，这就构成信贷腐败的合理性之所在。尽管如此，信贷腐败的危害要远远大于信贷腐败带来的好处，必然是我们需要坚决杜绝的。

由此，在乡镇企业信贷市场上信贷腐败必然存在，信贷腐败的程度与信贷秩序密切相关。乡镇企业信贷市场上的信贷配给程度是相当严重的，这就决定了较多的财富（或产权）被置入到了社会公共领域，如果信贷秩序也存在缺陷，那么信贷腐败必然也是不容乐观的。就我国目前来看，我国农村金融机构的产权结构与治理机制均存在缺陷，相关法律法规建设滞后且制度、法律法规约束软化、内控制度落实不力、内部人控制问题屡见不鲜，政府、监管者等外部人控制的情况也比比皆是，道德风险问题严重，乡镇企业信贷腐败也就时有发生。在这个过程中，银行相关从业人员构成了乡镇企业信贷市场租值分割的行为主体。

那么，基于"租值耗散－交易费用"理论模型框架，信贷腐败将会产生什么样的效应与后果呢？信贷腐败应该如何防范与杜绝呢？我们知道，信贷腐败会弱化信贷配给带来的交易费用节约效应。银行为了降低放贷风险，就会把某些劣质企业排除在信贷市场之外，银行在对信贷市场上的某些劣质企业进行识别与筛选的过程是需要支付可观的交易费用的。信贷腐败发生情况下，银行相关从业人员会把原本应该被排除在信贷市场之外的劣质企业引入到信贷市场中，这些劣质企业就会加重银行的交易费用（如信息费、监督费等）负担，从而加深信贷市场上的信贷配给程度。更有甚者，当银企合谋以图共同实现对租值的分割时，银行与企业都将具有很强的维持现有低利率水平的动机，他们会联手阻碍相关缓解信贷配给的政策或措施的推行，从而保证有足够的财富（或产权）能够被置入公共领域以供自身分割，进而进一步加深了信贷配给程度。

因此，从乡镇企业信贷腐败的根源入手，尽可能使得被置入公共领域的租值能够极小化，同时进一步采取措施规范信贷秩序，创新企业治理机制，加快完善农村信贷市场相关法律法规建设，才能从根本上防范和杜绝信贷腐败现象的发生。

三、信用支持体系的主体与租值分割

乡镇企业信用支持体系主要包括评级体系、征信体系、信用担保体系以及相关会计、咨询、法律等为乡镇企业服务的社会中介机构。在乡镇企业信贷市场上，信用支持体系通过提供相关服务，一方面，部分地降低银行向乡镇企业融资的交易费用；另一方面，帮助合格的乡镇企业取得信贷融资，在合理地收取担保费、公正费、评估费等相关服务费用的同时成功实现对部分租值的分割。但是，在我国农村当前的经济金融环境下，为了分割到更多的租值，某些信用支持体系与服务机构的主体的违规违法现象也时有发生。如信用担保机构的违规担保、企业资产评估中的虚假评估、会计师事务所的假账等等。这些现象的存在使得银行与企业之间的信息不对称程度进一步加深，从而进一步加深乡镇企业信贷市场上的信贷配给程度。由于信用担保体系在乡镇企业总体信用支持体系中具有特殊重要性，我们以信用担保体系的主体为例，来分析乡镇企业信用支持体系的租值分割问题。

当前，建立乡镇企业信用担保体系来改善乡镇企业的融资环境，以实现扶持乡镇企业发展的目的是国际社会的通行做法。无论是发达国家还是发展中国家的经验也表明政府在乡镇企业信用担保体系的建设与运行过程中发挥了重要作用。在我国也同样如此。当前，在所有制结构上我国的信用担保机构主要分为政府全资型、民营全资型、民营资本参与的政府主导型以及民营资本主导的政府扶助型四类。由于在治理机制、产权结构、激励机制等方面，政府资本主导的信用担保机构与民营资本主导的信用担保机构存在显著差异，从而导致其在租值分割中也存在差异。因此，我们分别以政府全资型信用担保机构于民营全资型信用担保机构为例，来系统探讨信用担保体系在租值分割中的行为，以及在租值分割中所带来的后果。

从政府全资型信用担保机构来看，这类信用担保机构无疑在缓解乡镇企业信贷配给中发挥了重大作用。但是，由于此类担保机构是在政府干预与控制、政府保护的背景下运行，导致其委托—代理问题、"内部人控制"问题以及"外部人控制"问题都比较严重。在此背景下，政府全资型信用担保机构对公共租值的分割实际上至少包括如下三个层面：一是以法人主体身份通过为乡镇企业提供合法的贷款担保并以担保费的形式实现对公共租值的合理合法分割。二是以担保机构领导层或者工作人员身份在获得一定的腐败费用的条件下为乡镇企业提供信贷担保，即"内部人控制下"对公共租值的非法分割。三是以担保机构委托人身份（一般是政府官员）在获得一定的腐败费用的条件下，以政府干预手段促使担保机构为乡镇企业提供信贷担保服务，即"外部人控制"下对公共租值的非法分割。在这种层层盘剥式的分割下，乡镇企业的融资成本必然增大，融资环境必然得不到改善。因此，要想通过政府全资型信用担保机构来缓解乡镇企业信贷配给问题，首当其冲的还是制度建设与机制改革。否则这些担保机构将不可避免的沦为某些"外部人"与某些"内部人"分割租值的工具。

从民营全资型信用担保机构来看，由于产权上的优势，这类担保机构委托—代理问题、内部人控制以及外部人控制问题都不构成其提供信贷担保的主要制约因素。突出的问题是这类机构有着天然的资本的逐利性，对高利润高回报的追求表现得相当充分。在法律法规以及相关制度建设滞后、监管不充分的情况下，民营信用担保机构也会采取违法违规手段来实现对租值的分割与追逐，具体表现在如下两个方面：（1）通过各种方式甚至突破上限提高担保费率以扩大担保收益。然而，根据信息经济学理论，提高担保费率会导致逆向选择。这必将使得担保机构的代偿风险进一步加大。这就构成了民营担保机构的担保约束，进而构成民营信用担保机构的租值分割约束，担保机构提高担保费率的方式会谨慎使用，更多的是通过提升自身风险评估能力与风险防范技术的办法来实现对更多租值的分割。因此，某种程度上，这种现象具有积极和肯定的一面。（2）将担保机构当作自己股东融资的工具，实际上并不从事担保业务。这种情况下，担保机构将没有从严审贷的动机，一味通过与股东的合谋以取得低利率贷款，从而尽可能分割到更多的租值。这种现象就与信用担保机构的设立初衷背道而驰，势必严重扰乱金融秩序，破坏金融安全。

第五节　本章小结

本章首先对乡镇企业信贷配给相关理论即银行市场结构论、所有制歧视（摩擦）论、企业规模歧视论、外环境缺陷论进行了简要述评。银行市场结构论认为我国乡镇企业信贷配给主要是由于大银行主导的市场结构所导致。所有制歧视（摩擦）论认为导致中小企业信贷配给的原因主要是由于银行和企业的所有制差异引起的。企业规模歧视论认为导致中小企业信贷配给的原因主要是由信贷市场上的信息不对称引起的。外环境缺陷论认为我国中小企业信贷配给的根本原因在于我国中小企业不完善的信用支持体系（特别是担保体系）以及不容乐观的金融生态环境。在此基础上，基于"租值耗散－交易费用"新模型理论，将乡镇企业信贷配给理论纳入了一个统一的分析框架，从理论上分析乡镇企业信贷配给的形成机理，系统阐释了交易费用和租值耗散与乡镇企业信贷配给的内在关联机制，进一步拓展乡镇企业信贷配给的相关理论。基于"租值耗散－

交易费用"新模型理论得出如下结论：若不考虑政府对利率的管制，信贷配给就可以理解成为是银行主动对利率进行控制的结果。银行的这种主动控制将带来信贷市场无法通过价格机制出清的后果。在信贷产品的产权界定不完全的情况下，银行这种对贷款利率的主动控制必然导致本应由银行所有的产权（或财富）被置入公共领域，公共领域的租值构成就是企业意愿出价和控制价格的差额，信贷市场的相关参与主体必然会产生去攫取这些租值的动机，于是租值耗散就产生了。就银行而言，其约束条件下的最优选择就是：主动利率控制导致部分租值耗散的同时带来的交易费用节约的数量大于由此增加的租值耗散数量。当租值耗散和交易费用的节约在边际上相等时，银行利益实现最大化。从而银行就产生了这种去促成这种均衡的动机，于是信贷配给就产生了。事实表明，除所有制歧视论外，银行市场结构论、企业规模歧视论、外环境缺陷论都可以从"租值耗散 – 交易费用"新模型框架中得到演绎与推导。新模型的研究同时表明，银行主动控制利率进而实施信贷配给的动机是信贷市场的交易费用。需要指出的是，在对新模型的论证与推理过程中，本书分别就银行、信贷腐败的主体、信用支持体系的主体三者对租值的分割行为及其后果进行了系统分析。本书认为，银行有采取措施去分割主动利率控制条件下被置入公共领域的财富的动机。向乡镇企业追加额外的贷款条件、降低服务质量等都是银行进行租值分割的存在形式与表现。而银行从业人员分割租值的典型形式是信贷腐败。信贷腐败会弱化信贷配给带来的交易费用节约效应，从而加深信贷市场上的信贷配给程度，当银企合谋以图共同实现对租值的分割时，乡镇企业的信贷配给将更加恶化。信用支持体系的各主体对阻值的分割应自身性质不同而存在差异。政府全资型信用担保机构可以分别以法人主体身份、以担保机构领导层或者工作人员身份、以担保机构委托人身份实现对公共租值的分割。民营全资型信用担保机构可以通过各种方式甚至突破上限提高担保费率以扩大担保收益，以及将担保机构当作自己股东融资的工具两种途径实现对租值的分割与追逐。本章的研究是下文实证分析的理论基础。

| 第七章 |

金融支持、技术进步与乡镇企业生产率

本章首先就金融支持企业发展的相关研究进行了回顾与梳理，然后就测算全要素生产率的两种主要方法即随机前沿分析（SFA）模型以及数据包络分析（DEA）模型进行了分析与对比。在此基础上，采用 Biennial Malmquist 指数和2001 ~ 2010 年各省（市、自治区）的面板数据测算了我国乡镇企业全要素生产率及其成分。最后，以内生增长理论为基础，就农村金融支持对乡镇企业全要素生产率的影响进行实证分析。

第一节　引言与综述

乡镇企业是我国经济改革特殊时期的产物，其形成、发展与繁荣的过程很大程度上依赖于自身数量的扩张，粗放型经营特征凸显。随着我国社会主义市场经济体制的逐步完善，乡镇企业的这种粗放、低效的增长方式将越来越难以适应经济社会发展要求，以扩大全要素生产率增长对产出增长贡献为核心的集约型增长方式将成为未来我国乡镇企业在面对资源、市场等多重约束条件下实现自身可持续发展的必然选择。据统计：我国乡镇企业增加值从 1978 年的209.39 亿元增加到 2010 年的 98347.5 亿元 [1]，名义增长率为 21.2%，快于同期

---

[1]《中国乡镇企业及农产品加工业年鉴》提供的 2010 年乡镇企业增加值总数与分地区加总存在差异，本书以分地区加总数据作为 2010 年乡镇企业增加值。

的国内生产总值的 15.8% 的名义增长率，2010 年乡镇企业增加值占当年 GDP 的 24.5%[1]，为国民经济的发展做出了重要贡献。然而，整体上看，我国乡镇企业虽然规模上实现了大幅增长，但与经济增长质量相匹配的全要素生产率（TFP）却并未得到显著提高，研究显示，1996 ~ 2006 年间我国乡镇企业全要素生产率平均增长率仅为 –4.97%。由此可见，技术进步制约已经成为我国乡镇企业发展面临的主要难题之一。

金融发展能够促进企业全要素生产率的增长得到了大多数研究的理论论证与实证检验。他们的研究主要基于全要素生产率受哪些因素的影响以及金融发展是如何影响全要素生产率两个方面展开。Saint-Paul 认为金融市场能够对风险进行分散和对冲，可以消除风险厌恶型企业对专业化投资缺乏流动性的顾虑，从而促使企业选择更专业化且生产率也更高的技术[2]。King 和 Levine 构建了一个内生增长模型研究认为，金融机构对企业的技术创新活动进行评估并提供资金，从而可以推动一国的技术进步[3]。并且随着金融体系的发展，规模经济因素将逐步降低金融机构在评估企业的技术创新活动时产生的代理成本，进一步增强金融系统在技术创新方面的积极作用，从而促进企业全要素生产率的提高。而金融行业的扭曲势必将降低经济增长的速度，阻碍技术进步与创新。随后，Dela，Acemoglu，Laeven 等[4], [5], [6] 均建立了相应的理论模型，研究了金融发展对技术进步的影响，大体均支持金融发展能够推动技术进步的结论。以上述理论研究为基础，国外部分学者进行了实证研究。Beck 等使用工具变量提取银

[1] 2010 年后，《中国乡镇企业及农产品加工业年鉴》均未公布乡镇企业增加值，因此，本书仅采用 2010 数据进行统计。

[2] Saint-Paul G. Technological Choice, Financial Markets and Economic Development. European Economic Review, 1992, 36（4）: 763-781.

[3] King R G, Levine R. Finance, Entrepreneurship and Growth. Journal of Monetary Economics, 1993, 32（3）: 513-542.

[4] Dela F A, Marin J M. Innovation, Bank Monitoring, and Endogenous Financial Development. Journal of Monetary Economics, 1996, 38（2）: 269-301.

[5] Acemoglu D A, Ghion P, Zilibotti F. Distance to Frontier, Selection, and Economic Growth. Journal of the European Economic Association, 2006, 4（1）: 37-74.

[6] Laeven L, Levine R, Michalopoulos S. Financial Innovation and Endogenous Growth. Journal of Financial Intermediation, 2015, 24（1）: 1-24.

行发展的外源性成分，并利用新的面板技术控制特定国家的影响和内生性研究了银行业发展水平对经济增长和企业全要素生产率增长以及物质资本积累和私人储蓄的因果关系[1]。研究结果表明：金融发展能够显著的促进 TFP 的增长，且银行业的发展和资本的增长和私人储蓄之间的长期关系比较脆弱。Calderón 和 Liu 采用 109 个发展中国家和发达国家 1960～1994 年的混合面板数据对金融发展与 TFP 增长进行了因果关系检验[2]。研究显示，金融发展与 TFP 增长存在显著的因果关系，并且因果关系在发展中国家的表现更加明显。Tadesse 认为金融发展可以通过促进资本流动和降低生产成本以促进经济增长，进而促进生产率的提高[3]；Arizala 等采用 77 个国家 26 个行业 1963～2003 年的面板数据对金融发展与 TFP 之间的关系进行了检验，研究发现，金融发展能够显著地促进 TFP 的增长，并且该结论能够通过各种稳健性检验[4]。随着金融市场的发展与全要素生产率研究的深入，国内部分学者就中国金融发展与全要素生产率的关系进行了探讨。陈刚和李树基于 DEA 的经济增长核算框架和 GMM 动态面板回归技术分别检验了在 1994～2003 年间金融发展对劳均资本积累、技术进步和技术效率改善三者的影响[5]。研究发现：金融发展在显著加速劳均资本积累的同时，也阻碍了技术进步和技术效率的改善。姚耀军实证考察了全要素生产率与金融发展等变量的关系[6]。实证结果表明，全要素生产率与金融发展存在长期均衡关系，并且从长期来看，金融发展是全要素生产率变动的原因，而从短期来看，因果关系并不显著。余利丰等采用 1999～2004 年中国 29 个

[1] Beck T, Levine R, Loayza N. Finance and the Sources of Growth. Journal of Financial Economics, 2000, 58 (2): 261-300.

[2] Calderón C, Liu L. The Direction of Causality between Financial Development and Economic Growth. Journal of Development Economics, 2003, 72 (1): 321-334.

[3] Tadesse S. Financial Development and Technology. William Davidson Institute Working Paper, 2007, (749): 1-47.

[4] Arizala F, Cavallo E, Galindo A. Financial Development and TFP Growth: Cross-country and Industry-level Evidence. Applied Financial Economics, 2013, 23 (6): 433-448.

[5] 陈刚, 李树. 金融发展与增长源泉: 要素积累、技术进步与效率改善. 南方经济, 2009, (5): 24-35.

[6] 姚耀军. 中国金融发展与全要素生产率——基于时间序列的经验证据. 数量经济技术经济研究, 2010, (3): 68-80.

省份的数据分析了金融发展与技术效率之间的关系，研究结果表明，金融深化虽然能够通过推动技术进步促进全要素生产率增长，但金融深化和金融中介垄断都不利于技术效率提高[1]。陈启清和贵斌威通过对 1978 ~ 2010 年我国 31 个省（市、自治区）面板数据的实证分析得出：金融发展对全要素生产率具有递减的正面影响，金融发展更多发挥了改善资源配置的作用，在推进创新和技术进步方面的作用相对较弱[2]。尹雷和沈毅研究认为农村金融发展对农业全要素生产率具有正向促进作用，农村金融发展促进全要素生产率增长主要是农业技术进步效应，而不是农业技术效率效应，且农村金融发展对农业全要素生产率的影响存在区域差异[3]。

那么，作为国民经济一大支柱且具有典型中国特色的乡镇企业，农村金融发展对其全要素生产率具有怎样的影响，是否显著促进了乡镇企业技术进步？如果是，其作用大小如何？现有关于乡镇企业全要素生产率方面的研究还比较薄弱，已有相关研究基本停留在对乡镇企业全要素生产率的测算上，均未对金融支持对乡镇企业生产率影响的机理与路径进行讨论。如：朱玉春和郭江运用重构的增长速度方程，采用 1979 ~ 2003 年中国农业和农业乡镇企业的相关数据分析了农业乡镇企业技术进步率与农业增加值增长率之间的关系。研究结果表明：不仅本期的农业乡镇企业技术进步率对农业增加值有重要影响，滞后一期的农业乡镇企业技术进步率对农业增加值的影响更大[4]。李平等运用数据包络分析法测度了 1996 ~ 2006 年中国乡镇企业全要素生产率，并将其分解为技术创新效率、管理效率和规模效率三部分。研究结果表明，中国乡镇企业 TFP 持续下跌的主要原因是技术创新效率低下；而管理效

[1] 余利丰，邓柏盛，王菲.金融发展与中国生产率增长——随机前沿分析的视角.管理科学，2011，（4）：105-112.

[2] 陈启清，贵斌威.金融发展与全要素生产率：水平效应与增长效应.经济理论与经济管理，2013，（7）：58-69.

[3] 尹雷，沈毅.农村金融发展对中国农业全要素生产率的影响：是技术进步还是技术效率——基于省级动态面板数据的 GMM 估计.财贸研究，2014，（2）：32-40.

[4] 朱玉春，郭江.中国农业乡镇企业的技术进步及其与农业增长的相关分析.中国农村经济，2006，（11）：50-57.

率和规模效率均有所改善,在一定程度上抑制了乡镇企业 TFP 的下降[1]。因此,阻碍中国乡镇企业技术创新效率提升的主要原因是人力资本水平低下和产业组织结构不合理。范丽霞采用考虑非效率项的非中性技术进步随机前沿生产函数模型和中国 1990 ～ 2005 年间省际平衡面板数据,分析了影响我国各省区乡镇企业增长的规模报酬、技术效率和技术进步因素[2]。研究发现:在乡镇企业的发展过程中,资本产出弹性不断接近甚至有超过劳动产出弹性的趋势,呈现出一定的"资本深化"过程;整个规模报酬略大于 1,这表明适当扩大乡镇企业经营规模存在着一定的规模经济效应;而整体平均技术效率水平逐年递增,技术进步率则逐年下降。基于此,本书将基于 Biennial Malmquist(BM)生产率指数和中国省级乡镇企业发展与农村金融发展相关数据就乡镇企业全要素生产率进行测算,该测算方法能够避免传统 Malmquist 生产率测算指数出现无可行解的情况,使所有被测算单元均存在可行解。同时,就农村金融支持对乡镇企业全要素生产率的影响机制及其影响效应进行系统分析,以进一步丰富和拓展此方面的研究。

第二节　全要素生产率测算方法比较与实证模型选择

现有测算全要素生产率的方法主要有随机前沿分析(SFA)模型以及数据包络分析(DEA)模型。本节就这两种方法进行简单阐述与比较。然后就本书的实证研究模型进行选择

一、SFA 模型

随机前沿生产模型是一种典型的参数方法模型,最先由 Cornwell 等、

---

[1] 李平,张庆昌,鲁婧颉.效率增进、技术创新与中国乡镇企业的发展.中国农村经济,2008,(7):46-52.

[2] 范丽霞.中国乡镇企业增长的随机前沿生产函数分析.数理统计与管理,2009,(4):618-625.

Kumbhakar分别提出[1],[2]。该模型允许生产者可因随机扰动项和技术无效率两个因素影响而偏离生产前沿，进而能估计出每个生产单位的技术无效率水平。随机前沿生产模型的一般形式可以表示为：

$$y_{it} = f(x_{it};\beta)\exp(\nu_{it} - u_{it}) \tag{7.1}$$

其中，y_{it} 为第 i 个样本第 t 年的产出指标，$f(x_{it};\beta)$ 为生产函数，x_{it} 为第 i 个样本第 t 年的投入指标。ν_{it} 为随机噪声项，服从正态分布 $N(\mu,\sigma_v^2)$。u_{it} 为随时间变动的技术无效率项，服从正态分布 $N(\mu,\sigma_u^2)$，ν_{it} 与 u_{it} 相互独立。技术无效率可以定义为：

$$u_{it} = \beta(t)\times u_i, \ \beta(t) = \exp[-\lambda(t-T)] \tag{7.2}$$

其中，u_i 服从截距正态分布；$\beta(t)$ 为关于时间 t 的函数，其中（1）：$\beta(t)\geq 0$；（2）λ 为未知标量参数，当 $\lambda > 0$ 时，$\beta(t)$ 为关于时间 t 的减函数，当 $\lambda = 0$ 时，$\beta(t)$ 为关于时间 t 的常数函数，当 $\lambda < 0$ 时，$\beta(t)$ 为关于时间 t 的增函数。这里假设 $u_i \mid e_i$ 服从均值为 u_{*i}，方差为 σ_*^2 的正半部的正态分布，其中 $e_i = \nu_i - \beta u_i$。模型中所涉及的参数采用极大似然估计得到：

$$u_{*i} = \frac{\mu\sigma_v^2 - \beta'e_i\sigma_u^2}{\sigma_v^2 + \beta'\beta\sigma_u^2}$$

$$\sigma_*^2 = \frac{\sigma_v^2\sigma_u^2}{\sigma_v^2 + \beta'\beta\sigma_u^2}$$

$$\beta' = (\beta(1),...,\beta(T)) \tag{7.3}$$

以最小均方误差为约束条件求得的技术效率估计值为：

$$E[\exp(-u_{it})\mid e_i] = \left\{\frac{1-\phi[\beta(t)\sigma_* - (u_{*i}/\sigma_*)]}{1-\phi(-u_{*i}/\sigma_*)}\right\}\exp[-\beta(t)\mu_{*i} + \frac{1}{2}\beta(t)^2\sigma_*^2] \tag{7.4}$$

式中，$\phi(\bullet)$ 为标准正态分布函数。

[1] Cornwell C, Schmidt P, Sickles R C. Production Frontiers with Cross-sectional and Time-series Variation in Efficiency Levels. Lournal of Econometrics, 1990, 46（1-2）: 185-200.
[2] Kumbhakar S C. Production Frontiers, Panel Data and Time-varying Technical Inefficiency. Journal of Econometrics, 1990,（46）: 201-211.

使用 SFA 方法得出参数估计和个体效率值后，还应该检验上述随机前沿成本函数是否有效。为此，Battese 和 Coelli 提出了对变差率 γ 的零假设检验来判断随机前沿成本函数是否有效的办法[1]。定义变差率为 $\gamma = \sigma_u^2/(\sigma_u^2 + \sigma_v^2)$，其中，$\gamma \in (0, 1)$。通过观察变差率 γ 的值来判断效率偏差主要是由成本无效率项决定还是由随机误差项决定。γ 值越趋近于 1，表明成本偏差主要由成本无效率项 u 决定；γ 值越趋近于 0 时，说明成本偏差主要由随机误差项 v 决定。于是变差率 γ 的零假设统计检验结果是判断 SFA 方法是否有效的重要依据，如果变差率 γ 的零假设被接受，则意味着成本无效率项不存在，随机前沿成本函数无效。对变差率 γ 的零假设检验可以采用随机前沿成本函数的单边似然比检验统计量 LR 的显著性检验来实现。

二、DEA 模型

DEA 方法是一种非参数方法，该模型的形成起源于 Farrell 提出的可通过构造非参数的线性凸面来估计生产前沿的观点[2]。美国著名运筹学家 Charnes，Cooper，Rhode 建立了第一个基本的 DEA 模型——CCR 模型，此后，Banker,Charnes 和 Cooper 扩展了 CCR 模型中关于规模报酬不变的假设，提出了基于可变规模报酬的 DEA 模型——BCC 模型[3],[4]。在此基础上，随着研究的深入，衍生了适用于不同情况的多种 DEA 模型。目前，DEA 模型已经成为管理科学、系统工程、决策分析、评价技术等领域中一种常用且重要的分析工具和研究手段。整体而言，DEA 方法是建立在"相对效率评价"概率基础上的一种新生系统分析方法，它利用线性规划技术来评价决策单元的效率水平。每个决策单元都有一定的经济意义，它借助数学规划和统计数据确定相对有效的

[1] Battese G E, Coelli T J. Prediction of Firm-level Technical Efficiencies with a Generalized Frontier Production Function and Panel Data. Journal of Econometrics，1988，38（88）：387-399.

[2] Farrell M J. The Measurement of Productive Efficiency. Journal of the Royal Statistical Society，1957，（120）：253-290.

[3] Charnes A，Cooper W W，Rhodes E. Measuring the Efficiency of Decision Making Units. European Journal of Operational Research，1978，2（6）：429-444.

[4] Banker R D，Charnes A，Cooper W W. Some Models for Estimating Technical and Scale Inefficiencies in Data Envelopment Analysis. Management Science，1984，30（9）：1078-1092.

生产前沿面，将各个决策单元投影到 DEA 的生产前沿面上，并通过比较决策单元偏离 DEA 前沿面的程度来评价它们的相对有效性。即有效的决策单元位于前沿面上，无效的决策单元则位于前沿面下方，并根据偏离前沿面的程度来判断效率的大小。这就避免了因参数方法主观设定生产过程形式而可能导致的偏误，且计算也相对简单。

DEA 的基本模型为：假设生产活动的投入量为 x ＝ $(x_1, x_2, \cdots x_m)'$，产出量为 y ＝ $(y_1, y_2, \cdots y_m)'$，该种生产活动可用点 (x, y) 表示。考虑 n 个决策单元，对应的生产活动分别为 (x_j, y_j)，$j = 1, 2, \cdots, n$。假设 T＝ $[(x, y)$：产出可由投入 x 生产$]$，T 被称为生产可能集。T 通常满足凸性、锥性、无效性和最小性。凸性，即 $\forall(x,y)\in T,(x',y')\in T,\forall\lambda\in[0,1]$，都有 $(x,y)+(1-\lambda)(x',y')=(\lambda x+(1-\lambda)x',\lambda y+(1-\lambda)y')\in T$。即若分别以 x 和 x' 的 λ 及 $1-\lambda$ 比例之和作为投入，则可分别生产以 y 和 y' 的同比例的产出。锥性，即 $\forall(x,y)\in T,\forall K\geq 0$，都有 $K(x,y)=(Kx,Ky)\in T$。即若以投入量 x 的 K 倍输入，那么输出量也可能为原来产出的 K 倍。

无效性，即 $\forall(x,y)\in T$ 都有 $(x',y)\in T,\forall x'\geq x$；$(x,y')\in T,\forall y'\leq y$。即在原有的生产活动基础上，单方面增加投入或减少产出总是有可能出现的，意思就是说存在浪费现象。最小性，即生产可能集 T 为满足以上三个条件的所有集合的交集。生产可能集可以表示为 $T=\left\{(x,y):\sum_{j\in J}^{n}\lambda_j x_j \leq x,\sum_{j\in J}^{n}\lambda_j y_j \geq y,\sum_{j\in J}^{n}\lambda_j=0,\lambda_j\geq 0,j\in J\right\}$，第 j 个决策单元的效率则可以通过求解如下线性规划问题得到：

$$\begin{cases} \min\beta \\ s.t.\sum_{j\in J}\lambda_j x_j \leq \beta x_0 \\ \sum_{j\in J}\lambda_j y_j \leq y_0 \\ \lambda_j \geq 0 \end{cases} \tag{7.5}$$

其中，β 表示标量，表明投入相对于产出的有效利用程度，是决策单元的效率值，λ 为系数向量。求解式（7.5）时，设最优值为 β，如果 $\beta=1$，则表明投入导向模型中的该决策单元位于前沿面上，因而是技术有效的决策单元；如果 $\beta<1$，则存在 $1-\beta$ 的技术效率损失。如果在式（7.5）中添加约束条件

$\sum \lambda_j=1$，则变为基于可变规模报酬假设的 DEA 模型（BCC 模型），它构成了一个截面凸包，比 CRS 构成的圆锥包更为紧凑。

如果模型以产出为导向，即在维持现有水平的投入和环境下最大化产出，则该线性规划的解 θ 为决策单元在产出导向下的相对技术效率。它表示在给定投入和环境下，相对于生产前沿面，其产出能够实现的最大程度的扩大比例。相应地，处于生产前沿面的决策单元，其技术效率值为 1，处于非前沿面的决策单元的技术效率值则大于 1。并且，效率值越大，相对效率越低，距离生产前沿面越远。

相比于参数法，DEA 方法的优点在于：第一，DEA 以决策单元的投入产出的权重作为变量，模型采用最优化方法来内定权重，从而避免确定各种指标的权重所带来的主观性，具有很强的客观性；第二，假定每个投入都关联到一个或多个产出，而且，投入和产出之间确实存在某种关系，使用 DEA 方法不必确定这种关系的显示表达式；第三，在处理经济学生产函数与规模经济问题上，DEA 具有独特的优势；第四，可以很容易地处理多投入与多产出的情况[1]。因此，本书最终选择非参数 DEA 方法对乡镇企业全要素生产率进行测算。

三、实证模型选取与模型选择

非参数 DEA 方法主要包含 Malmquist 指数、Biennial Malmquist 指数。下面分别就这两种指数方法及其关联进行简要分析。

（一）Malmquist 指数

Malmquist 指数是一种当期 DEA 模型方法。由于 CCR 模型以及后来的 BBC 模型都是对各个决策单元在某一个时间点上的情况进行横向对比分析，导致其在面对面板数据分析的时候就会出现不足。Malmquist 指数恰能很好地用于分析面板层次的数据。Malmquist 生产率指数由 Sten Malmquist（1953）提

---

[1] 师博 . 中国能源效率改进的增长绩效研究 . 北京：科学出版社，2014：110-115.

出[1]，后来 Cave etal 基于生产率和非参数数据包络分析的基本思想予以应用[2]。该方法的具体建模为：对于一个投入产出系统，设有 m 种投入，n 中产出，根据 Shephard 距离函数可以将 Malmquist 生产率指数定义为：

$$M_0^{t+1} = \left(\frac{D_0^t(x^{t+1},y^{t+1})}{D_0^t(x^t,y^t)} \frac{D_0^{t+1}(x^{t+1},y^{t+1})}{D_0^{t+1}(x^t,y^t)} \right)^{1/2} \tag{7.6}$$

其中 (x^t,y^t) 和 (x^{t+1},y^{t+1}) 分别表示时期 t 和时期 t + 1 的投入和产出向量，D_0^t 和 D_0^{t+1} 分别表示时期 t 和时期 t + 1 技术条件下的距离函数，在规模报酬不变的条件下，Mamlquist 生产率指数可进一步分解为技术效率变化指数和技术进步变化指数的乘积：

$$M_0^{t+1} = \frac{D_0^{t+1}(x^{t+1},y^{t+1})}{D_0^{t+1}(x^t,y^t)} \times \left(\frac{D_0^t(x^{t+1},y^{t+1})}{D_0^{t+1}(x^{t+1},y^{t+1})} \frac{D_0^t(x^t,y^t)}{D_0^{t+1}(x^t,y^t)} \right)^{1/2} = EFFCH \times TECHCH \tag{7.7}$$

其中，EFFCH 为技术效率变化指数，EFFCH > 1，表示决策单元向前沿面趋近，效率改善，反之效率下降；TECHCH 为技术进步变化指数，TECHCH > 1 表示生产可能性边界向外移动，效率改善，反之效率下降。在规模报酬可变的条件下，EFFCH 可进一步分解为纯技术效率指数（PECH）和规模效率指数（SECH）的乘积：

$$EFFCH = \frac{D_0^{t+1}(x^{t+1},y^{t+1} \mid CRS)}{D_0^t(x^t,y^t \mid CRS)}$$
$$= \frac{D_0^{t+1}(x^{t+1},y^{t+1} \mid VRS)}{D_0^t(x^t,y^t \mid VRS)} \times \left[\frac{D_0^{t+1}(x^{t+1},y^{t+1} \mid CRS)}{D_0^t(x^t,y^t \mid CRS)} \frac{D_0^t(x^t,y^t \mid VRS)}{D_0^{t+1}(x^{t+1},y^{t+1} \mid VRS)} \right] = PECH \times SECH \tag{7.8}$$

其中 PECH > 1 表示在规模报酬可变的条件下效率得到改进，反之效率下降；SECH > 1 表示被评价单元第 t + 1 期相对于第 t 期更接近于规模报酬，反之越远离于规模报酬。

[1]　Malmquist S. Index Numbers and Indifference Surfaces. Trabajos de Estad í stica, 1953, 4（2）: 210-242.
[2]　Caves D W, Christensen L R, Diewert W E. The Economic Theory of Index Numbers and the Measurement of Input, Output, and Productivity. Econometrica : Journal of the Econometric Society, 1982, 50（6）: 1393-1414.

Malmquist 生产率指数可以很好地用于评价面板数据情形时的被评价单元的动态绩效变化。但仔细观察可以发现，式（7.6）可能存在无可行解的情形，其中一种除非方法是采用超效率 DEA 模型进行求解，但在可变报酬条件下，超效率 DEA 模型也会出现无可行解情形。因此，Pastor and Lovell 提出了 Biennial Malmquist 指数方法，该方法的优点在于可以彻底解决无可行解问题，还可以大大减少线性规划的求解个数[1]。

（二）Biennial Malmquist 指数

BM 生产率指数的生产前沿面由 t 和 t+1 期观测值构造，现以本书所涉及的指标对 BM 生产率指数进行简单说明。考虑存在 N 个决策单元（DMU）和 T 个生产时期，K 种产出和 M 种投入，一个规模报酬不变的 t 时期生产可能性集可以表示为：

$$T_c^t(x^t) = \left\{ (y^t, x^t) : \sum_{i=1}^{N} z_i^t y_{im}^t \geq y_{im}^t, \forall m; \sum_{i=1}^{N} z_i^t x_{in}^t \leq x_{in}^t, \forall n; z_i^t \geq 0, \forall i \right\} \quad （7.9）$$

t+1 时期的生产可能集 $T_c^{t+1}(x^{t+1})$ 可以类似表示。k 时期的 BM 生产可能性集 $T_c^B(x^k)$ 可以表示为：

$$T_c^B(x^k) = \left\{ \begin{array}{l} (y^k, x^k) : \sum_{i=1}^{N} z_i^{t+1} y_{im}^{t+1} + \sum_{i=1}^{N} z_i^t y_{im}^t \geq y_{im}^k, \forall m; \\ \sum_{i=1}^{N} z_i^{t+1} x_{in}^{t+1} + \sum_{i=1}^{N} z_i^t x_{in}^t \leq x_{in}^k, \forall n; z_i^k \geq 0, \forall i, k = t, t+1 \end{array} \right\} \quad （7.10）$$

t 时期的产出距离函数可以表示为：

$$D_c^B(x^t, y^t) = \min \left\{ \phi > 0 \mid (x^t, \frac{y^t}{\phi}) \in T_c^B \right\} \quad （7.11）$$

这里生产可能性集 T_c^t 下的同期 Malmquist 指数可以表示为：

$$M_c^s(x^t, y^t, x^{t+1}, y^{t+1}) = \frac{D^s(x^{t+1}, y^{t+1})}{D^s(x^t, y^t)} \quad （7.12）$$

[1] Pastor J T，Asmild M，Lovell C A K. The Biennial Malmquist Productivity Change Index. Social-Economic Planning Sciences，2011，45（1）：10-15.

其中产出距离函数可以表示为：

$$D_c^s(x^t, y^t) = min\{\phi > 0 \mid (x, y/\phi) \in T_c^t; s = t, t+1\}。$$

由于 $M_c^t(x^t, y^t, x^{t+1}, y^{t+1}) \neq M_c^{t+1}(x^t, y^t, x^{t+1}, y^{t+1})$，为消除差异性影响，Malmquist 指数通常取两个指数的几何均值，即 $M_c(x^t, y^t, x^{t+1}, y^{t+1}) = \left[M_c^t(x^t, y^t, x^{t+1}, y^{t+1}) \times M_c^{t+1}(x^t, y^t, x^{t+1}, y^{t+1}) \right]^{1/2}$。因此，求解 Malmquist 指数涉及 4 个距离函数，其中 t 时期的距离函数为：

$$D_c^t(x^t, y^t) = min\{\phi > 0 \mid (x, y/\phi) \in T_c^t\} = max\{\beta > 0 \mid (x, \beta y) \in T_c^t\}$$

即：

$$D_c^t(x^t, y^t) = max\{\beta > 0 \mid (x, \beta y) \in T_c^t\}$$

$$s.t. \begin{cases} \sum_{i=1}^{N} z_i^t x_{i,m}^t \leq x_{i,m}^t, & m = 1, ..., M \\ \sum_{i=1}^{N} z_i^t y_{i,k}^t \geq \beta y_{i,k}^t, & k = 1, ..., K \\ z_i^t \geq 0 \end{cases}$$

（7.13）

在生产技术 T_c^G 下，Biennial Malmquist 指数可以表示为：

$$BM_c^B(x^t, y^t, x^{t+1}, y^{t+1}) = \frac{D_c^B(x^{t+1}, y^{t+1})}{D_c^B(x^t, y^t)}$$

$$= \frac{D_c^{t+1}(x^{t+1}, y^{t+1})}{D_c^t(x^t, y^t)} \times \left\{ \frac{D_c^B(x^{t+1}, y^{t+1})}{D_c^{t+1}(x^{t+1}, y^{t+1})} \times \frac{D_c^t(x^t, y^t)}{D_c^B(x^t, y^t)} \right\}$$

$$= \frac{D_c^{t+1}(x^{t+1}, y^{t+1})}{D_c^t(x^t, y^t)} \times \left\{ \frac{D_c^B(x^{t+1}, y^{t+1}) / D_c^{t+1}(x^{t+1}, y^{t+1})}{D_c^B(x^t, y^t) / D_c^t(x^t, y^t)} \right\}$$

$$= BMEC_c \times BMTC_c$$

（7.14）

其中 BMEC 为技术效率变化指数，BMEC 为技术变化指数，$D_c^B(x^t, y^t)$ 可以通过如下线性规划求得：

$$D_c^B(x^t, y^t) = max\left\{\beta > 0 \mid (x^t, \beta y^t) \in T_c^B\right\}$$

$$s.t.\begin{cases} \sum_{i=1}^{N} z_i^t x_{i,n}^t + \sum_{k=1}^{N} z_i^{t+1} x_{i,m}^{t+1} \leq x_{i,m}^t, & m = 1,...,M \\ \sum_{i=1}^{N} z_i^t y_{i,k}^t + \sum_{k=1}^{N} z_i^{t+1} y_{i,k}^{t+1} \geq \beta y_{i,k}^t, & k = 1,...,K \\ z_i^t \geq 0, \; z_i^{t+1} \geq 0 \end{cases}$$

（7.15）

上述模型是基于常报酬（CRS）假设的，如果将这个假设放松到可变报酬（VRS）的情形，则可计算出基于 VRS 的 BM 生产率指数，在生产技术 T_v^G 下的规模效应为：

$$BMSC^B = \frac{BM_c^B}{BM_v^B} = \frac{D_c^B(x^{t+1}, y^{t+1})/D_v^B(x^{t+1}, y^{t+1})}{D_c^B(x^t, y^t)/D_v^B(x^t, y^t)}$$

（7.16）

同理，规模报酬可变条件下的效率变化指数与技术变化指数可以分别表示为：

$$BMEC_v = \frac{D_v^{t+1}(x^{t+1}, y^{t+1})}{D_v^t(x^t, y^t)}, \; BMTC_v = \frac{D_v^B(x^{t+1}, y^{t+1})/D_v^{t+1}(x^{t+1}, y^{t+1})}{D_v^B(x^t, y^t)/D_v^t(x^t, y^t)}$$

因此：

$$BM_c^B = BMSC^B \times BM_v^B = BMEC_v \times BMTC_v \times BMSC^B$$

$$= \frac{D_v^{t+1}(x^{t+1}, y^{t+1})}{D_v^t(x^t, y^t)} \times \frac{D_v^B(x^{t+1}, y^{t+1})/D_v^{t+1}(x^{t+1}, y^{t+1})}{D_v^B(x^t, y^t)/D_v^t(x^t, y^t)} \times \frac{D_c^B(x^{t+1}, y^{t+1})/D_v^B(x^{t+1}, y^{t+1})}{D_c^B(x^t, y^t)/D_v^B(x^t, y^t)}$$

（7.17）

其中 t 时期的距离函数为 $D_v^t(x^t, y^t)$ 和 $D_v^B(x^t, y^t)$，可以由如下线性规划求解：

$$D_v^t(x^t, y^t) = max\left\{\beta > 0 \mid (x, \beta y) \in T_v^t\right\}$$

$$s.t.\begin{cases} \sum_{i=1}^{N} z_i^t x_{i,m}^t \leq x_{i,m}^t, & m = 1,...,M \\ \sum_{i=1}^{N} z_i^t y_{i,k}^t \geq \beta y_{i,k}^t, & k = 1,...,K \\ \sum_{i=1}^{N} z_i^t = 1, & z_i^t \geq 0 \end{cases}$$

（7.18）

$$D_v^B(x^t, y^t) = max\left\{\beta > 0 \mid (x^t, \beta y^t) \in T_v^B\right\}$$

$$s.t.\begin{cases} \sum_{i=1}^{N} z_i^t x_{i,n}^t + \sum_{k=1}^{N} z_i^{t+1} x_{i,m}^{t+1} \leq x_{i,m}^t, & m = 1,...,M \\ \sum_{i=1}^{N} z_i^t y_{i,k}^t + \sum_{k=1}^{N} z_i^{t+1} y_{i,k}^{t+1} \geq \beta y_{i,k}^t, & k = 1,...,K \\ \sum_{i=1}^{N} (z_i^t + z_i^{t+1}) = 1, & z_i^t \geq 0, z_i^{t+1} \geq 0 \end{cases} \quad (7.19)$$

由于 Biennial Malmquist 指数具有可传递性，不需要采用两个时期的几何平均值代替，仍保持可分解性。同时，最重要的一点是该指数可以克服同期 Malmquist 指数可能存在无可行解的情形[1]。因此，本书拟采用 Biennial Malmquist 指数（BM 指数）研究我国乡镇企业 2001 ~ 2010 年的全要素生产率水平。

第三节　乡镇企业全要素生产效率的测算与分解

本节我们将对乡镇企业全要素生产率测度，并对其成分进行分解。数据跨度为 2001 ~ 2010 年[2]。由于统计数据的可得性和完整性，乡镇企业全要素生产率涉及的投入指标主要选择劳动投入和资本存量两个变量。其中，劳动投入指标用乡镇企业从业人员数表示（labor），个别缺失数据采用插值补齐；资本存量（capital）采用永续盘存法估算得到，初始资本存量的确定采用 2001 年固定资产原值计算，之后年份的资本存量依据固定资产投资额采用永续盘存法估算，资本折旧率选择 9.6%[3]，并采用固定资产投资价格指数以 2001 年为基期进行了价格调整。产出指标选取乡镇企业增加值（GDP），并以居民消费价

[1] 夏一丹，胡宗义，戴钰. 文化传媒上市公司全要素生产率的 Globe Malmquist 研究. 财经理论与实践，2014，（4）：48-52.

[2] 2010 年后，《中国乡镇企业及农产品加工业年鉴》均未公布乡镇企业增加值，因此，本书数据时间截止到 2010 年。

[3] 张军，吴桂英，张吉鹏. 中国省际物质资本存量估算：1952—2000. 经济研究，2004，（10）：35-44.

指数以 2001 年为基期进行了价格调整。

表 7.1 是基于 Biennial Malmquist 指数计算得到的我国乡镇企业全要素生产率地区平均值及其分解。首先，从乡镇企业全要素生产率（TEP）来看：2002 ~ 2010 年间我国乡镇企业整体的全要素生产率平均增长率为 –1.7%，这一测算结果与李平等、孙建红和徐建军的结论相近 [1]、[2]。就变化趋势来看，考察期间，我国乡镇企业的全要素生产率在 2002 年的增长率为 –1.6%，在 2003 ~ 2005 年间的增长率均转变为负值，2006 年增长率又变为正增长，并且于 2009 年降至最低点 –5.6%。2008 年乡镇企业全要素生产率增长率经历了一次反弹，但是在 2009 年随即又下降。说明样本研究期内，我国乡镇企业的生产率水平并未得到显著提高，也表明我国乡镇企业投入拉动型的粗放型经济增长模式并未得到根本改变。究其原因在于，我国的乡镇企业布局分散、规模偏下，很难形成规模经济，再加上乡镇企业在资金供应、人才资源方面都存在不少问题，从而很难维持生产率的正向增长。表 7.2 给出了 2002 ~ 2010 年我国各省（市，自治区）乡镇企业的全要素生产率及其成分的平均值，从表中可知，考察期间，我国乡镇企业全要素生产率总体上表现为增长的仅有 12 个省域，主要是东部的北京、天津、河北、上海、江苏、浙江、山东、广东；中部的山西、河南；西部的贵州、云南。东部省城乡镇企业全要素生产的年均增长率为 1.8%，且技术效率与技术进步增长均为正，而中、西部乡镇企业全要素生产率的增长率均为负，且技术进步增长率也为负，说明东部地区由于地理位置的优势使其能够充分吸收先进的技术，并转化为自己的技术进而促进 TFP 的增长。

其次，从乡镇企业技术效率与技术进步效率来看：考察期间，仅有技术效率呈现微弱的增长态势，年均增长 1.6%；而技术进步水平则以 –3.390% 的年均增长速度下降，相比于 1999 ~ 2006 年中国城市企业技术效率 1.5% 的增长率要低不少，比 1999 ~ 2006 年中国城市企业技术效率 2.5% 的年均下降速度

---

[1] 李平，张庆昌，鲁婧颉．效率增进、技术创新与中国乡镇企业的发展．中国农村经济，2008，（7）：46–52.

[2] 孙建红，徐建军．改革开放以来中国乡镇企业全要素生产率增长的时空差异．经济地理，2011，（4）：555–560.

要快[1]。这是由于近年来城市规模的扩大使城市发展获得了规模效应以及效率的提升，但城市投资仍属粗放型，对技术进步的推动作用有限，而技术学习主要来源城市的乡镇企业的技术水平也随之下降。此外，科技人员缺乏也在一定程度上制约了乡镇企业技术创新水平的提高。同时我们也可以发现，我国乡镇企业全要素生产率增长水平的下降主要是由技术进步水平退步造成的。

表 7.1 乡镇企业全要素生产率年度平均值及其分解（2002 ~ 2010）

	2002	2003	2004	2005	2006	2007	2008	2009	2010	均值
BM	1.016	0.983	0.988	0.965	1.007	0.985	0.999	0.944	0.958	0.983
BMEC	0.992	1.025	1.067	1.000	1.061	0.959	0.989	1.036	1.019	1.016
BMTC	1.025	0.959	0.925	0.965	0.949	1.027	1.011	0.911	0.940	0.967

表 7.2 乡镇企业全要素生产率地区平均值及其分解（2002 ~ 2010）

地区	BM	BMEC	BMTC
北京	1.039	1.035	1.005
天津	1.041	1.011	1.030
河北	1.000	1.008	0.992
辽宁	0.997	1.000	0.997
上海	1.051	1.000	1.051
江苏	1.055	1.005	1.050
浙江	1.005	1.000	1.005
福建	0.967	1.015	0.952
山东	1.028	1.000	1.028
广东	1.026	1.028	0.998
海南	0.991	1.000	0.991
东部均值	1.018	1.009	1.009
山西	1.021	1.064	0.960
吉林	0.903	0.926	0.975
黑龙江	0.962	1.027	0.937
安徽	0.973	1.045	0.931
江西	0.924	0.997	0.927
河南	1.004	1.021	0.983
湖北	0.970	1.032	0.940
湖南	0.941	1.003	0.938
中部均值	0.975	1.013	0.962

---

[1] 邵军，徐康宁.我国城市的生产率增长、效率改进与技术进步.数量经济技术经济研究，2010，（1）：58-66.

（续表）

地区	BM	BMEC	BMTC
内蒙古	0.922	0.953	0.968
广西	0.945	1.009	0.937
重庆	0.948	1.017	0.932
四川	0.973	1.038	0.938
贵州	1.001	1.060	0.945
云南	1.042	1.106	0.942
陕西	0.953	0.997	0.955
甘肃	0.997	1.054	0.946
青海	0.908	1.000	0.908
宁夏	0.940	1.002	0.938
新疆	0.975	1.039	0.938
西部均值	0.963	1.024	0.940

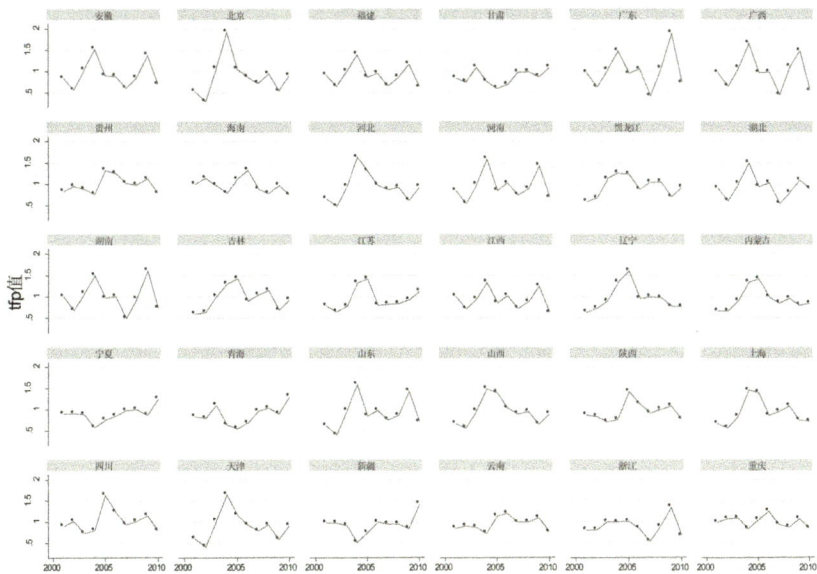

图 7.1　各省域乡镇企业全要素生产率时间走势图

第四节　农村金融支持与乡镇企业全要素生产率

一、理论框架和计量模型设定

已有研究显示，金融发展有利于全要素生产率的提高。但全要素生产率同样受到贸易开放、人力资本以及产业结构等多方面因素的影响。国际贸易会导致资源重新分配，使得资源流向生产率较高的企业，引发生产率较高的企业进入出口市场，生产率相对较低的企业只能继续为国内市场生产甚至退出，而产业的总体生产率将由于资源的重新配置得到提高[1]。因此，贸易开放是有利于企业的生产率提高的。而人力资本水平提高意味着劳动力素质提高，社会中技术工人比例上升，更容易将先进技术和管理知识引入实际生产，从而促进生产率提高，因此人力资本的提高也有利于 TFP 的提高。产业结构从低附加值的农业、畜牧业向附加值更高的服务业升级显然是提高经济效率的一种手段。中国现在正在加速城镇化的过程，越来越多的第一产业劳动力正在向第二产业和第三产业转移，产业结构升级有可能成为促进中国经济发展效率的动力[2]。结合现有理论研究模型，并参考 Hulten et al[3]；陈启斐和吴建军[4] 的模型设定形式，本书以内生增长理论为基础，假定乡镇企业技术进步不仅受到对外开放的影响，还受到内生的金融发展的影响。其生产函数形式可以表示为：

$$Y = A(open, H, finance, \sec t, t) f(K, L) \tag{7.20}$$

其中，Y 表示国内生产总值，open 表示对外开放水平，H 表示人力资本，

---

[1] 谢建国，吴国锋. 对外贸易与中国的经济增长绩效——基于 1978 ～ 2011 年中国省际面板数据的研究. 中国经济问题，2014，（6）：26-39.

[2] 王自锋，孙浦阳，张伯伟，曹知修. 基础设施规模与利用效率对技术进步的影响：基于中国区域的实证分析. 南开经济研究，2014，（2）：118-135.

[3] Hulten C R, Bennathan E, Srinivasan S. Infrastructure, Externalities, and Economic Development：A Study of the Indian Manufacturing Industry. World Bank Economic Review, 2006, 20（2）：291-308.

[4] 陈启斐，吴建军. 金融发展与技术进步：一项来自中国省级数据的研究. 经济评论，2013，（6）：98-107.

finance 表示金融发展水平，sect 表示产业结构。K 为资本存量，L 为劳动投入。同样借鉴 Hulten et al；陈启斐和吴建军的处理方法，假设 A 是一个多元组合：

$$A(open, H, F, t) = A_{i0} e^{\lambda_i t} open_{it}^{\delta_i} H_{it}^{\beta_i} finance_{it}^{\gamma_i} sect_{it}^{\eta_i} \qquad (7.21)$$

将（7.21）式代入（7.20）可得：

$$Y = A_{i0} e^{\lambda_i t} open_{it}^{\delta_i} H_{it}^{\beta_i} finance_{it}^{\gamma_i} sect_{it}^{\eta_i} f(K, L) \qquad (7.22)$$

其中，i 为地区，t 为年份，$A_{i,0}$ 为初始的生产率水平，λ 为外生的全要素率生产率增长速度，δ, β, γ 分别表示对外开放、人力资本以及金融发展对全要素生产率的影响参数。式（7.22）两边同除 f（K,L）可得：

$$tfp = Y / f(K, L) = A_{i0} e^{\lambda_i t} open_{it}^{\delta_i} H_{it}^{\beta_i} finance_{it}^{\gamma_i} sect_{it}^{\eta_i} \qquad (7.23)$$

（7.23）两边取对数可得：

$$\ln tfp_{it} = \ln A_{i0} + \lambda_i t + \delta_i \ln open_{it} + \beta_i \ln H_{it} + \gamma_i \ln finance_{it} + \eta_i sect_{it} \qquad (7.24)$$

根据（7.24）式，并考虑数据可得性与现有研究文献，金融发展水平对全要生产率影响的计量模型构建如下：

$$\ln tfp_{it} = \beta_0 + \beta_1 \ln finance_{it} + \beta_2 \ln open_{it} + \beta_3 \ln H_{it} + \beta_4 \ln sect_{it} + \mu_i + \varepsilon_{it} \qquad (7.25)$$

式中，tfp 为全要素生产率，μ_i 为个体效应，ε_{it} 为随机误差项。

二、变量的选取和数据说明

1. 全要素生产率（tfp）。全要素生产率值已经在上文进行了测度，采用生产率变化指数连乘得到。

2. 金融发展水平（finance）。本书研究的是农村金融支持对乡镇企业生产率的影响，因此，我们认为，采用乡镇企业产生的银行贷款余额占乡镇企业GDP 的比例能够很好地反应金融支持对乡镇企业全要素生产率水平的影响。乡镇企业生产的银行贷款余额来源于历年的《中国乡镇企业年鉴》和《中国乡镇企业及农产品加工业年鉴》。其中 2001 ~ 2004 年数据采用乡镇企业当年的短期贷款中的银行借款与长期借款中的银行借款加总得到，2007 ~ 2010 年数据直接来源于银行贷款余额。由于 2006 ~ 2007 年的《乡镇企业年鉴》并未公布分地区的乡镇企业银行贷款余额，本书采用 wooldridge（2012）[1] 的方法，利用已有的数据计算拟合乡镇企业银行贷款余额，模型如下：

$$\ln credit = f(x) + \mu \tag{7.26}$$

lncredit 为贷款余额对数，f（x）是地区虚拟变量和时间趋势的线性组合，μ 为误差项。本书采用考虑异方差的可行广义最小二乘估计（FGLS）对该模型进行估计 [2]。估计出模型（7.26）后可以依据如下转换估计出缺失年份的贷款余额：

$$cr\hat{e}dit = \exp(\sigma^2)\exp(\ln credit) \tag{7.27}$$

其中 $\ln cr\hat{e}dit$ 为式（7.26）的拟合值，$\hat{\sigma}^2$ 为式（7.26）误差项的估计标准差。基于该模型，本书估计出了 2005 ~ 2006 年的乡镇企业贷款余额数据。然后以 2001 ~ 2010 年乡镇企业贷款余额数据除以该年度乡镇企业的 GDP（即增加值）得到乡镇企业的金融支持水平。

3. 对外开放水平（open）。采用乡镇企业出口交货值除以乡镇企业 GDP 得到，数据来源于《中国乡镇企业年鉴》和《中国乡镇企业及农产品加工业年鉴》。

4. 人力资本（H）。通常人力资本水平依据各教育阶段的受教育年限加权平均值计算，但《中国乡镇企业年鉴》和《中国乡镇企业及农产品加工业年鉴》并未提供各阶段的受教育人数。因此，本书采用大专及其以上从业人员占总的从业人员的比例表示，缺失年份的数据采用估计贷款余额的方法进行估计得到。

5. 产业结构（sect）。本书用乡镇企业增加值减去农林牧渔业、工业以及建筑业增加值后的值表示三次产业的增加值，然后将其除以乡镇企业增加值来表示乡镇企业产业结构 [3]，数据来源于《中国乡镇企业年鉴》和《中国乡镇企业

---

[1] Wooldridge J. Introductory Econometrics : A Modern Approach. Cengage Learning，2012 : 212.

[2] 模型的拟合优度为 0.8975。

[3]《中国乡镇企业年鉴》和《中国乡镇企业及农产品加工业年鉴》中并未按照三次产业对产业进行划分，因此采用该方法近似估算三次产业占比，2007 年后计算产业结构数据为不包含个体工商户的增加值计算得到。

及农产品加工业年鉴》。

上述数据的描述性统计如表 7.3 所示。

表 7.3　各变量描述性统计结果表

变量名称	符号	单位	均值	中位数	最大值	最小值	标准差
全要素生产率	tfp	—	0.662	0.636	1.825	0.119	0.273
金融发展	finance	—	0.197	0.152	0.914	0.00105	0.157
对外开放水平	open	%	23.36	8.841	249.5	0.349	36.48
资本存量	capital	亿元	2946	1256	38118	41.66	5075
劳动投入	labor	万人	525.4	394.0	1773	24.33	440.2
乡镇企业 GDP	gdp	亿元	1976	994.7	16276	19.09	2563
教育水平	H	%	4.743	4.256	13.37	0.605	2.573
产业结构	sect	%	23.17	21.78	52.21	0.00	12.3

三、实证结果分析

表 7.4 为基于式（7.25）估计出的结果，为了检验金融发展对乡镇企业全要素生产率的影响是否存在非线性关系，我们在实证模型中引入二次项进行参数估计（表 7.4 中模型 4 ~ 6）。表 7.4 中模型 1 ~ 3 分别为混合 OLS 估计、固定效应估计以及随机效应估计，其中混合 OLS 估计显示金融发展对乡镇企业全要素生产率具有显著的负向促进作用，而固定效应模型和随机效应模型的估计结果显示，金融发展对乡镇企业全要素生产率具有正向促进作用，但不显著。虽然混合 OLS 估计与其余两种估计方法的结果相反，但混合 OLS 并未考虑个体异质性的影响，但固定效应 F 检验显示，固定效应模型的参数估计结果优于混合 OLS 估计。同时，Hausman 检验显示，固定效应模型优于随机效应模型，因此固定效应模型的结果是最优的，我们选择固定效应模型的结果进行分析。固定效应模型（模型 2）估计参数表明，农村金融发展对乡镇企业全要素生产率并未起到显著的促进作用，这可能是因为目前我国金融业的国有资本比重高，市场化程度不高，加之行政力量的导向性干预，导致金融业更多地是为国有企业服务，信贷资金过多地注入规模较大的国有企业以及位于城市中心的企业，商业银行对乡镇企业的授信行为存在着较强的"金融歧视"。然而乡镇企业最

开始不是依靠银行的贷款建立，与银行贷款紧密联系度不够，且乡镇企业规模以中小企业居多，因此，受企业规模小、资金实力、企业资信、偿债能力以及地理区位的影响，乡镇企业融资渠道越来越窄，资金需求缺口不断扩大，银行信贷并未给予足够支持。所以，当前金融支持并未对乡镇企业全要素生产率的提高起到稳健的促进作用。对外开放水平（lnopen）对乡镇企业全要素生产率的影响为正，但并不显著。表明对外开放是否能够影响乡镇企业全要素生产率还不清晰，也表明国际贸易的资源重新配置效应对乡镇企业的正向效应还没有显现。人力资本（lnH）的估计系数显著为正，说明人力资本的提高对乡镇企业全要素生产率的提高具有显著促进作用，与现有大部分学者的研究结论一致。产业结构（lnsect）的估计系数为正，但并不显著，说明产业结构升级对乡镇企业全要素生产率提高的显著作用并未发挥出来。模型 4 ~ 6 中二次项系数并不显著，说明金融发展与乡镇企业全要素生产率之间并不存在非线性关系。因此，在下文的稳健性分析中，我们不再加入二次项。

表 7.4　回归估计结果

	模型 1 OLS	模型 2 FE	模型 3 RE	模型 4 OLS	模型 5 FE	模型 6 RE	模型 7 sys GMM
l.lntfp							0.876***
							（0.113）
lnfinance	−0.058**	0.029	0.027	−0.091	−0.002	−0.010	0.012
	（0.028）	（0.022）	（0.023）	（0.066）	（0.041）	（0.041）	（0.015）
lnfinsq				−0.006	−0.005	−0.006	
				（0.011）	（0.006）	（0.007）	
lnopen	0.100***	0.071	0.090*	0.101***	0.074***	0.093***	0.027
	（0.022）	（0.062）	（0.051）	（0.022）	（0.023）	（0.021）	（0.038）
lnH	0.424***	0.177***	0.233***	0.424***	0.182***	0.237***	0.054
	（0.047）	（0.062）	（0.061）	（0.047）	（0.050）	（0.046）	（0.140）
lnsect	−0.122***	0.015	0.004	−0.125***	0.015	0.004	−0.019
	（0.025）	（0.032）	（0.030）	（0.027）	（0.020）	（0.020）	（0.023）
C	−0.780***	−0.788***	−0.851***	−0.805***	−0.833***	−0.900***	−0.186
	（0.145）	（0.182）	（0.204）	（0.149）	（0.120）	（0.125）	（0.400）
时间效应	控制	控制	控制	控制	控制	控制	控制

（续表）

	模型 1 OLS	模型 2 FE	模型 3 RE	模型 4 OLS	模型 5 FE	模型 6 RE	模型 7 sys GMM
固定效应 F 检验		34.75***			34.68***		
hausman 检验		20.28***			20.04***		
AR（2） p 值							0.318
Hansen p 值							0.718
N	300	300	300	300	300	300	270
R-sq	0.542	0.212		0.543	0.214		

注：***，**，* 分别表示 1%，5%，10% 显著性水平下显著，括号内为稳健标准误。

　　为进一步检验本书研究结论是否稳健，本书对实证结果进行稳健性检验。首先，面板数据可能存在惯性，个体的当前行为可能会受到过去行为的影响，因此本书解释变量引入被解释变量的滞后值，刻画乡镇企业全要素生产率的动态相关性。其次，考虑金融发展指标可能存在内生性问题，本书采用其滞后项作为其工具变量，对实证模型进行再估计。这两个方面的问题均可以很好地采用动态面板模型进行参数估计，本书采用系统 GMM 估计方法对动态面板模型参数进行估计，估计结果为表 7.4 中的模型 7 所示。模型 7 中乡镇企业全要素生产率的滞后项估计系数显著为正，说明存在动态效应，而金融发展对乡镇企业全要素生产率的影响为正，但仍不显著，说明金融发展对乡镇企业全要素生产率的影响依旧不清晰。此外，对外开放水平（lnopen）的估计系数仍然不显著，产业结构的参数估计结果则变为负，说明这两变量对乡镇企业全要素生产率的影响也不显著。而人力资本的参数估计结果则变得不显著，说明人力资本对乡镇企业全要素生产率的影响缺乏稳健性。最后，本书分别将乡镇企业全要素生产率和金融发展指标对控制变量进行回归，然后将得到的残差做回归散点图（如图 7.2），考察分别除去控制变量的影响之后两者之间的关系。残差回归图显示，金融发展与乡镇企业全要素生产率之间存在非常微弱的正相关关系，显著性不强。因此，基于上述多方面的稳健性检验表明：对于考察期间而言，我国金融发展对乡镇企业全要素生产率的促进作用整体上并不明显。

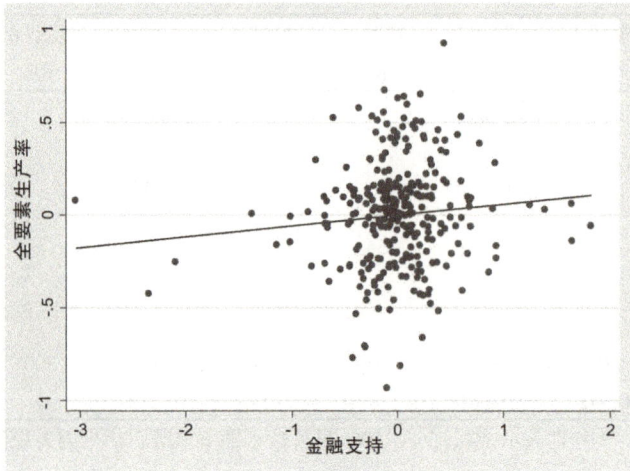

图 7.2 残差回归图

四、结论与启示

本节研究结果显示，样本研究范围内，农村金融支持对乡镇企业生产率的促进作用并不显著。同时，尽管其余控制变量对乡镇企业全要素生产率的影响多数符合预期，但参数的估计结果并不显著和稳健。乡镇企业对我国国民经济增长具有重要作用，但受企业规模小、资金实力、企业资信、偿债能力以及地理区位等因素的影响，乡镇企业发展面临诸多困难，结合本书研究结论，为促进我国乡镇企业发展，我们认为，首先，商业银行应该摒弃对乡镇企业的"信贷歧视"，向乡镇企业发展提供充足的信贷资金，助其加大规模化与技术创新水平。具体而言，应该强化对乡镇企业技术进步的支持，把对乡镇企业的贷款重点放到乡镇企业创新产品，提升科技开发能力和增强市场竞争力上来。加大对乡镇企业引进先进设备和先进制造工艺的资金支持力度，推动乡镇企业实现技术进步—经济效益提升—技术进步的良性循环。乡镇企业自身也应努力提高自身的企业资信与偿债能力水平，充分吸引商业影响提高资金支持。同时，乡镇企业应进一步加大对职工专业技能的培训与继续教育，出台相应措施引进人才与留住人才，让人力资本充分发挥作用，从而提高企业本身的竞争力。此外，乡镇企业应加快产业结构升级，摒弃以往粗放型发展模式，从产业结构升级中促进自身生产效率的提高。最后，乡镇企业也要加快实现从低附加值的出口到高附加值出口的转变。

第五节　本章小结

本章首先就金融支持企业发展的相关研究进行了回顾与梳理，然后就测算全要素生产率的两种主要方法一随机前沿分析（SFA）模型与数据包络分析（DEA）模型进行了分析与对比。在此基础上，基于一个可以解决无可行解问题的 BM 生产率指数对 2001 ~ 2010 年各省（市，自治区）乡镇企业的全要素生产率及其成分进行了测度，并基于此就农村金融支持以及其他相关因素对乡镇企业生产率的影响进行了实证分析。研究结果表明：考察期间，我国乡镇企业全要素生产率的平均增长率为 –1.7%，我国乡镇企业全要素生产率总体上表现为增长的仅有 12 个省域，主要是东部的北京、天津、河北、上海、江苏、浙江、山东、广东；中部的山西、河南；西部的贵州、云南。东部省域乡镇企业全要素生产率的年均增长率为 1.8%，且技术效率与技术进步增长均为正，而中、西部乡镇企业全要素生产率的增长率均为负，且技术进步增长率也为负。乡镇企业技术效率呈现微弱的增长态势，年均增长 1.6%；而技术进步水平则以 –3.3% 的年均增长速度下降，我国乡镇企业全要素生产率水平的下降主要是由技术退步造成的。考察期间，我国乡镇企业的生产率水平并未得到有效提升，乡镇企业投入拉动型的粗放犁经济增长模式并未得到根本改变。基于固定效应面板模型的实证分析表明：农村金融支持对乡镇企业生产率的促进作用并不显著，人力资本的提高对乡镇企业全要素生产率的提高具有显著促进作用。引入二次项进行参数估计的结果及其检验表明，我国农村金融发展对乡镇企业全要素生产率的影响并不存在非线性关系。采用工具变量法进行的稳健性检验以及系统 GMM 模型的估计证实上述结论具有稳健性。

| 第八章 |

金融支持、地区差异与乡镇企业经济增长

乡镇企业是推动我国农业经济发展的重要力量，也是推动我国"三农"经济发展、实现城乡统筹、推进城乡一体化的重要力量，同时也推进了工业化、城镇化和农业现代化。乡镇企业的迅速发展为国民经济的发展和农民生活水平的提高做出了巨大贡献。乡镇企业在缓解"三农"问题上发挥了非常重要的作用。促进乡镇企业发展以实现持续、协调、均衡的经济增长是当前破解"三农"问题的有效途径。同时，金融作为现代经济的核心因素与枢纽环节，其通过金融中介与金融市场的发展在促进中小企业发展的同时促进经济增长的事实已经得到现有经济学研究的理论与实证支持。那么，作为中国特有的企业规模小、资金实力、企业资信、偿债能力等均有限的乡镇企业，农村金融发展能否有效地通过金融中介与金融市场的作用促进乡镇企业经济增长呢？本书将通过实证研究对该问题进行解答。

第一节　文献综述

一、国外文献综述

经济增长与金融发展的关系一直是经济学研究的核心议题之一。1912 年，著名经济学家熊彼特提出金融中介提供的服务是技术创新和经济增长的原动

力，认为一国金融部门的发展对该国人均收入水平和增长率具有积极效应，一个运行良好的金融系统能够促进经济的长期增长。在金融发展领域，Goldsmith 在其经典著作《金融结构与经济发展》中对金融发展与经济增长之间关系做了开创性的研究，他认为金额中介与经济增长之间存在正相关关系，这为随后的研究提供了重要的方法论参考依据 [1]。实证领域最初的研究大部分基于截面数据展开，许多学者在 Goldsmith 基础上增加更多的样本量，同时控制其他可能影响经济增长的因素。King and Levine 在简单回归基础上，考虑了更多的影响因素，在控制贸易、人力资本以及政治稳定性后，对 80 个国家 1960 ~ 1989 年的数据进行实证研究得出，金融发展能够显著促进经济增长的结论 [2]。随后 Levine and Zervos 在 King and Levine 的基础上加入股票市场规模变量，对 47 个国家 1976 ~ 1993 年的样本数据研究得出银行规模、股票市场流动性能够促进经济增长的结论 [3]。

随着研究的深入，研究者们发现，此前大部分实证研究都没有考虑内生性问题。因此，为处理经济增长与金融发展之间可能存在的双向因果关系，Levine 等以法律起源作为工具变量对经济增长与金融发展之间的关系进行了研究 [4]。他们采用最新发展的动态面板模型对 71 个国家 1960 ~ 1995 年的样本数据进行实证研究。结果显示：在控制内生性后，金融中介与经济增长之间的正相关关系仍然显著。Beck 和 Levine 对进一步对上述样本数据进行五年平均后研究发现，金融发展依然能够促进经济增长 [5]。Rioja 和 Valev 采用 77 个国家的样本进行分组研究表明：在富裕国家的组别中，金融发展通过促进生产率

[1] Goldsmith R. Financial Structure and Economic Development. New Haven：Yale University Press, 1969.

[2] King R G, Levine R. Finance and Growth：Schumpeter Might be Right. The Quarterly Journal of Economics, 1993, 108（3）：717-737.

[3] Levine R, Zervos S. Stock Markets, Banks, and Economic Growth. American Economic Review, 1998, 88（3）：537-558.

[4] Levine R, Loyaza N, Beck T. Financial Intermediation and Growth：Causality and Causes. Journal of Monetary Economics, 2000,（46）：31-37.

[5] Beck T, Levine R. Stock Markets, Banks and Growth：Panel Evidence. Journal of Banking and Finance, 2004, 28（3）：423-442.

的提高而促进经济增长；而在非富裕国家中，金融发展通过促进资本积累来推动经济增长[1]。Rioja 和 Valev 进一步研究发现，金融发展不仅能够促进经济增长，而且其对经济增长的促进作用存在非线性效应[2]。Law 等的研究也支持了金融发展对经济增长的促进作用存在非线性效应的观点。他们研究认为：金融发展与经济增长之间的关系存在门槛效应。在发展初期，金融发展并不能显著促进经济增长，只有金融发展到一定水平后才能够显著促进经济增长[3]。Law 和 Singh 进一步对 87 个发达国家和发展中国家的样本数据研究显示，金融发展与经济增长之间的关系仍然存在门槛效应，金融发展必须保持在一定水平才能够显著促进经济增长，否则将可能阻碍经济增长[4]。此外，也有学者关注单个国家以及行业或公司层次的金融发展是否对经济增长有促进作用。新金融发展理论的支持者研究认为：由于金融市场具有流动性创造、风险风散、信息搜寻等功能，能够改善资金融通中信息不对称和降低交易成本，从而便利了企业融资，促进企业资本积累和技术创新。因此，金融市场改革将有利于促进经济增长。Jayaratne 和 Strahan 采用美国样本的实证研究很好地支持了上述观点[5]。同时，Dehejia 和 Lleras-Muney 同样采用美国的样本数据研究得出，一个运作机制良好的银行系统能够促进资本积累，从而促进经济增长[6]。Zhang 等采用中国 2001 ~ 2006 年地级市层次的面板数据对金融发展与经济增长之间的关系进行了检验，通过采用 5 个衡量金融发展的指标研究发现，金融发展总体上能

[1] Rioja F, Valev N. Finance and the Sources of Growth at Various Stages of Economic Development. Economic Inquiry, 2004, (42): 27-40.

[2] Rioja F, Valev N. Does One Size Fit All?: A Reexamination of the Finance and Growth Relationship. Journal of Development Economics, 2004, 74 (2): 429-447.

[3] Law S H, Azman-Saini W N W, Ibrahim M H. Institutional Quality Thresholds and the Finance - Growth Nexus. Journal of Banking & Finance, 2013, 37 (12): 73-81.

[4] Law S H, Singh N. Does too much Finance Harm Economic Growth? Journal of Banking & Finance, 2014, (41): 36-44.

[5] Jayaratne J, Strahan P E. The Finance-growth Nexus: Evidence from Bank Branch Deregulation. The Quarterly Journal of Economics, 1996, (111): 639-670.

[6] Dehejia R, Lleras-Muney A. Why Does Financial Development Matter. NBER Working Paper Series, 2003, (9551): 1-39.

够促进经济增长,进一步的稳健性检验也支持这一结论[1]。Wurgler 对行业层次的实证研究显示,金融发展能够通过促进资本积累进而促进经济增长[2]。Beck 等采用 54 个国家的企业调查数据研究了金融受限对企业发展的影响。研究结果显示,金融受限不利于企业发展,特别是对小企业的不利影响尤为明显[3]。Guariglia 等采用中国微观企业数据研究了流动性受限对公司资产规模性影响。研究结果显示,那些受到金融机构"授信歧视"的私人企业,仍能通过高生产率以及充足的现金流来推动自身发展[4]。

国外学者的研究给本书提供了很好的参考。但是经过系统梳理可以发现,目前国外大部分研究是直接研究金融发展与经济增长的关系,尽管部分研究分析了金融发展与企业或者行业经济增长的关系,但是由于国家机制体制、企业属性、指标选取、统计口径等存在差异,导致这些研究特别是实证研究还不能很好地给予我国以借鉴。

二、国内文献综述

国内关于金融发展与经济增长关系的实证研究根据研究方法的不同大致可以分为三类:第一类是采用普通面板数据模型研究金融发展与经济增长之间的关系;第二类是基于时间序列或面板数据研究金融发展与经济增长之间的因果关系或探讨金融发展与经济增长之间的非线性关系;第三类是基于动态面板数据模型研究金融发展与经济增长之间的关系。

基于面板数据的实证研究方面,陈刚等利用 1979 ~ 2003 年中国的省级面板数据,以银行贷款总额占同期 GDP 的比重作为衡量金融发展水平的指标,实证分析了我国金融发展对经济增长的影响。分析结果显示:金融发展对经济

[1] Zhang J, Wang L, Wang S. Financial Development and Economic Growth : Recent Evidence from China. Journal of Comparative Economics, 2012, 40 (3): 393–412.

[2] Wurgler J. Financial Markets and the Allocation of Capital. Journal of Financial Economics, 2000, 58 (1): 187–214.

[3] Beck T, Demirgüç-Kunt A, Maksimovic V. Financial and Legal Constraints to Growth : Does Firm Size Matter?The Journal of Finance, 2005, 60 (1): 137–177.

[4] Guariglia A, Liu X, Song L. Internal Finance and Growth : Microeconometric Evidence on Chinese firms. Journal of Development Economics, 2011, 96 (1): 79–94.

增长具有显著的正向影响，但金融部门和实体经济部门之间并不存在良性互动的关系[1]。袁云峰和曹旭华采用随机边界模型和1978～2004年的跨省份面板数据研究了我国金融发展与经济增长效率之间的关系。研究结果表明：我国金融发展与经济增长效率的关系具有明显的时空特征；金融发展只是通过资本积累促进了经济增长，但是并未对我国技术效率的全面提升产生促进作用[2]。孙力军基于拉姆齐－卡斯－库普曼斯模型框架实证研究了金融发展、外商直接投资对经济增长的影响。研究发现：金融发展通过吸引外商直接投资和为外资企业提供金融服务，将潜在的溢出效应转化为现实生产力，可以显著地促进经济增长[3]。李连发和辛晓岱研究发现，金融发展能够促使企业外部融资成本的下降，进而在一定程度上解释了金融发展对经济增长的促进作用[4]。李延凯和韩廷春对金融环境演化、金融发展与经济增长之间的关系以及金融环境与金融发展对经济增长的交互作用进行了跨国研究[5]。研究结果显示，更为规范和优良的金融环境会增强金融发展对经济增长的促进作用，进一步的稳健性检验也有效地支持了该研究结论。

基于时间序列或面板数据研究金融发展与经济增长之间的因果关系方面，王志强和孙刚从中国金融总体发展的规模扩张、结构调整和效率变化三个方面对中国金融发展与经济增长之间的相关关系和因果关系进行重新检验。研究结果显示，20世纪90年代以来中国金融发展与经济增长之间存在显著的双向因果关系[6]。冉光和等采用面板数据单位根检验、协整检验与误差纠正模型对东部和西部金融发展与经济增长的长、短期关系进行了比较研究。研究显示，我

[1] 陈刚，尹希果，潘杨.中国的金融发展、分税制改革与经济增长.金融研究，2006，（2）：99-109.

[2] 袁云峰，曹旭华.金融发展与经济增长效率的关系实证研究.统计研究，2007，（5）：60-66.

[3] 孙力军.金融发展、FDI与经济增长.数量经济技术经济研究，2008，（1）：3-14.

[4] 李连发，辛晓岱.外部融资依赖、金融发展与经济增长：来自非上市企业的证据.金融研究，2009，（2）：73-86.

[5] 李延凯，韩廷春.金融环境演化下的金融发展与经济增长：一个国际经验.世界经济，2013，（8）：145-160.

[6] 王志强，孙刚.中国金融发展规模、结构、效率与经济增长关系的经验分析.管理世界，2003，（7）、；13-20.

国西部地区金融发展与经济增长之间具有金融发展引导经济增长的单向长期因果关系，而无明显的短期因果关系，东部地区金融发展与经济增长之间具有显著的双向长期因果关系和双向短期因果关系[1]。马轶群和史安娜采用向量自回归模型和1978～2010年的相关数据，实证分析了金融发展对经济增长方式质量、经济增长过程质量和经济增长结果质量三个方面的影响。研究结果表明，金融发展与经济增长方式质量和经济增长稳定性不存在长期稳定关系，金融发展会降低经济增长持续性，提高经济增长结果质量。随着时间的推移，金融发展对经济增长持续性和经济增长结果质量变化的贡献越来越大，而对经济增长协调性变化的贡献非常有限[2]。陈伟国和张红伟分别以金融抑制论和金融结构论为基础，研究了中国金融发展与经济增长之间的关系。研究结果表明，无论是金融抑制论还是金融结构论，金融发展与经济增长之间均存在显著的正相关[3]。李苗苗等基于中国31个省市2000～2011年的面板数据研究表明：金融发展、技术创新与经济增长两两之间存在长期均衡的协整关系，金融发展是引致经济增长的直接原因，也是间接原因。一方面，在发展水平较低的国家内，银行主导的金融结构对经济增长具有显著的正向作用，而金融发展规模对经济增长具有显著且直接的负向作用，但它可以通过促进R&D投入来间接地促进经济增长[4]。

非线性影响效应研究方面，陈守东等研究显示地区金融发展的速度影响该地区的经济增长速度，影响的大小由该地区的金融发展水平决定，在理论上存在着门限效应[5]。作者进一步的实证研究也支持了中国地区的金融发展速度对

[1] 冉光和，李敬，熊德平，温涛.中国金融发展与经济增长关系的区域差异——基于东部和西部面板数据的检验和分析.中国软科学，2006，（2）：102-110.

[2] 马轶群，史安娜.金融发展对中国经济增长质量的影响研究——基于VAR模型的实证分析.国际金融研究，2012，（11）：30-39.

[3] 陈伟国，张红伟.金融发展与经济增长——基于1952～2007年中国数据的再检验.当代经济科学，2008，（3）：49-56.

[4] 李苗苗，肖洪钧，赵爽.金融发展、技术创新与经济增长的关系研究——基于中国的省市面板数据.中国管理科学，2015，（2）：162-169.

[5] 陈守东，杨东亮，赵晓力.区域金融发展与区域经济增长——基于中国数据的实证分析.财贸经济，2008，（2）：53-57.

经济增长速度具有门限效应这一结论；赵振全等利用多元门限模型对我国金融发展与经济增长之间的非线性关联进行了考察。实证结果表明金融发展和经济增长之间呈现出显著的非线性关系[1]；赵勇和雷达研究表明，经济增长方式在由投资推动向生产率主导的转变过程中存在着门槛效应，而金融发展水平的提高可以通过降低增长方式转变的门槛值来推动经济增长的集约式转变，其效应大小与经济发展的阶段有关[2]；陈柳钦和曾庆久研究显示，金融发展对我国的经济增长具有积极的推动作用，但力度有限，不同发展阶段的金融变量对经济增长表现出不同的作用效果[3]。

动态效应研究方面，王晋斌使用不同阶段的面板数据，采用动态的 GMM 估计方法研究得出不同金融控制强度下金融发展与经济增长之间存在不同的关系，在金融控制强的区域，金融发展对经济增长没有显著的促进作用，而是起到阻碍经济增长的作用，在金融控制弱的区域，金融发展与经济增长之间可能表现出一种"中性"的作用[4]；白钦先和张志文采用 GMM 估计方法对金融发展与中国经济增长的关系及其作用机制进行了实证研究[5]。研究结果表明，债券市场规模发展、银行对私人信贷扩张和股票市场流动性提高显著地促进经济增长，而股票市场规模发展和波动性扩大对经济增长具有显著的负面影响。金融发展对中国经济增长的作用机制主要是通过促进投资规模扩张，进而驱动经济增长。

金融发展能够优化资源配置和推进技术进步已经成为国际共识，以上研究文献对研究金融发展是否对经济增长具有促进作用也提供了很好的借鉴作用，特别是基于中国样本的实证研究，充分考虑了中国的实际情况，具有重要参考意义。但纵观现有研究文献，涉及金融支持对乡镇企业经济增长影响的相关研

[1] 赵振全，于震，杨东亮.金融发展与经济增长的非线性关联研究——基于门限模型的实证检验.数量经济技术经济研究，2007，（7）：54–62.

[2] 赵勇，雷达.金融发展与经济增长：生产率促进抑或资本形成.世界经济，2010，（2）：37–50.

[3] 陈柳钦，曾庆久.我国金融发展与经济增长关系的实证分析.经济理论与经济管理，2003，（10）：13–18.

[4] 王晋斌.金融控制政策下的金融发展与经济增长.经济研究，2007，（10）：95–104.

[5] 白钦先，张志文.金融发展与经济增长：中国的经验研究.南方经济，2008，（9）：17–32.

究还非常稀少。乡镇企业作为当前中国国民经济的重要支柱，为农民就近就业提供了巨大便利，在化解"三农"问题的过程中发挥了重要而积极的作用。那么，中国农村金融发展对于具有中国特色的乡镇企业的长期持续协调发展是否具有积极的促进作用，其作用效果与作用特征如何？这些问题的研究与回答对于提高金融机构对乡镇企业的支持效率，改善我国乡镇企业的金融支持状况，进而促进乡镇企业的发展具有重要的现实意义。因此，本书拟以中国乡镇企业作为研究对象，研究农村金融支持对乡镇企业经济增长的作用与效果，并且基于本书的研究结论，就促进我国乡镇企业的金融支持与乡镇企业的持续平稳发展提出一些有针对性的政策建议，从而为缓解乡镇企业融资难问题提供一些有意义的参考。

第二节　数据说明与实证模型构建

一、变量与数据

由于时间序列数据直接忽略了地区间的地理差异信息，因而无法准确地捕捉到地区间的差异信息。同时，时间序列数据建模一般要求样本区间跨度比较长，而大部分发展中国家由于经济和技术发展相对落后，采集时间跨度较长且统计口径相对一致的时间序列数据还存在很大的难度。因此，面板数据建模优势逐渐凸显。面板数据的主要优点在于，它综合了时间序列和截面数据的所有信息，因而能够在降低数据之间的共线性的同时获得更多的自由度。用面板数据建模能够及时、准确地捕捉到各地区的经济、文化、政治等因素空间地理上的差异信息。此外，面板数据可以较好地确定和估计一些由纯粹横截面或纯粹时间序列无法确定的经济关系，因此，面板数据在发展中国家的经济统计分析中具有非常大的应用前景。基于此，本节关于农村金融支持对乡镇企业经济增长影响的实证模型基于中国各省（市，自治区）2001 ~ 2010 年的省级面板数据构建。

（一）因变量

本章的因变量为乡镇企业人均 GDP 增长率（growth），采用乡镇企业总的 GDP 除以乡镇企业总就业人口得到。乡镇企业 GDP 以 2001 年价格为基期进行了价格调整。数据来源于《中国乡镇企业年鉴》和《中国乡镇企业及农产品加工业年鉴》，其中 2007 年以后乡镇企业 GDP 的统计口径发生变化，本书从《中国乡镇企业及农产品加工业年鉴》中分地区乡镇企业相关统计数据中收集到了大部分省（市，自治区）与 2007 年统计口径一致的 GDP 数据。

少量缺失的省（市，自治区）乡镇企业 GDP 增长率数据，我们假定 2007 年与 2006 年具有相同的劳动生产率用以估计 2007 年相同口径的乡镇企业 GDP，其余年份假定相同口径 GDP 与不包括个体工商户的 GDP 的增长率相同，进而估算得到 2008～2010 年同口径的乡镇企业 GDP。

（二）自变量

本书研究的是农村金融支持（fin）对乡镇企业经济增长的影响。因此，与上一章类似，我们采用乡镇企业银行贷款余额占乡镇企业 GDP 的比例来反应金融对乡镇企业的支持水平与程度。乡镇企业银行贷款余额来源于历年的《中国乡镇企业年鉴》和《中国乡镇企业及农产品加工业年鉴》。数据处理同上一章。

（三）控制变量

参考 Levine 等，Zhang 等关于控制变量集的设置思路 [1],[2]，以及考虑数据可得性，本书共考虑了四组控制变量集：

1. 简单控制变量集。包括初始人均 GDP（pgdp），控制经济增长的收敛效应；受教育水平（edu），控制人力资本积累的影响。与上一章类似，人力资本积累采用大专及其以上从业人员占总从业人员的比例表示，缺失年份的数据采用估计贷款余额的方法估计得到；人均资本存量（pcapital），控制资本积

---

[1] Levine R，Loyaza N，Beck T. Financial Intermediation and Growth：Causality and Causes. Journal of Monetary Economics，2000，（46）：31-37.

[2] Zhang J，Wang L，Wang S. Financial Development and Economic Growth：Recent Evidence from China. Journal of Comparative Economics，2012，40（3）：393-412.

累的影响，采用永续盘存法估算得到，数据处理同上一章。

2. 中级控制变量集。该变量集由简单控制变量集加上产业结构指标（sect）和通货膨胀指标（cpi）组成。其中，产业结构用乡镇企业总增加值减去农林牧渔业、工业以及建筑业增加值后的值除以乡镇企业增加值得到[1]，数据来源于《中国乡镇企业年鉴》和《中国乡镇企业及农产品加工业年鉴》。通货膨胀指标采用各省（市、自治区）CPI 表示，数据来源于国家统计局网站。

3. 政策控制变量集。该变量集由中级控制变量集加上贸易开放程度（open）指标组成。其中贸易开放度由乡镇企业出口交货值除以乡镇企业 GDP 的比重得到，乡镇企业出口交货值来源于《中国乡镇企业年鉴》和《中国乡镇企业及农产品加工业年鉴》。

4. 全样本控制变量集。该变量集由政策控制变量集加上基础设施变量（load）组成。基础设施变量采用各省（市，自治区）公路里程除以省（市，自治区）的面积得到，数据来源于《中国统计年鉴》。

各变量的描述性统计结果见表 8.1。

表 8.1 变量描述结果统计表

变量	变量名	单位	均值	中位数	最大值	最小值	标准差
growth	增长率	——	0.0879	0.0808	0.492	−0.228	0.0924
pgdp	劳均 GDP	元	31805	27544	96316	7835	18598
fin	金融发展水平	%	19.70	15.16	91.42	0.105	15.67
edu2	受教育水平	%	4.743	4.256	13.37	0.605	2.573
pcapital	劳均资本存量	元	46786	33214	226551	10734	38816
trade	贸易开放度	%	23.36	8.841	249.5	0.349	36.48
sect1	产业结构	%	23.17	21.78	52.21	0	12.30
cpi	物价水平	——	102.3	101.8	110.1	97.70	2.330
load	单位公路里程	千米/万平方公里	5928	4767	19355	323.6	4087

---

[1]《中国乡镇企业年鉴》和《中国乡镇企业及农产品加工业年鉴》中并未按照三次产业对产业进行划分，因此采用该方法近似估算三次产业占比，2007 年后计算产业结构数据为不包含个体工商户的增加值计算得到。

二、实证模型构建

本章采用中国乡镇企业 2001 ~ 2010 的面板数据研究农村金融支持对乡镇企业经济增长的影响，并构建如下计量模型 [1]，以实证检验两者之间的关系：

$$growth_{it} = \beta_1 fin_{it} + \sum \beta_i control_{it} + \mu_i + \lambda_t + \varepsilon_{it} \qquad (8.1)$$

其中 μ_i 表示个体固定效应，λ_t 表示时间固定效应，ε_{it} 为随机扰动项。

第三节　参数估计与结果分析

一、基本结果分析

表 8.2 给出了基于模型 8.1 计算得到的实证模型估计结果。表中列出了四种控制变量集下混合最小二乘回归（ols）和面板数据固定效应模型（fe）的参数估计结果。其中，混合最小二乘回归并未考虑个体异质性的影响，面板数据固定效应模型则考虑了个体异质性的影响。混合最小二乘估计要求各个截面单元数据可混合，但实际上各个截面个体一般都存在个体异质性，所以通常混合回归会丧失很多样本信息，因此采用面板数据模型进行参数估计将更加可靠 [2]。因此，本书仅基于固定效应面板数据模型的参数估计结果进行解释。从表 8.2 的参数估计结果可知：在四种不同控制变量集的约束条件下，农村金融支持对乡镇企业经济增长的影响效应都是显著的，说明农村金融支持能够促进乡镇企业经济增长。此外，本书还发现，在四组控制变量的固定效应回归模型估计中，pgdp 的估计系数显著为负，说明乡镇企业经济增长存在收敛特性。pcapital 的估计系数显著为正，说明乡镇企业资本积累能够显著促进乡镇企业经济增长。其余变量的估计系数均不显著，这可能是由于多重共线性所导致。

---

[1] 实际研究过程中，各自变量均进行了对数处理。

[2] 本节固定效应模型的 F 检验显示，四种控制变量集条件下，固定效应模型均要优于混合 OLS 模型。

表 8.2 参数估计结果表

	模型 1 ols	模型 2 fe	模型 3 ols	模型 4 fe	模型 5 ols	模型 6 fe	模型 7 ols	模型 8 fe
fin	0.023***	0.037***	0.025***	0.037***	0.028***	0.037***	0.027***	0.037***
	（0.008）	（0.011）	（0.009）	（0.011）	（0.009）	（0.011）	（0.009）	（0.011）
pgdp	−0.012	−0.383***	−0.006	−0.391***	−0.002	−0.390***	−0.015	−0.390***
	（0.025）	（0.056）	（0.026）	（0.057）	（0.026）	（0.057）	（0.027）	（0.058）
edu	0.019	0.042	0.020	0.044	0.020	0.044	0.015	0.045
	（0.017）	（0.033）	（0.017）	（0.033）	（0.017）	（0.034）	（0.017）	（0.034）
pcapital	0.007	0.093***	0.007	0.094***	0.010	0.093***	0.019	0.093**
	（0.022）	（0.034）	（0.022）	（0.034）	（0.022）	（0.035）	（0.023）	（0.036）
cpi			0.591	−0.417	0.440	−0.444	0.554	−0.444
			（0.657）	（0.650）	（0.672）	（0.659）	（0.674）	（0.661）
sect			0.004	0.006	0.002	0.005	0.002	0.005
			（0.009）	（0.012）	（0.009）	（0.012）	（0.009）	（0.013）
open					−0.008	−0.004	−0.011	−0.004
					（0.007）	（0.016）	（0.007）	（0.017）
load							0.015	0.002
							（0.010）	（0.040）
C	0.042	2.801***	−2.761	4.771	−2.102	4.899	−2.698	4.889
	（0.160）	（0.445）	（3.074）	（3.114）	（3.134）	（3.158）	（3.150）	（3.170）
时间效应	控制	控制	控制	控制	控制	控制	控制	控制
R^2	0.077	0.233	0.080	0.236	0.084	0.236	0.093	0.236

注：括号内为标准误，***，**，* 分别表示 1%，5%，10% 显著性水平。

二、稳健性检验

（一）内生性检验

内生性问题几乎是宏观经济实证研究中不可避免的问题。金融发展与经济增长之间的关系也可能受内生性的影响，从而导致参数估计结果出现偏误。Rajan 和 Zingales 研究认为，如果存在同时影响金融发展与经济增长的遗漏变量，或者金融发展只是对未来增长预期的一种反映，就会产生内生性问题及估计偏差 [1]。整体金融发展变量本身可能具有较强的内生性：一方面，乡镇企业经济

[1]　Rajan R G，Zingales L. Financial Dependence and Growth. National Bureau of Economic Research，American Economic Review 1998，（88）：559−586.

增长可能对农村金融发展产生"需求追随"效应。乡镇企业经济增长可能为农村金融发展提供物质与人力资本、技术要素以及其他中间投入，进而促进农村金融发展。另一方面，在估计农村金融发展水平对乡镇企业经济增长的影响效应时，变量遗漏也是导致内生性偏误的原因之一。严重的内生性会导致计量回归结果的有偏性和非一致性。而工具变量法能够在一定程度上解决变量的内生性问题。工具变量的选取具有严格的条件，即工具变量本身必须是外生的，并且与内生变量具有高度的相关性。基于此，本书采用工具变量选取的常规做法，选取农村金融发展的一阶滞后项作为农村金融发展水平的工具变量。为了判断工具变量选取的正确性和有效性，我们对这个工具变量进行识别检验，检验结果在拒绝弱识别原假设的基础上，进一步拒绝了不足识别检验的原假设和接受了过度识别检验的原假设，因此，农村金融发展水平的一阶滞后项严格满足强工具变量的条件，是农村金融发展的理想工具变量。为此，采用工具变量法进一步对上述模型进行估计，结果如表 8.3 所示。从表 8.3 的估计结果可以看出，在考虑内生性介入工具变量的情况下，农村金融发展水平对乡镇企业经济增长的影响系数及其符号均保持相对稳定，其系数估计方向和统计特性均没有发生根本性的变化。这一结果与表 8.2 的估计结果具有相似性。这也进一步证实了本书基于固定效应面板数据模型分析得到的农村金融支持对乡镇企业经济增长的影响效应与影响特征具有稳健性。农村金融支持对乡镇企业经济增长的促进作用是显著的。进一步比较可知，其他控制变量估计系数与统计特性也大部分保持了原有的特征，表明它们都是影响农村金融发展水平与乡镇企业经济增长关系的重要因素。

表 8.3 考虑内生性的参数估计结果

	模型 9 IV	模型 10 IV	模型 11 IV	模型 12 IV
fin	0.073**	0.062*	0.064*	0.063*
	（0.036）	（0.036）	（0.036）	（0.037）
pgdp	−0.566***	−0.588***	−0.590***	−0.589***
	（0.082）	（0.083）	（0.083）	（0.083）
edu	0.100**	0.115**	0.117**	0.115**
	（0.047）	（0.046）	（0.046）	（0.047）

（续表）

	模型 9 IV	模型 10 IV	模型 11 IV	模型 12 IV
pcapital	0.153** （0.062）	0.152** （0.061）	0.157** （0.061）	0.161** （0.064）
cpi		-1.677* （0.937）	-1.899** （0.961）	-1.885* （0.969）
sect		-0.016 （0.018）	-0.017 （0.018）	-0.017 （0.018）
open			-0.019 （0.020）	-0.020 （0.021）
load				-0.010 （0.052）
Kleibergen-Paap	23.232	22.012	21.839	21.598
sargan p 值	0.241	0.232	0.251	0.247
时间效应	控制	控制	控制	控制

注：括号内为标准误，***，**，* 分别表示 1%，5%，10% 显著性水平。

（二）非线性效应检验

现有研究表明，金融发展与经济增长之间可能存在非线性关系。因此，本节建立单门限面板门槛模型对农村金融支持对乡镇企业经济增长的影响是否存在非线性关系进行进一步检验。同时，为了控制可能存在的更多的非线性效应，我们也给出双门槛条件下的门槛回归估计结果。单门限面板门槛模型构建如下：

$$growth_{it} = \beta_1 fin_{it} I(q_{it} \leq \lambda) + \beta_1' fin_{it} I(q_{it} > \lambda) + \sum \beta_i control_{it} + \mu_i + \lambda_t + \varepsilon_{it} \quad （8.2）$$

其中，q 为门槛变量。由于需要检验的是农村金融支持对乡镇企业经济增长可能存在的非线性影响关系，故采用农村金融发展水平（fin）作为门槛变量，以检验金融发展对乡镇企业经济增长的影响是否存在门槛效应。根据 Hansen 的面板数据门槛回归理论[1]，若给定门槛回归模型中的门槛值 q，则可以对模型参数进行估计并得到模型中的系数估计值，从而得到模型的残差平方和 S_1（q）。当回归中给定的门槛值 q 越接近真实的门槛水平，回归模型的残差平方和 S_1

---

[1] Hansen B E. Threshold Effects in Non-dynamic Panels：Estimation，Testing，and Inference. Journal of Econometrics，1999，93（2）：345-368.

（q）就应该越小。因此，可以通过连续给出模型的不同候选门槛值 q 来观察模型残差的变化。在模型残差最小处对应的候选门槛值 q 即为我们要求的真实门槛值，即 $\hat{q}=\arg\min\limits_{q} S_1(q)$。在进行门槛回归的参数估计后，还需要对门槛效应是否显著进行检验。即检验原假设 $H_0:\beta_1=\beta_1'$，在原假设条件下，门槛值 q 是无法识别的，此时传统检验统计量的分布是非标准的，因此，Hansen 建议采用 bootstrap 来检验这一原假设。本书门槛模型估计结果如表 8.4 所示。表 8.4 的估计结果显示，门槛检验并不显著，表明我们所建立的实证模型并不存在显著的非线性效应。因此，认为农村金融支持对乡镇企业经济增长的影响效应是线性的，并不存在显著的门槛特征。

表 8.4　门槛估计结果表

	单门槛模型	双门槛模型
pgdp	−0.401***	−0.421***
	（0.0559）	（0.0563）
edu	0.0325	0.0320
	（0.0331）	（0.0329）
pcapital	0.0967***	0.104***
	（0.0339）	（0.0338）
	（0.0454）	（0.0451）
$fin(fin\le\lambda)$	0.00286	
	（0.0179）	
$fin(fin>\lambda)$	0.0328***	
	（0.0109）	
$fin(fin\le\lambda)$		0.0128
		（0.0184）
$fin(\lambda_1<fin\le\lambda_2)$		0.0499***
		（0.0134）
$fin(fin>\lambda_2)$		0.0343***
		（0.0108）
C	2.956***	3.073***
	（0.445）	（0.445）
门槛值（对数值）	1.836	1.836, 2.442
单门槛检验 p 值	0.58	0.57
双门槛检验 p 值		0.66
时间效应	控制	控制
R^2	0.252	0.267

注：括号内为标准误，***，**，* 分别表示在 1%，5%，10% 条件下显著，由于控制变量多数不显著，本书及后文的分析仅估计简单控制变量集条件下的结果。

三、区域差异性分析

以上从总体角度研究了农村金融支持对乡镇企业经济增长的影响效应，但由于不论是我国乡镇企业发展、农村金融发展还是整体经济发展均存在典型的地区差异，因此，基于地域差异的考虑，本书将样本划分为东、中、西三个区域，进一步探讨地区差异是否影响农村金融支持与乡镇企业经济增长之间的关系。东中西三个区域划分中，东部地区包括北京、天津、河北、辽宁、上海、江苏、浙江、福建、山东、广东和海南 11 个省（市，自治区）；中部地区包括山西、吉林、黑龙江、安徽、江西、河南、湖北、湖南 8 个省（市，自治区）；西部地区包括四川、重庆、贵州、云南、西藏、陕西、甘肃、青海、宁夏、新疆、广西、内蒙古 12 个省（市，自治区）。计算结果如表 8.5 所示。表 8.5 结果显示，东、中、西三个区域中农村金融支持对乡镇企业经济增长的影响确实存在一定的差异，主要体现在东部与中西部的差异。其中，东部地区中 fin 的估计系数为 0.004，且在 10% 的水平上不显著。表明东部地区农村金融支持并未对该地区乡镇企业经济增长起到明显的促进作用。中、西部地区中 fin 的估计系数为分别为 0.064、0.072，且分别在 10% 和 1% 的水平上显著，说明中、西部地区的农村金融支持显著促进了该地区乡镇企业经济增长。进一步比较可知：东部地区 fin 的估计系数绝对值要远小于中、西部地区，而西部地区 fin 估计系数的绝对值也要大于中部地区。表明西部地区农村金融支持对乡镇企业经济增长的影响最大，中部地区次之，东部地区最小。其余控制变量中，pgdp 依然统计显著且符合预期，表明人均 GDP 是农村金融支持对乡镇企业经济增长影响的重要影响因素。edu 则仅在西部显著，表明人力资本仅在西部地区对农村金融对乡镇企业经济增长的正向关系起到了促进效应。pcapital 则仅在东部显著，表明人均资本存量仅在东部地区对农村金融对乡镇企业经济增长的正向关系起到了促进效应。

表 8.5 地区差异性分析

	东部	中部	西部
fin	0.004	0.064*	0.072***
	（0.019）	（0.033）	（0.015）
pgdp	−0.703***	−0.280**	−0.276***
	（0.104）	（0.105）	（0.089）
edu	0.052	−0.056	0.115*
	（0.059）	（0.066）	（0.064）
pcapital	0.292***	0.139	−0.063
	（0.055）	（0.085）	（0.067）
C	4.220***	1.391	3.008***
	（0.702）	（1.151）	（0.816）
时间效应	控制	控制	控制
R2	0.427	0.260	0.339

注：括号内为标准误，***，**，* 分别表示在 1%，5%，10% 条件下显著。

第四节　本章小节

本章基于 2001 ~ 2010 年省级面板数据研究了农村金融支持对乡镇企业经济增长的影响及其地区差异。研究结果显示，在控制相应的影响因素以及进一步考虑可能存在的内生性问题的条件下，相应的实证分析始终表明，农村金融支持对乡镇企业经济增长具有显著的促进作用。非线性效应检验表明，农村金融支持对乡镇企业经济增长的影响是线性的，不存在门槛特征。在此基础上，基于东、中、西部三大区域角度的分析表明，农村金融支持对乡镇企业经济增长的影响存在显著的地区差异，正向且显著的促进作用仅在中部和西部发生，东部地区的正向促进作用并不显著。此外，本书的实证结果也显示，地区间的乡镇企业经济增长存在收敛特性，资本积累对经济增长的促进作用较为显著，而人力资本、贸易开放以及产业结构等影响因素并未为乡镇企业经济增长的影响带来显著的促进效应。鉴于以上研究结论，我们认为，应该加大对乡镇企业的金融支持力度与强度，拓展对乡镇企业的金融支持广度与深度，以进一步稳固金融支持对乡镇企业经济增长的促进作用。一方面，农村金融部门要进一步提高认识，解放思想，转变观念，构建乡镇企业健康发展的金融支持体系，建立健全专门为乡镇企业服务的职能部门，把支持乡镇企业发展作为开拓农村信贷业务的生长点，纳入信贷业务发展战略重点，作为资金投放的一个重要方面，充分发挥自身在支持乡镇企业发展中的主渠道作用。农村金融机构在支持和服务于乡镇企业的过程中，要逐步从推进乡镇企业实现"量"的扩张转变到推进乡镇企业实现"质"的提高上来，支持乡镇企业向适度规模发展，向群体化和专业化发展。重点培植有区域经济产业特色的骨干企业或组建企业集团，以扩大企业生产规模和提升企业可持续发展能力。另一方面，政府部门要出台支持乡镇企业发展的相关政策措施与法律法规，为相关部门、行业组织为乡镇企业提供投资经营咨询、信贷担保等服务创造条件。在激励金融机构扶持乡镇企业的积极性和能动性的同时，也帮助乡镇企业提高自身治理水平，提升自身借贷与还贷能力。

| 第九章 |

金融支持中小企业发展的国际借鉴

世界各国中小企业发展的金融支持体系因各国自身发展情况的不同而存在差异。按照我国乡镇企业的金融支持体系来比照国际上典型国家中小企业的金融支持形态,我国乡镇企业发展及其金融支持模式都具有非常强烈的本土特色。因此,本章关于金融支持中小企业发展与实践的经验的论述,更多是回顾和总结典型国家扶持中小企业发展的金融服务体系、融资模式、信贷模式及其实践经验,为我国农村金融与乡镇企业良性互动发展的制度设计与政策优化提供可供借鉴的参考。

美国、日本中小企业发展在各自国家的国民经济中占有非常重要的战略地位。在美国,中小企业被称为国家经济的脊梁。就日本而言,没有中小企业的发展就没有日本的繁荣。

这些国家对中小企业与其他大型企业一样给予了足够的重视。金融支持中小企业发展最明显的特点就是不偏袒大企业,并且努力清除大企业在融资中的垄断地位,普遍建立了比较完善的中小企业金融扶持体系。其中,美国、日本建立的相对完善的中小企业资金扶持法律法规体系和中小企业信贷担保体系,在为千千万万的中小企业创造自由良好的竞争环境和空间,破解中小企业融资难问题,进而在促进中小企业快速发展方面起到了非常重要的作用。

第一节 美国的实践与经验

在美国，数以千万计的中小企业遍布各个地区、各个部门与各个行业。美国中小企业金融扶持体系相当健全，其中尤以中小企业资金扶持法律法规体系和中小企业融资担保与服务体系建设最具特色。

一、建立了相对完善的中小企业资金扶持法律法规体系

美国是世界上最早制定中小企业基本法的国家。早在 1953 年，美国就颁布了《中小企业法》。该法律从企业的雇员人数、产销量、规模等方面规定了划分中小企业的具体标准，为政府和金融机构扶持和赞助中小企业提供了参考依据。在中小企业融资机构方面，美国制定并颁布了《中小企业投资法修正案》《机会均等法》《中小企业投资经济政策法》《中小企业资本形成法》《中小企业投资法》《中小企业投资鼓励法》等 10 余部法律法规，从法律上确保了中小企业的融资贷款权利。其中《机会均等法》明确规定中小企业有均等机会获得贷款援助的实施办法，并规定以"机会均等贷款"援助款项解决中小企业创立资金不足问题。《中小企业投资法》明确规定联邦小企业管理局可以成立私人部门小企业投资公司，管理小企业的金融业务，依法制定、协调政策，为小企业提供资金支持。为了切实使得中小企业能够得到资金扶持，美国政府还分别于 1974 年和 1978 年制定并颁布了《联邦采购政策法》和《507 号公法》，为中小企业拥有承包或转包政府合同的权利提供了法律保障。1980 年颁布实施的《小企业经济政策法》规定：美国总统每年要向国会递交有关小企业竞争报告和有关小企业的发展数据。同年颁布的《小企业从业人员所有制法》规定：即使企业中的从业人员持股过半，仍可向政府贷款。《监管灵活性法》则为小企业豁免了许多联邦政府管制。1982 年美国政府颁布实施的《准时付款法》敦促联邦机构及时将贷款拨付给中小企业，以解决中小企业资金不足的困难。同年，美国政府还颁布了《中小企业技术创新研究法》，以支持中小企业参与由联邦政府拨款的项目开发研究，并促进科研成果的应用与转化。此外，美国还陆续

制定了《小企业创新发展法》《加强小企业研究发展法》等鼓励小企业创新的法律;《小企业投资法》《小企业贷款增加法》等加大联邦资金援助力度的法律;《小企业项目改进法》等旨在提高项目技术的法律[1]。为了给小企业预留更多的政府采购份额,1994年美国政府颁布了"联邦采购简化法"。该法案规定将政府可使用简化采购程序的上限由2.5万美元提高到10万美元。由于每年超过90%的联邦采购交易是在10万美元以下,因此此举大大简化了政府采购手续,降低了管理环节和小企业的成本支出。同时规定2500美元和10万美元之间的采购合同只留给小企业。为了监督各联邦机构实施政府采购支持小企业的情况,1988年美国通过《小企业竞争力示范计划法》。该法律明确了建立年度汇报和评价制度,要求按照季度汇报每个联邦机构落实小企业政府采购目标的实现情况,并由小企业管理局向总统汇报,这为监管各个联邦机构落实小企业政府采购目标提供了法律依据。

进入21世纪后,美国关于中小企业的立法活动仍在进行。2010年,美国国会通过了《小企业就业法案》,设立了小企业信贷基金并提出小企业减税优惠政策。为了提高小企业的融资成功率,2012年美国总统奥巴马签署颁布了《创业企业扶助法》。

美国以《中小企业法》为基本内容,包括投资、创新、贷款以及反垄断等方面法律在内的较为成熟的中小企业资金扶持法律体系,为美国金融扶持中小企业的发展提供了重要的法律保障和制度支持。就我国而言,应该进一步完善金融支持中小企业发展的立法工作,促进中小企业发展。近年来,我国先后颁布了《中小企业促进法》《关于进一步促进中小企业发展的若干意见》《关于鼓励和引导民间投资健康发展的若干意见》等多个法规与文件,这些政策法规的实施,在净化我国中小企业发展的社会融资环境,推动中小企业发展方面取得了一定的积极成效。但是,对于中小企业的融资、技术创新资金扶持、国际化资金运营等方面,还应当进一步修改完善相关法律法规,为中小企业的融资与发展提供更加有力的法律支持。

---

[1] 杨蔺涛.美国小企业法律制度的发展演变及启示.现代管理科学,2015,(1):45-47.

二、建立了完善的中小企业贷款担保和服务体系

美国建立了小企业委员会、白宫小企业会议和小企业管理局等专门的小企业融资服务机构，以及由中小企业局、进出口银行、NASDDAQ、QTCBB、SSBIC 等联合构成的中小企业融资体系。美国的中小企业管理局既是一个政策性金融机构，也是一个政策性信贷担保机构，是专门为中小企业创立与发展提供融资、担保、技术和管理支持的机构。其以 SBA 的信誉为中小企业向商业银行贷款提供担保，一般担保贷款总额的75% ~ 80%，剩余部分风险由商业银行自行承担。美国商业性担保机构主要是以企业与个人出资为主组建而来的，在进行信用担保的同时兼营投资业务，实行商业化运作，以盈利为目的。目前，美国专门为中小企业服务的商业性担保机构是国际上相对成功的典范。商业性信贷担保机构既有以商业担保、合同担保为主的担保机构，如 F & D 公司；也有以提供债券为主的担保机构，如金融证券担保公司和市政债券担保公司等等[1]。美国商业性担保体系风险机制比较健全，担保体系品种丰富，且单笔担保的金额相对较大。以市政债券担保公司为例，其担保业务品种涉及公共金融业务的就涵盖了交通、教育、医疗、公共基础设施等方面的融资。其担保业务品种涉及机构性金融业务的就涵盖了住宅权益贷款证券化、抵押贷款证券化、汽车贷款证券化等方面；其担保业务品种涉及国际业务的以结构产品为主导。美国商业性信贷担保机构的担保结构也相当严格，为了防控风险，专门设立了业务标准委员会、风险管理委员会等一系列相关子机构。此外，美国进出口银行、NASDDAQ、QTCBB、SSBIC 的重要职能之一就是向中小企业提供信用和风险担保。美国相对完善的中小企业融资担保体系和中小企业管理服务机构大大解除了美国中小企业融资的后顾之忧。

在我国，政府部门是中小企业特别是农村乡镇企业融资担保的主体。其业务由担保和再担保两部分构成，担保以地市为基础，再担保以省为基础。虽然这样的信用担保体系能够一定程度上帮助一些相对有市场、技术含量相对高、

---

[1] 于中琴.信贷配给下的中小企业融资担保模式：国际比较及中国的选择.贵州财经大学学报，2012（6）：71-76.

发展前景相对较好的中小企业甚至乡镇企业进行资金筹集。但是与美国相比，这样的信贷体系还很不完善。并且，即使有政府担保贷款，我国中小型银行数量相当有限的现实也直接导致中小企业的融资困境难以破解。因此，如何建立和完善中小企业特别是乡镇企业的信用担保体系，如何弥补大银行对中小企业特别是乡镇企业的融资力问题，将始终是中国资本市场当前和未来一段时期内亟需解决的问题。

第二节　日本的实践与经验

日本中小企业非常发达，99% 以上的企业为中小企业，中小企业承担着日本社会 7 成以上的就业和日本 50% 以上的 GDP，可以说是日本经济真正意义上的发动机，这与日本政府为中小企业的发展提供了有效的金融支持有着直接的关联。日本中小企业的金融支持体系中最具特色和借鉴价值的就是其完善的中小企业双重信用担保体系和高效的中小企业融资机制。

一、建立了中小企业双重信用担保体系

日本是世界上最早建立信用担保体系的国家，它的基本制度框架是由"信用保证"与"信用保险"组成的"信用补充制度"。日本信用担保体系由信用保证制度、信用保险制度、责任共有制度、紧急保证制度等共同组成。为了解决由于成本高昂以及中小企业自身信用度低而导致的中小企业融资困难问题，早在 1953 年，日本政府就正式颁布了《信用保证协会法》。正式确立了信用保证协会作为公立机构法人的社会地位。全国信用保证协会联合会是日本各家信用保证协会的统一管理性组织。此后，为应对日本社会迅速增加的中小企业融资需求，提高中小企业的信用度及担保手段，日本尝试建立中小企业信用保险制度。1950 年，日本政府颁布了《中小企业保险法》，在此基础上，1958 年，成立了全国性的中小企业信用保险公库。1999 年，中小企业信用保险公库与中小企业事业团以及其他相关协会合并组建了中小企业综合事业团。2004 年，

日本组建中小企业金融公库来承担事业团的信用保险部门及其职能，2008 年，进一步并入到新成立的日本政策金融公库。日本信用保证保险制度的主要内容是：当信用保证协会对中小企业实行信用保证时，按一定条件自动取得中小企业信用保险公库（即后来的日本政策金融公库）的信用保证保险，向保险公库支付保险费。当发生代偿后，就可以得到保险公库 70% ~ 90% 的补偿。而通过代偿，信用保证协会成为债务人的债权人，之后要从债务人处追索收回代偿资金，收回资金的 70% ~ 90%（与保险率相同）就需要还给日本政策金融公库。信用保险制度的实施大大降低了日本信用保证机构的担保风险，切实提高了日本信用保证协会的抗风险能力和可持续发展能力 [1]。日本"与金融机构的责任共有制度"即责任共有制度于 2007 年正式开始实施。该制度规定，中小企业的信用担保风险由信用保证协会承担 80%，负责融资的金融机构分担 20%（此前是 100% 由信用保证协会承担）。通过这种风险分担机制，促使双方都有动力更加准确地去掌握中小企业的发展状况，从而实现对中小企业更为合理而有效的金融支持，抑制了金融机构为降低自身风险而发生的恶意风险转嫁行为，以及由于"搭便车"而获取不承担任何风险的溢价收益行为。日本的紧急保证制度于 2008 年设立。当时由于日本经济恶化而严重波及本国中小企业，为了对资金周转出现问题的中小企业进行支持，日本政府规定：当满足行业、业绩等各项条件的中小企业向金融机构贷款时，信用保证协会将在最低限度的保费收取基础上对中小企业的债务提供全额担保。同时，日本也建立了完善的中小企业信用担保法律体系，保证了日本信用保证体系高效、有序的发展。如《信用保证协会法》《中小企业基本法》《中小企业信用保险公库法》《国民金融公库法》《商工组合中央金库法》等。此外日本也出台了其他一系列为中小企业提供资金扶持的其他法律法规，如《中小企业振兴资金助成法》《中小企业现代促进法》《中小企业技术开发促进临时措施法》《特定地区中小企业对策临时法》《特定中小企业者事业转换对策临时措施法》等等。

由于日本的信用担保体系既具有信用担保的功能，又具有信用保险的功能，我们称之为独特的双重信用担保体系。该担保体系的特点是：与地区经济紧密

[1]　温信祥 . 日本中小企业信用担保体系及其启示 . 武汉金融，2013，（1）：40-43.

相关、参与方的公立性、全额担保、双重风险担保及补偿机制、担保资金来源多元化。双重信用担保体系大大改善了日本中小企业的融资环境，解决了中小企业融资难问题，使其融资渠道保持顺畅，有效促进了日本中小企业以及国民经济的发展。

二、建立了高效的中小企业合作融资机制

除了信用担保体系，日本中小企业金融支持体系中的融资机制也是颇具特色的。日本为中小企业提供资金的除了商业银行、证券市场、地方金融机构、中小企业金融公库和国民生活金融公库（财政全额出资）外，还有就是占据重要地位的半官半民的商工组合中央金库。商工组合中央金库凭借其独特的融资机制，利用较少的政府资金为中小企业提供金融支持，为日本中小企业发展和地方经济繁荣做出了巨大的贡献，成功实现了推动中小企业可持续发展和实施国家政策的"双赢"。

商工组合中央金库是日本服务于中小企业的重要金融机构，其资金来源于日本政府和各地中小企业团体的共同支持。该机构中的民间出资者——"企业协同组合"拥有松散但很有效率的协作机制，其独特的组织形式和较高的经济效率被经济学家称为"日本的硅谷方式"。

日本商工组合中央金库成立于1936年，其成立背景是为了拯救经济危机影响下的日本中小企业并维持其发展。《商工组合中央金库法》规定：该机构的总资本由政府和中小企业团体各出一半。这一规定意味着投资风险较大的日本中小企业金融机构开启了政府和民间资本合作模式的尝试。民间资本来自分布于全国各地有出资资格的团体。这些团体包括中小企业协同组、协业组合、商工组合联合会、商业街振兴组合会、酒类制造组合联合会、酒类销售组合联合会、内航运组合联合会、进出口组合、贸易联合会、城市第三产业组合等等。其中一些联合会有雇员人数和资本金规模限制。为了保证股东发言权的平衡，每个团体的出资份额不得超过所有团体应出资总额的1%。

商工组合中央金库经营的一个重要特色是现场主义。其总行设在日本东京，在全国各地设有多家分行。由于分行成立的目的在于有效地加强对中小企业的

资金供给，所以商工中金的分行大都设立在中小企业比较集中的地区。基本上每个县级行政区域有一家，中小企业集中的地区甚至设有两家以上的。商工组合中央金库利用政府出资与监督的威信，加强与地方商业银行的联系与合作。由于日本民众官本位思想比较普遍，加上商工组合中央金库稳健而积极的经营态度，日本的商业银行会因为某企业是商工组合中央金库的客户而放心地为之放贷。商工组合中央金库也充分利用这方面的影响力，重视与各分行所在地的金融机构联合开展业务。以 2004 年为例，商工组合中央金库占据了日本整个中小企业信贷市场份额的 3.7%。商工组合中央金库是类似于日本的农协，是一个独立核算的企业。每年向国家交纳企业税金，政府资本金的盈利部分一般用于增加银行自有资本的投资而不参加分红。在过去 70 年的发展中，政府资本金增加了 40 亿日元，年均增长达 57%。由于能够充分利用政府的威信，商工组合中央金库比较容易实现对资金的筹措。目前，商工组合中央金库也通过向社会发放 1 ~ 10 年期不等的债券来吸收各中小企业及中小企业团体的存款。筹措到的资金全部用于对中小企业融资支持。由于有政府出资的部分，商工组合中央金库还承担有一个特别的政府职能——增强民营企业的实力，促进民营企业的发展和培养新的民营企业，并直接体现金融的政策性目的。

日本商工组合中央金库的独特之处在于：运营者的双重身份、企业团体的沟通协作以及"一站式"服务方式。其经营特色大致可以概括为：（1）资金不依靠政府。商工组合中央金库依靠少量的政府资金树立威信，依靠中小企业团体对该行进行投资、存款和认购该行发行的商工债券实现经营，90% 的资金为自筹。有权开展贷款、外汇、有价证券、期票贴现等多种经营业务。（2）按照政府政策需要引导中小企业拓展新业务，按照企业需求调整服务内容与服务模式。（3）能够敏感掌握行业的整体情况，敢于与企业共担风险应对具有挑战性的项目，并采取措施帮助企业改善经营以保证融资的安全性。（4）能够着眼于地方经济振兴而选择进行长期的战略性投资。

日本商工组合中央金库的合作融资机制将有限的政府投资作为"引玉"之砖，不仅开拓了中小企业团体自身的融资与投资渠道，还通过发行债券等吸引了其他投资者对中小企业的资金注入，收获了兼顾政策目的和经济效益的双重果实。而我国中小企业的外部资金筹措非常有限，民营中小企业的创业资金大部分都来自于家族出资或向亲友的借款，运营资金也难以从商业银行获得。无论是产品的更新换代，还是生产过程本身的现代化，中小企业的发展大都只能依靠企业经营者个人的努力。要真正发展中国的中小企业，不仅必须解决企业资金的来源问题，还要注意提升产业结构和促进地方经济可持续发展。日本商工组合中央金库的合作融资机制在法律框架的构建、民间组织的构成方式、资金的来源、项目的审查流程、全方位金融服务等方面，无疑是值得我们深入探讨和引以为鉴的[1]。

就发展中国家来看。发展中国家农村金融发展相对滞后，农村金融市场的供求矛盾普遍比较突出，农村地区普遍存在金融排斥现象，信贷市场上乡镇企业普遍存在信贷配给。为了破解这一矛盾，很多发展中国家都注重在农村金融产品和金融服务方面进行了一些探索与创新，微型金融就是其成功的典范。微型金融作为专门为小微企业和中低收入群体提供小额度、可持续金融产品与服务的活动，被国际社会公认为缓解贫困的有力武器。印度的"银行—自助小组"联接模式下的小额信贷组织、孟加拉国的乡村银行都是微型金融支持农村中小企业发展的典型代表。

第三节　印度的实践与经验

一、小额信贷模式

印度是世界上相对贫困的国家。印度农业与农村发展银行推出的"银行—自助小组"联接模式在促进印度农村中小企业发展和贫困缓减中发挥了相当重要的作用。

印度农业与农村发展银行在 1992 年推出了一项自助小组（Self Help Groups，SHG）—银行联接的融资模式，通过自助小组拓展和稳定农村小额信

---

[1] 黄荣光. 日本中小企业融资中的 PPP 机制——以日本商工组合中央金库为中心. 日本学刊，2007，（6）：72–85.

贷业务。该模式取得了空前的成功，印度也因此而建立起了世界上规模最庞大的小额信贷组织。自助小组是印度穷人就业和微小企业融资的重要载体，一般在政府组织下由 10 ～ 20 名贫困的农村妇女自愿结合组建，成员进行储蓄并共同出资建立共有基金，小组成员共同决定共有基金的使用。自助小组运营成熟并达到银行审查的质量要求，就可向银行申请贷款。银行通过上门式的服务、以小额贷款的方式给自助小组实质性支持，并为其贷款用途和业务提供指导。印度政府出台了相关优惠政策，一方面支持还款率高的自助小组扩大信贷规模，参与农村事务管理，并鼓励其向农村微小企业方向发展；另一方面积极支持和鼓励各类小额信贷促进机构发展，以推动小额信贷的培育和发展。印度成功开创了自助小组—银行信贷的联接模式，借鉴武翔宇和高凌云的研究[1]，其典型模式分别可以表示为图 9.1、图 9.2、图 9.3 所示：

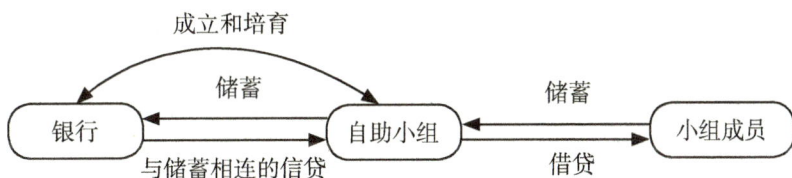

图 9.1　银行—自助小组—小组成员模式

图 9.1 所示的"银行—自助小组—小组成员模式"是最简单的信贷联接模式。该模式下，银行自身承担发展和培训自助小组的工作，并向运营成熟的自助小组发放贷款。目前约有 20% 的信贷联接自助小组采用这种模式运行。

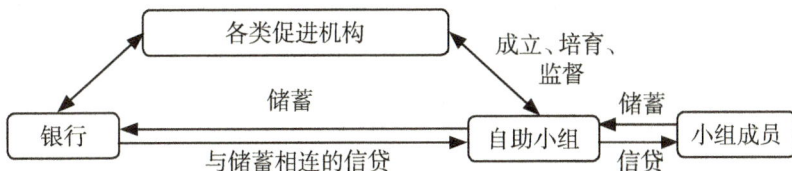

图 9.2　银行—促进机构—自助小组—小组成员模式

在图 9.2 所示的模式中，形成和培育自助小组以及信贷管理的培训工作由促进机构来承担。促进机构可以是政府机构也可以是非政府组织。当自助小组

---

[1]　武翔宇，高凌云.印度的小额信贷：自助小组—银行联结.农业经济问题，2009：104—109.

达到银行要求并通过银行审核后，银行就会直接向自助小组提供贷款。这种模式由于政府的大力支持而应用最为广泛，目前约有 72% 的信贷联结自助小组采用这种模式运行。

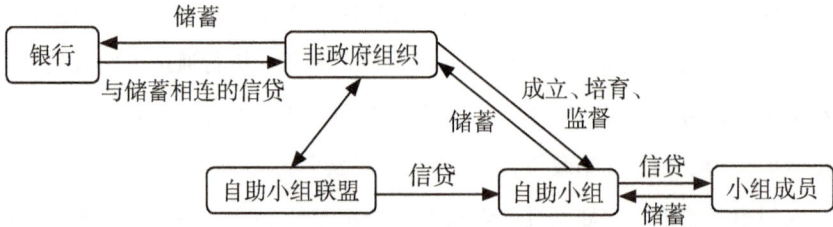

图 9.3 银行—非政府组织—小额信贷机构—自助小组—小组成员模式

在图 9.3 所示的模式中，非政府组织既是促进者又是金融中介。他们通过培育、培训、促进、支持多个自助小组并以此从银行寻求到大宗贷款之后，再向各自助小组分发贷款。在这种模式下，非政府组织经常会创立自助小组联盟，然后促使其承担小额信贷机构的角色。目前，约 8% 的信贷联接采用这种模式运行。

在所有的银行信贷联接模式中，农业与农村发展银行既是自助小组—银行联接项目的发起者和推动者，也是项目发展过程中的促进者、资源与信息的供给者；银行既是信贷资金的供给者，也是自助小组的促进机构；各类非政府组织既是自助小组的创立者和培育者，也是金融中介。而自助小组往下是向小组成员提供贷款的金融中介，往上是负责向银行偿还贷款的金融中介。印度自助小组—银行信贷联接模式的成功，得益于印度各类社会资源的全方位支持、非政府组织的积极推动以及正规金融机构的规范化指导。

为了促进农村金融发展，印度政府出台了《银行国有化法案》，明确规定全国所有的商业银行都必须在农村地区设立一定数量的分支机构。印度储备银行对商业银行审批的基本要求是，商业银行一旦在城市开设一家分支机构，就必须同时在农村地区开设 2～3 家分支机构。印度中央银行强制性规定，所有的银行包括外资银行都必须保证有不少于 18% 的贷款投入到与农业有关的领域。此举有力地促进了印度农村金融的发展和农村微小企业信贷配给的缓解。

二、中小企业信用评级制度

近年来，印度中小企业的成长壮大以及由此带来的经济的快速增长为全球瞩目。其中印度政府推行的中小企业信用评级制度，为解决银行与中小企业的信息不对称，缓解中小企业的信贷配给问题，进而促进中小企业的腾飞做出了积极的贡献，其经验和做法值得我们借鉴。

印度政府于 1999 年设立了小规模工业、农业及乡村工业部，2006 年又出台了微、小、中企业发展法案（MSMED），将服务业中的小企业也列入支持范畴。2007 年，三个部门合并成为中小微工业部，全面负责促进中小企业发展的政策制定、项目开发与实施。中小微工业部设立的下属组织——印度国家小产业公司（NSIC）则具体负责实施专门为中小企业定制的系列项目、工程，以此培育、扶助并促进中小企业以及相关工业产业发展。2005 年，印度政府颁布了一揽子促进中小企业信贷融资的政策，其中最有特色的就是建立中小企业信用评级制度。将印度中小企业贷款成本与信用等级挂钩，由"常设咨询委员会"全面负责检查和督促，以使中小企业信用贷款成本能够控制在一个合理的范围之内。同时，为了给中小企业提供性能表现和信用评级服务，印度政府支持并批准了 NSIC 与印度银行协会及评级机构的相关计划，鼓励中小企业自主选择评级公司参与信用评级，首次参评的中小企业都给予 75% 的评级费用补贴。NSIC 一起建立了 8 家独立的中小企业专业评级公司，而 SIDBI 也与印度信用信息局联合建立了中小企业评级公司（SMERA），与印度银行协会共同采集风险数据，基于 IT 建立并完善了中小企业贷款申请、评估以及监控系统，大大降低了银行与企业之间的信息不对称程度。印度中小企业信用评级机构评级的内容也比较完善。以 SMERA 制造业中小企业评级为例，评级考察内容包括行业风险、经营风险（含市场风险，如原材料与产品价格，单个产品的替代性、定价灵活度等；也包括经营效率，如市场地位、竞争能力等）、管理风险（含企业管理层受教育程度、经营策略、职业经验等）、财务风险、新项目风险（新项目的规模、特点、合理性以及团队质量与经验等方面）、其他因素（环保、补贴、折旧、经营损失、资产保险状况）等多个方面。

印度中小企业信用评级结果也得到了充足而有效的利用。首先，就政府及相关部门来看，信用担保基金计划、技术升级计划、绿色能源计划、信用资本补贴计划、贷款项目、信用卡项目等都与信用评级结果挂钩。NSIC 在为中小企业提供信贷支持的过程中，对获得不同信用评级的公司给予不同程度的优惠利率：如 SE1A 级企业、SE1B（或 SE2A）级企业分别可以享受 1%、0.5% 的折扣。而 SIDBI 分别对评级为 SMERA1 级、SMERA2 级与 SMERA3 级的中小企业贷款分别给予降低利率 1% 和 0.5% 的优惠。其次，就银行监管当局来看，印度央行也广泛使用外部评级结果来完善自身各项监管职能。RBI 规定国内各大银行都要使用标准法计算风险加权资产，并根据信用等级赋予企业贷款对应风险权重。非银行金融机构市场准入严格规定信用资质要求；企业发行商业票据应达到最低信用级别要求，票据发行额度与信用等级挂钩；商业银行向央行融资时，抵押品也必须符合相应的信用等级要求 [1]。再次，就商业银行来看，中小企业评级结果在印度商业银行领域的应用非常充分与广泛。在印度，一家银行一般同时与多家评级公司合作，而一家评级公司也往往与数十家银行建立深度合作关系，几乎每个评级公司的合作银行都涵盖有印度的所有重要银行。印度 CRISIL 的中小企业评级结果被平稳地嵌入到银行对中小企业的授信决策，其评级结果得到 30 多家银行的认可并成为银行内部授信评估过程的一部分，其中 13 家银行对获得最高信用等级的中小企业给予最高 1.25% 的信贷利率优惠。其他如 Oriental Bank of Commerce、United Bank of India、Bank of India、UCO Bank、TMB Bank 等的信贷利率优惠如表 9.1 所示。

表 9.1 印度部分银行对高信用等级中小企业的贷款利率优惠政策

银行名称	利率优惠
Oriental Bank of Commerce	最高信用等级优惠 1%；高信用等级优惠 0.5%；平均以上信用等级优惠 0.25%
United Bank of India	最高信用等级优惠 1%；次高信用等级优惠 0.5%
Bank of India	第二高信用等级以上优惠 0.5%；第三高信用等级优惠 0.25%
UCO Bank	SEIA 级、SEIB 级分别优惠 1% 和 0.75%；SEIC 级和 SE2A 级优惠 0.5%
TMB Bank	对参与评级公司评级的中小企业均优惠 0.5%

[1] 贺朝晖 . 中小企业信用评级与发展：印度经验 . 农业经济问题 .2009，（1）：104-109.

印度中小企业信用评级的开展取得了积极成效，信用评级市场迅速发展。目前，印度中小企业信用评级成为一种趋势，印度一跃成为全球仅次于日本和韩国的第三大信用评级市场，这也给印度中小企业信贷市场带来历史性结构变迁，有力扩大了印度国内中小企业信贷市场规模，也有效推动了印度国内中小企业的发展与腾飞。

基于印度农村小额信贷体系的发展和中小企业信用评级体系的建设，印度政府积极推动，引导央行、NSIC、SIDBI等机构通过法律手段支持与激励中小企业成长的自上而下的顺畅体制构成了印度农村中小企业快速发展的基础保障。印度在其农村小额信贷发展过程中实施的自助小组—银行联接计划，由自助小组向银行贷款，再由自助小组将贷款以小额信贷的形式转贷给农户，从而把筛选客户和监控风险的成本转移到自助小组身上，相当于用团体担保替代抵押担保，用团体内部其他成员的连带责任作为监督借款者还贷的因素，有效分散了金融风险，减少了交易成本。这些防范和化解金融风险的有效措施在促进农村金融机构实现可持续发展的同时也使得农村地区微小企业融资能够深入持久推进。

同时，印度政府为中小企业补贴评级费用以及信用评级带来的实惠使得企业愿意参与继续评级，促成了市场对评级的旺盛需求，并以此形成良性循环。使得银行能够深入掌握中小企业信息，有效防控信用风险，保证信用贷款质量。而信用评级机构高质量的信用评级产品也容易被市场接受，并产生了较强的带动效应。此外评级机构与银行紧密联系，评级机构源于银行的需求而设立，且大部分评级机构的资本构成也都含有银行股份，这些都构成了银行重视外部信用评级、放心使用信用评级结果的内在动力。上述经验为有效促进我国农村乡镇企业信贷配给的缓解提供了很好的参考与借鉴。

第四节　孟加拉国的实践与经验

一、乡村银行运作模式

孟加拉国作为一个典型的发展中国家，将近80%的人口都居住在农村，50%以上的农民生活水平处于贫困线以下。尽管孟加拉国拥有较为完善的农村正规金融体系，且2/3的正规金融机构位于农村，但是在农村地区仍存在着大量的自由放贷者。因此，该国农村市场中的非正规金融组织非常活跃与盛行，非正规金融中介占据了整个农村信贷市场2/3份额以上，其服务对象主要是广大农民和农村中小企业。孟加拉国农民以及农村中小企业借款的50%以上来自于这些非正规金融中介。这些微小的金融中介作为非正规金融与正规金融发展的中间路径，成为该国农村金融发展的一大特色。鉴于孟加拉农村金融发展的特点以及寻求突破国内"低收入的恶行循环"，该国银行家、经济学家穆罕默德·尤努斯教授创建了孟加拉乡村银行（Grameen Bank，也称为格莱珉银行）。乡村银行的创立和发展为孟加拉国农村中小企业的发展以及农村贫困的缓减做出了历史性贡献。

乡村银行成立之初，主要以女性为主，允许会员持有银行股份，银行的每个成员每周都需要到银行存入一定额度的资金，尽管这笔资金相对较少，但是基本能够维持银行的运转。银行发放贷款时，首先会把贷款发放给银行小组成员，再由小组贷款给其他小组成员。还款义务由整个小组负责承担。如果出现不能按时归还贷款的成员，银行会通过小组施予其相当大的社会压力。此外，为了提高成员对金融、经济的认知，格莱明银行还免费为成员进行相关知识的培训。孟加拉国乡村银行运作模式主要具有如下四个方面的特点：其一，扶贫对象主要为贫困女性；其二，贷款最高额度为1000元，贷款期限为一年，而且每周要还款一次；其三，强制性储蓄，贷款实行前后交替贷款，即前面的人还款后才能轮到后面的人贷款；其四，通过较高薪酬引进高质量的工作人员，并且对新进职工进行强制培训，培训合格后才能成为正式成员。孟加拉国乡村银行非常注重银行职工的工作能力和工作热情。此外，银行对贷款的审批、发放进行严格审查，从多方面确保银行各项工作能够健康有序的进行。乡村银行还提供很多除金融服务之外的如对员工和客户进行培训等其他业务，管理成本相对较高。为了确保银行可持续发展，乡村银行形成了自身独特的融资机制。为了稳定资金来源方面，乡村银行积极鼓励小额存款，这些存款主要作为穷人解决突发性困难或者开发创收项目的应急资金。对于贷款者，银行要求其将贷款额度的5%存入小组基金，主要用于小组成员应急使用或者免息借贷。这种融资方式产生了显著的效果。乡村银行的信贷资金几乎可以完全由储蓄存款和自有资金来供给。同时，稳定的利息收入也是乡村银行的资金来源之一。乡村银行提供的小额信贷利率虽然高于正规银行机构（通常高4%左右），但是大大低于民间高利贷者，有效防止了机会主义者套贷。同时，乡村银行相对通畅的信息渠道和相对完善的风险管控机制也大大确保了贷款偿还率。此外，孟加拉的小额信贷批发机构以及政府的低息贷款也是乡村银行重要的资金来源渠道。孟加拉农村建立了以扶贫为目的、合法而非盈利的就业支持基金，其功能是通过扶持和资助小额信贷组织来实现其社会目标。乡村银行作为就业支持基金的主要扶持对象之一，在资金趋紧的情况下就通过向该机构批发贷款来保证信贷发放。乡村银行通过整贷零还、随机回访、小组内部监督、道德约束等监管手段有效解决了借贷双方的信息不对称问题，使其在无需任何抵押担保的情况下获得了相当可观的贷款回收率。

目前，孟加拉乡村银行在全国范围内拥有2226个分支机构，650万客户，完全实现了市场商业化运作和滚动发展，整体还款率高达98.89%，超过世界上任何一家成功运作的正规银行。从建立之初开始至今，乡村银行已经使得被正规金融机构边缘化的众多农村居民和农村中小企业获得贷款，并且帮助58%的贷款者及其家庭成功摆脱了贫困。孟加拉国乡村银行在缓解农村中小企业信贷配给以及促进农村贫困缓解方面都不愧是世界上成功的典范。

二、政府、金融机构、企业的角色定位

借鉴孟加拉国小额信贷模式，就乡镇企业融资而言，我们需要重点解决的就是贷款由谁来发放和采用何种担保方式两个方面的问题，这是将孟加拉国小

额信贷模式引入乡镇企业信贷融资的基本前提。

　　首先，乡镇企业的贷款发放不妨由农村中小金融机构来充当主角。一方面，乡镇企业大都位于农村，且各个地区的乡镇企业分布一般都与所在地区的地理资源状况相关联，这就决定了某些乡镇企业的生产规模、企业资信、经营方式或多或少都存在相似之处，便于这些企业结成贷款团体，以共同担保代替提供担保品，获得团体贷款之后再分贷给各个成员。这种情况下也有利于乡镇企业采取类似于乡村银行团体贷款的方式向中小金融机构获得融资。另一方面，以地方性机构为主的中小金融机构与大型金融机构的经营取向存在差异，与大型金融机构相比，他们资金有限但是具有相对较好的信息优势，对所在地乡镇企业的经营、信誉、产品等方面情况相对比较了解，信息不对称约束一定程度上要低一些，这无疑带来了中小金融机构信息费用的节约。因此，应该引导和鼓励不同所有制主体的中小金融机构发展，以增强乡镇企业信贷市场的活力与竞争力。

　　其次，孟加拉国乡村银行的小额贷款模式实际上就是用资金需求者的"捆绑式信用"来换取银行信用，因而组内每位成员都要以诚信为本[1]。一旦有人违约就会牵连到组内其他成员，甚至会引起其他成员的如法炮制，其导致的后果将是不堪设想的。基于此，关系型借贷模式在乡镇企业信贷担保中具有明显优势。关系型借贷模式不仅能够帮助资金需求者更好地使用资金，而且也能够帮助中小金融机构建立群众与社会基础。关系型借贷往往都是银行与企业保持长期联系的前提下，银行基于长期的多渠道的接触并积累到关于借款企业及其企业负责人的相关信息而作出的决策，因而不会不拘泥于乡镇企业能否提供合格的财务信息和足够的抵押品，因而相对适合于常常陷入抵押品掣肘的乡镇企业融资担保。

　　此外，借鉴孟加拉国乡村银行提供信贷之外的其他相关服务，中小金融机构在为乡镇企业提供贷款的同时，也可以利用与相关企业近距离接触的机会条件，为融资乡镇企业提供企业发展、技术引导等相关服务。对于乡镇企业贷款团体，银行信贷人员还可以借助团体定期会议，向团体贷款成员提供技术培训、

[1] 尹萍.中小企业融资困难解决之道——借鉴孟加拉国小额信贷模式.时代经贸，2007，（5）：59-60.

行业动态、诚信教育、管理方法等相关服务，提高乡镇企业负责人的管理水平与诚信意识，扩大企业的发展空间，增强企业的还贷能力。

最后，需要指出的是，政府在孟加拉农村金融发展和中小企业发展实践中的作用是不容忽视的。孟加拉国乡村银行从成立到壮大的过程中，政府不仅始终以 4% ~ 5% 的低利息向其提供资金支持，而且对其开展涉农金融活动、参与农业保险计划等给予必要的政策优惠、配套设施跟进、法律法规保障以及持续的资金补充支持。此外，政府还专门成立了政府小额信贷组织 BPOB 和 PKSF，并设立了政府小额信贷项目为乡村银行提供组织支持。加之孟加拉国乡村银行在政府支持下通过鼓励外部小额存款、要求贷款者强制存款、针对不同的信贷产品确定不同的利率层次、建立还款激励机制提高贷款回收率、向小额信贷批发机构批发资金等多种方式确保了自身资金来源的稳定与可持续。这些都是孟加拉国乡村银行组织能够实现自身可持续发展的动力与源泉。

第五节　本章小结

本章就美国和日本两个发达国家以及印度和孟加拉国两个发展中国家金融支持中小企业的实践与经验进行了梳理与总结。研究认为，美国中小企业金融扶持体系相当健全，其中尤以中小企业资金扶持法律法规体系和中小企业融资担保与服务体系建设最具特色，对促进本国中小企业的发展与腾飞做出了积极贡献。日本中小企业的快速发展与日本政府为中小企业的发展提供了有效的金融支持有着直接的关联。日本中小企业的金融支持体系中最具特色和借鉴价值的就是其完善的中小企业双重信用担保体系和高效的中小企业融资机制。印度的小额信贷模式及其印度政府推行的中小企业信用评级制度，为解决银行与中小企业的信息不对称，缓解中小企业的信贷配给问题，进而促进该国中小企业的发展与腾飞做出了历史性的贡献。孟加拉国的乡村银行运作模式以及政府、金融机构与中小企业自身明确的角色定位在该国农村金融发展和中小企业发展实践中的作用是不容忽视的。

| 第十章 |

优化乡镇企业金融支持的政策建议

农村金融支持乡镇企业发展进而不同程度地促进了农村经济与社会发展。在肯定其显著成效的同时，也不应该忽视其在支持乡镇企业发展过程中自身依然存在着的诸多问题与不足：支持乡镇企业发展的广度、深度、强度均还存在不同程度的提升空间；各地区农村金融对乡镇企业的支持程度还存在较大差异以及存在诸多亟待完善的地方。无疑，未来中国农村金融在支持乡镇企业发展的过程中机遇与挑战并存，其扶持乡镇企业发展的潜力更是不容忽视。新形势下，有必要进一步深化农村金融体制改革，针对新农村建设和乡镇企业发展过程中金融需求的特点，优化乡镇企业的金融支持环境，探索构建与之相适应的新型农村金融服务体系。在此基础上，进一步完善乡镇企业的金融扶持政策，推进农村金融支持乡镇企业发展的模式创新，切实发挥金融在乡镇企业发展中的支撑作用。本章结合中国农村金融支持乡镇企业发展的现状及其特点，充分借鉴国外典型经验，就促进乡镇企业发展的金融支持提出如下政策建议。

第一节　发挥政府主导作用，优化乡镇企业融资环境

政府在促进农村金融支持乡镇企业发展的过程中更应该充分发挥其引导作用，使之有所作为。在顶层设计、融资担保、征信系统建设、拓展融资渠道等方面应该做出相应的制度规定，促进乡镇企业外部融资环境的优化，增强金融机构支持乡镇企业的主观能动性。

一、完善乡镇企业金融支持的法律法规体系

就我国而言，应该借鉴美国经验，进一步推进和完善农村金融支持乡镇企业发展的立法工作，促进乡镇企业发展。近年来，我国先后颁布了《中小企业促进法》《关于进一步促进中小企业发展的若干意见》《关于鼓励和引导民间投资健康发展的若干意见》等多个法规与文件，这些政策法规的实施，在净化我国中小企业发展的社会融资环境，推动中小企业发展方面取得了一定的积极成效。但是，鉴于我国的特殊国情，乡镇企业作为中小企业中的弱势群体，在融资支持、技术创新资金扶持、融资担保等方面，还存在很多缺陷。应当进一步修改完善相关法律法规，为乡镇企业的融资与发展提供更加有力的法律支持。目前，我国虽然出台有《担保法》，但该法并不是面向专业的信用担保机构，在实践中也存在着侧重于保护债权人、对担保人权益保护不够的问题，在相当程度上也阻碍了乡镇企业信用担保机构的健康发展和规范运作。鉴于我国乡镇企业融资担保法的缺失与滞后，应尽快建立专门的乡镇企业融资担保法，明确担保当事人的权利与义务，对担保行业的市场准入、风险分散与风险控制、外部的监督与管理（包括政府与担保机构的关系）等从法律层面做出相关的规定，使乡镇企业融资担保机构有法可依，促进乡镇企业融资担保行业的规范发展。同时，鉴于当前区域性资本市场建设对于乡镇企业融资体系建设的重要意义，要建立健全相关法律法规，为区域性资本市场的健康运行营造良好的制度环境。比如要出台区域性资本市场的交易规则，包括市场主体资格认证，募集资金的方式、规模、对象与范围，市场准入与退出的规则，交易商的资格审定和相关柜台交易规则以及纠纷处理、打击违法违规的法律法规。同时应对其他相关的法律法规包括《证券法》《公司法》《担保法》中与实际经济活动相冲突的地方重新进行修订与调整，使之相互配套。在推进乡镇企业立法工作的同时，还要从企业内部强化和运用法律机制，从企业外部改善和搞好法律服务。以增强企业的法律意识，提高企业管理层的法律素质，有效运用法律机制，实现企业依法管理与依法经营。依据我国各地区乡镇企业发展非均衡的客观事实，可尝试推进乡镇企业的地方性立法工作，并出台乡镇企业发展的相关配套政策措

施。如改善执法措施，以提供法律服务为主，积极为乡镇企业发展"保驾护航"。治安管理部门要着眼于"保驾"，经济检察部门要着眼于改革与治本；经济审判部门要着眼于搞活与调整；司法行政部门要着眼于促进与服务，为引导乡镇企业步入法制轨道当好参谋。

二、加快推进乡镇企业信用体系建设

乡镇企业普遍缺乏统一、完整的信息系统，造成银企之间信息不对称，是导致乡镇企业融资难的重要原因之一。激活和培育乡镇企业的信用意识与信用精神，建立和完善乡镇企业信用评价机制是促进银行与乡镇企业之间的有效沟通，加强双方的相互理解、相互信任，进而解决乡镇企业融资难问题的关键所在。当前，国内外征信体系建设与发展路径主要有美国、欧洲和日本三种典型模式。"美国模式"以市场主导，整个社会信用活动的运行完全通过市场化运作来实现。该模式下，征信机构是商业化的企业主体，征信服务机构独立于政府之外，其提供的服务是有偿的。"欧洲模式"是一种政府主导模式。由政府出资、通过中央银行建立了一个非盈利机构，该机构代表政府直接参与信用信息的搜集，依据国家相关法律法规强制个人、企业、政府部门、金融机构等信用主体定期提供相关信用数据信息，供商业银行和金融机构等使用者使用。该机构同时负责对企业的信用活动进行监督与指导，并对不良信用行为进行处罚。"日本模式"是一种行业主导的混合型模式，其征信系统建设由非盈利性质的银行协会来实现。该协会向所有会员提供信用信息收集、加工、传递的平台。会员均自愿参加并交纳会费，在向协会提供各类信用信息的同时也有权向协会索取所需信息。结合我国国情与乡镇企业发展实际，我国乡镇企业信用体系建设应强调政府主导作用，成立专门机构指导、参与管理征信活动，同时大力发展民间征信机构作为乡镇企业信用体系的重要组成部分，借助政府的力量将政府、市场和社会因素融合在一起，形成具有我国特色的乡镇企业信用体系。一方面，可以充分借鉴印度开展中小企业信用评级的经验，广泛开展乡镇企业信用评级活动，树立乡镇企业良好的信用意识。通过正面宣传和舆论引导，在完善乡镇企业守信行为的正向激励政策的同时，加大对其失信行为的惩处力度，提高乡镇企业的违约成本。另一方面，要加快完善乡镇企业信用的征集、评估、发布与服务体系。完善乡镇企业信用评估制度，建立乡镇企业信用信息库，定期发布乡镇企业信用状况，为银行贷款决策提供参考依据，使得银行能够深入掌握中小企业信息，有效防控信用风险，保证信用贷款质量。探索将乡镇企业的信用等级与可获贷款额度挂钩，督促乡镇企业能够诚信借贷与守信还贷，增强贷款诚信保障，切实提高乡镇企业贷款成功率，实现银企双方的共赢。

三、推进乡镇企业机制体制创新与转型发展

当前，市场需求日益成为乡镇企业生存发展的决定性因素，此前在乡镇企业发展过程中占有异常重要地位的资源比较优势正日益被竞争优势所取代，并且随着乡镇企业的发展与城镇化建设的加快，其对于资源、要素及市场跨区域流动的需求也逐渐加强。因此，就企业自身而言，为了在发展过程中得到更多的金融支持，应加快促进自身积累，提升自身内源融资信贷能力，促进自身体制创新与转型发展，加快自身产业结构优化与升级，不断提升自身的综合素质与社会经济效益。一方面，要加快自身产权改革，明确产权关系。对于规模较大、企业经营效益较好的重点企业，要以现代企业制度为标准，促使自身朝有限责任制、股份制企业进行改革；对于中小规模的集体所有制企业，应该根据地方经济发展程度与企业现实发展状况，采取租赁经营方式、股份合作制改造、委托经营或者拍卖等方式进行改革。另一方面，乡镇企业要从财务预算、财务分析统计、资金管理、资产管理等方面来规范自身财务管理，有效提高企业财务报表的真实性和透明度，不仅为企业自身经营、投资决策提供参考，也为金融机构授信放贷提供依据。同时，要加强自身信用观念，用实际行动提升自身的资信水平，成为一个合格的信贷主体，并以此作为获得银行信贷的重要保障。此外，乡镇企业也要不断提高自身产品创新能力与市场竞争力。研发队伍建设滞后，科技创新能力弱，市场竞争力不强，技术创新先天不足是当前我国乡镇企业的普遍特征。因此，乡镇企业应全面提升自身素质，针对性地引进专业人才，增加研发费用的投入与支出，推进自身技术创新与进步，开发企业核心技术产品，促进自身增长方式转变。而推动技术创新与进步必须在立足自身的前

提下，寻求外部支持，具体途径为：第一，充分利用社会资源，引进适合于乡镇企业的技术发明和创造成果。乡镇企业可依靠内外合力，集中人力、财力与物力攻克关键性技术；同时加快推进科技成果的产业化与技术成果的扩散过程，以促进技术成果尽快转移到乡镇企业中。第二，政府应出台相关扶持与优惠政策，鼓励乡镇企业进行技术创新和技术改造，提高乡镇企业自身的技术开发和创新能力，加快对引进的先进技术的消化吸收和创新提高。第三，乡镇企业自身应重视技术改造问题，要把固定资产投资的重点转移到技术更新和改造方面来。第四，重视乡镇企业内部技术人才队伍建设，在引进企业技术精英，加强对外交流的同时，通过进修、培训的方式提高现有技术人员消化、吸收和运用新技术、新设备的能力。

第二节　创新机制，建立健全乡镇企业多维金融支持体系

乡镇企业是农村经济发展的"助推器"，是转移剩余劳动力、促进农村经济增长和农民收入增长的重要渠道。农村金融机构需要坚持小微市场定位，从乡镇企业多元化、差异化的融资需求出发，建立健全乡镇企业金融支持体系，完善乡镇企业金融服务的长效机制，为乡镇企业健康发展提供保障和支撑。

一、加强乡镇企业专营金融机构建设

随着乡镇企业的迅速发展，经济规模的不断扩大，其在资金供求、结算汇兑、存款贷款、财产保险以及融资渠道、服务范围、内容机构等方面都提出了新的要求。近年来，农业银行、农村信用社等正规金融机构围绕改善乡镇企业金融服务作了许多有益的改革与探索，但是，目前这些服务内容与服务机制依然难以适应乡镇企业快速发展的要求。特别是当前金融机构以信用贷款为主的融资服务模式，无论是从管理人员素质，还是从资金融通能力上，都与向着大规模、高效益、新技术快速发展的现代乡镇企业是不相适应的。金融机构在对乡镇企业的信贷控制监督、金融咨询顾问、信息服务指导等诸方面来说更是力不能

及。与此同时，随着我国金融体制改革的深入推进，金融机构内部也暴露出了其自身难以克服的矛盾。强大的经济力量的兴起，其自身必然会形成一股宏大的资金来去脉络和循环形式，形成特定的资金融通特点，只有建立专门的金融机构才有利于对资金的吸收利用与调剂融通。因此，加强乡镇企业专营金融机构建设，是当前我国乡镇企业转型发展的客观要求，也是化解当前和未来乡镇企业发展过程中融资困境的有效途径。目前银行设立的专营机构主要有两种形式：一种是专业支行、特色支行；另一种是小微企业金融中心。专业支行、特色支行从地理上接近小微企业，与其他基层支行不存在隶属关系，符合银监会提出的专营机构标准。小微企业金融中心一般设立在下属分支行中，类似于一个业务部门，经营、业务不能完全独立，与银监会定义的专营机构有一定的差距。由于我国专营金融机构建设起步较晚，机制建立尚在摸索阶段，其在充分规避贷款风险的前提下还需要完成银监会或银行管理部门提出的贷款目标，这使得专营机构在客户的界定上存在模糊界定的可能，在为乡镇企业提供金融服务的过程中还不可避免地存在一些问题。相关研究表明：专营机构的出现，并未使非专营机构因竞争而提高服务效率，对贷款审批时滞约束没有产生间接的缓解效果。专营机构的人缘地缘优势有利于缓解金融服务时滞约束，提高服务效率，这种差异化、特色化经营方式未来可能会成为乡镇企业获得银行贷款的主要途径[1]。为此，鉴于乡镇企业天生的弱质性和融资问题的突出性以及其在农村经济社会发展中的重要地位和作用，一方面，可以尝试借鉴发达国家的成功经验，由政府出资设立乡镇企业政策性金融机构（如美国的小企业管理局），通过政府拨款、发行政策性金融债券等方式，为乡镇企业发展中的特定领域和特定项目提供稳定的信贷支持。同时，政策性金融机构还可以充分利用高效的金融支付系统和其他各种金融工具，为乡镇企业提供汇兑、结算、转账和财务管理等多种服务。鉴于我国目前农村金融体制与格局，也可以在现有的政策性银行中专门设立面向乡镇企业的贷款部门和服务部门，并且通过立法来确保政策性金融机构对乡镇企业的融资比例和融资数额。另一方面，应该扶持农村合

[1] 陈晓红，李杨扬.小企业金融服务专营机构融资审批效率提升问题研究.经济科学，2015，（6）：103-106.

作性中小金融机构发展。我国乡镇企业融资具有资金量小、频率高、季节性强、时间急、成本高等显著特征，规模大的金融机构往往因为贷款成本高、信息不对称等原因，常常忽视乡镇企业的贷款需求。而农村合作性中小金融机构（如社区银行、村镇银行等）由于自身从业人员本土化，与客户所在地域联系密切，熟悉客户资本信誉与经营状况等特点，在有效降低交易成本以及规避因"信息不对称"引发的逆向选择和道德风险问题方面具有明显的比较优势，因而能够也乐于为乡镇企业提供金融服务，在化解乡镇企业融资难问题方面发挥了不可忽视的作用。此外，我国目前各商业银行设置的中小企业信贷部，有针对性地对包含乡镇企业在内的中小型企业提供信贷支持，这对缓解乡镇企业融资难问题起到了一定程度的积极作用。但是还应该进一步强化各商业银行中小企业信贷部服务乡镇企业的职能，进一步提高乡镇企业的信贷投入比例，简化贷款手续和环节，探索适合乡镇企业的信贷管理方式。政府层面，应该加强商业银行向乡镇企业贷款的效益保障，在一定程度上加大商业银行对乡镇企业贷款利率的浮动范围，逐渐推行利率市场化。同时，继续加大对农村信用社的改革力度，加快机制转换步伐，尽快提高其服务乡镇企业的水平与能力。

二、创新融资担保机制，建立健全融资担保体系

我国大多数乡镇企业具有规模小、产值与附加值低等特点，决定了乡镇企业可利用信贷担保的经济剩余有限，也就意味着在现行贷款机制下乡镇企业往往难以通过贷款审核，进而难以获得融资。2013年我国中央一号文件指出：要改善农村金融服务，创新符合农村特点的抵（质）押担保方式和融资工具，建立多层次、多形式的农业信用担保体系；支持符合条件的农业产业化龙头企业和各类农业相关企业通过多层次资本市场筹集发展资金。因此，创新和扩展更为有效的担保物及信用担保方式，建立长效的乡镇企业信贷担保机制，构建体现差异性和层次性的乡镇企业信贷担保体系，将是改进乡镇企业信贷服务、缓解企业融资瓶颈、解决企业信贷约束的重要环节和关键步骤。随着农村金融市场的进一步深化和新型城镇化的快速推进，创新乡镇企业信贷担保机制，完善乡镇企业融资担保体系，创新其信贷担保形式具有现实的紧迫性和必然性。

　　创新乡镇企业信贷担保机制。从国际经验来看，在中小企业信用担保制度的形成和中小企业信用担保机构的建立与运行过程中，政府往往发挥着比较重要的作用，特别是在早期阶段。从某种意义上讲，中小企业信用担保机构实际上是市场机制和政府政策行为共同作用的结果。在大多数国家，政府不仅对担保机构提供资金支持，甚至还对担保机构的亏损提供一定的补贴。我国乡镇企业与国外其他中小企业有着本质的区别，我国乡镇企业信用担保制度（或机构）的建立，从某种程度上讲具有提供类似"公共物品"的性质。加之我国现阶段乡镇企业信用担保机构的运作经验缺乏，专业人员不足，有效制度稀缺。因此，在当前我国乡镇企业信用担保制度（机构）的建立和运行过程中，政府作用的发挥（包括政府出资、参股或控股、提供一定的补贴与扶持）就是必要的、难免的。如何有效地处理乡镇企业信用担保制度的运行与积极发挥政府作用的关系，避免因政府过多干预信用担保机构的具体运作而导致政府行为（目标）对信用担保机构行为（目标）的同化，从而使后者缺乏相对独立性，也是一个值得重视的现实问题。因此，需要加强相关制度和法规建设，使政府的作用主要集中在对担保机构进行政策行为的引导和外部的监督管理与规范调节，以切实保障乡镇企业信用担保机构的独立运作、自主经营。即便是政府全额出资（或政府控股）的担保机构，政府除提供相应的资金支持外，也只应负责（或作为主要参与者参与）重大经营方针、经营政策的制定或依章调整，不宜具体介入经营业务，以确保担保机构的独立运作、自主经营。担保机构只要遵守有关方针、政策和规定，则有权自主决定为谁担保，有权同企业依据正常的交易关系确定按什么条件担保及担保费率的大小。当前特别需要强调的是，要面向乡镇（中小）企业信用担保机构，在为其科学地选择组织形式的同时，加强专门性的法律、法规建设，填补其现阶段的空白，还要加强乡镇企业信用担保机构运行的相关政策的配套完善工作。当然，政府也可以要求信用担保机构在贯彻产业政策或地区产业发展、结构调整目标等方面，发挥一定的作用，而这种要求应该是与尊重信用担保机构的自主经营权利和自身利益并行不悖的。同时，要加强乡镇企业信用担保机构的风险防范及其分散、分摊工作。乡镇企业信用担保体系（机构）的长期运作，取决于它本身的收支平衡；而乡镇（中小）企业信用担保业又是个高风险的事业。因此，信用担保机构的运作将会面临担保机构实现自身收支平衡与乡镇企业实现降低融资成本、提高融资便利目标的冲突[1]。因此，一方面，要明确并严格执行企业信用担保体系中的"市场准入资格"，另一方面，要严格实行比例担保与担保最高限额规定，有选择地采取一些反担保措施。实行比例担保有利于更好地调动商业银行和担保机构双方提高贷款资源配置效益的积极性，实现二者的有效分工协作。担保机构的重点是加强对企业贷款的事前评估和事后追偿、处理，银行等金融机构的重点是加强对企业贷款的事中监控。基于我国乡镇企业发展的客观现实，现阶段对于乡镇企业贷款担保的担保比例不宜过高；应该随着担保业的发展在一定范围内逐步提高，这既有利于激发银行类金融机构加强信贷管理的积极性，又与担保机构的担保能力相适应。应该允许担保机构根据担保贷款的风险状况，在同银行、企业协商的基础上，在一定范围内灵活掌握，确定担保比例和担保费率。注意有选择地采取一些反担保措施。一定条件下，要求担保机构在为取得大额贷款或长期贷款的受保企业提供反担保人或抵押品[2]。

创新和扩展更为有效的担保物及信用担保方式。鉴于我国乡镇企业内源融资不足以及外源融资严重依赖银行信贷的客观现实，为筹集企业生产经营所必需的资金并减小融资风险，乡镇企业需要进一步拓展新的融资渠道。首先，政府应该发挥主导作用，并适时修改和完善相关法律法规，逐步扩大乡镇企业可抵押物的范围，突破乡镇企业不动产担保的限制，建立乡镇企业不动产评估、执行与交易市场，健全农村金融风险补偿机制。稳步推进农村土地承包经营权、林权、土地使用权以及附着于上的厂房产权等核心不动产抵押贷款制度。解除不动产赋予政治使命枷锁，解除产权的法律约束，拓展乡镇企业融资担保渠道。第一，在企业设备购置资金短缺的情况下，可以尝试进行融资租赁。融资租赁对乡镇企业而言是一种较好的融资形式。第一，乡镇企业自身资本少、信用度低，利用银行贷款进行设备购置，银行的一些附加条款会使乡镇企业难以获得贷款资金满足。而融资租赁对企业的信用要求比较低，手续简便快捷，乡

---

[1] 姜长云. 乡镇（中小）企业信用担保机制的建设问题探析. 中国农村经济，2000，（11）：46-50.

[2] 姜长云. 乡镇（中小）企业信用担保机制的建设问题探析. 中国农村经济，2000，（11）：49-54.

镇企业既能通过该方式进行自身设备更新和技术改造，也能够避免因引进设备大量耗用资金而造成的资金周转困难，加大乡镇企业现金流。对乡镇企业而言，融资租赁在启动消费、扩大内需、开拓市场方面具有独到功效，使企业的现金周转更灵活，是一种比较理想的融资方式。第二，乡镇企业可以利用其独特的地理优势，借助碳金融的思路，创建碳交易产品运行载体，通过各种融资手段将原本虚体的绿色环保概念转变为有形的融资实体，这种融资载体可为乡镇企业进行低碳交易和碳融资项目构建抵押、质押的标的物。碳金融是伴随低碳经济运行的深化而发展起来的。乡镇企业一般处于碳排放量较低的农村地区，较城市大中型企业拥有绝对的低碳环境与地域优势。因而乡镇企业可以根据自身的经营情况、资金的持有状况和企业未来的发展需要，通过合理的预测与规划，率先向产业的低碳化迈进，利用乡村环境赋予的碳拥有量的优势和国家对低碳融资的政策支持，建立碳融资渠道，利用国家政策进行碳融资并降低融资成本。一方面，就涉农乡镇企业自身而言，可以利用地理条件和涉农产业等特色资源，创作碳汇资源和融资载体，拓宽融资渠道。如发展植树造林产业，创造森林碳交易品；构建草坪和花卉碳交易品载体；控制农作物的生长到加工过程，发展农业有机交易品等等。另一方面，引导碳金融进入乡镇企业开发项目融资。乡镇企业的低碳模式项目融资是指乡镇企业通过建设碳减排的项目，并以该减排项目本身或者该减排项目所在乡镇企业的固定资产和未来收益或其他与项目有关的资产和权益作为抵押的取得融资的一种模式。就当前而言，我国乡镇企业可以通过以下途径对开发项目进行融资：（1）以循环经济为基础建设低碳项目进行融资。乡镇企业可以凭借靠近原料基地的地理条件优势，建设以物质和能量的再循环利用为基础的循环经济的农产品加工业项目，并以此向银行等金融机构抵押来进行项目融资。（2）以绿色物流供应链为基础建设低碳项目进行融资。这是一种把供应链上的核心企业以及上下游企业作为一个整体，根据它们的贸易关系进行融资的一种新型融资模式。其实质就是借助核心企业的良好商誉和信誉为上下游企业融资。（3）以低碳技术如低碳秸秆技术、太阳能无碳技术等为指导建设新能源项目扩大融资。第三，可以引导乡镇企业进入低碳旅游行业进行融资。我国乡村拥有独特的风土人情，发展低碳旅游行业具有独特优势。相对于城市喧嚣的环境，乡村地区的湿地、树林、池塘本身就是一种低碳旅游资源，乡镇企业可以在较低的人力、物力与资金投入条件下，将之改造成为具有保护植被、以自然环境和生物体为主的高碳汇旅游基地，将旅游项目打造成为低碳融资的载体。同时，建设低碳的旅游周边配套设施，如旅游公共交通设施，环保型交通工具。此外，乡镇企业可以根据所在地域特色，选择加工低碳排放量的农产品和手工艺品，减少一次性生活用品的生产项目建设[1]。需要指出的是，不同的融资模式都有其自身的优点和不足，并有一定的适用范围与条件。乡镇企业应结合自身实际与所处的外部环境，科学、谨慎地选择合适自身的融资渠道。

此外，由于乡镇企业在不同的成长阶段具有不同的信用特性与合约执行机制，可以根据乡镇企业的类型、潜在发展能力、融资需求状况等，选择不同的融资渠道和融资模式。就初创期的乡镇企业而言，其融资渠道主要依靠民间金融和政府的扶持。因此，应鼓励和引导民间金融的规范发展，引导民间资本创建以服务乡镇企业为目的的新型农村金融组织，如村镇银行、民间资本参股的商业银行等，促进农村金融市场竞争。其次，政府应出台并完善相关政策，鼓励创投和风投资本对乡镇企业的融资支持。就成长期的乡镇企业而言，其融资模式主要以关系型融资为主，距离型融资为辅，融资主要来源于银行信贷，部分来源于直接融资。因此，应在贷款额度、期限、利息等方面适当放宽乡镇企业贷款限制，积极开发符合乡镇企业融资需求的金融创新产品。同时，降低乡镇企业直接融资的门槛，为乡镇企业直接上市融资创造条件。此外，还要发展符合乡镇企业融资需求的区域性金融市场，通过构建区域性股权市场，提升处于成长期的乡镇企业的融资能力，为其融资创造良好的融资环境。就处于成熟期的乡镇企业而言，其融资渠道主要是市场化融资乃至国际融资，其次是银行贷款。此时，政府就应该在成长期乡镇企业融资渠道体系的基础上，进一步完善区域金融服务体系，确保成熟的乡镇企业直接融资能够得到相关的法律保障，并制定各种制度性的执行机制以防范市场契约化的信用风险。

---

[1] 刘国斌，张令兰．碳金融视角下建立我国乡镇企业融资载体渠道分析．商业研究，2012，（11）：172-175.

　　构建体现差异性和层次性的乡镇企业信贷担保体系。要鼓励商业性金融机构、企业和其他相关组织积极参与到乡镇企业融资担保体系的建设中来。在政府主导下，探索建立乡镇企业政策性融资再担保公司，化解乡镇企业代偿损失。同时，组建政府与企业联合的综合性多层次乡镇企业融资担保机构，建立由政府举办的政府担保基金、由自然人出资并承担有限责任的合作担保基金以及由政府、企业法人、社团法人、自然人共同组建的股份制信用担保基金等多元化信用担保体系，并通过完善奖励补助、稳定资本注入、承担风险补偿、加大税收优惠等措施来分散和化解信用风险，提高金融机构对乡镇企业的融资信心与融资力度。要引导非正规金融积极支持乡镇企业发展。非正规金融在农村地区占有很重要的地位，相对于正规金融，非正规金融具有门槛低、审批时间短、手续简单等优点。当某些乡镇企业实在无法从正规金融渠道获得融资的时候，就会寻求非正规金融渠道的融资支持。因此，引导与规范非正规融资发展，能够在一定程度上缓解乡镇企业融资需求。通过充分发挥各主体机构的作用，促进乡镇企业融资担保体系的完善，实现乡镇企业融资担保的制度化、规范化、与长效化。

三、推进区域性资本市场试点开发与建设

　　国务院总理李克强在十二届全国人大四次会议上的政府工作报告中指出，要推进股票、债券市场改革和法治化建设，促进多层次资本市场健康发展，提高直接融资比重。当前，我国资本市场发展总量有限，层次差异不明显，低层次资本市场比较缺乏。不同地区不同类型的中小企业与乡镇企业对于低层次资本市场的需求是比较旺盛的。随着乡镇企业产权制度的改革与深入，我国股份制乡镇企业将越来越多，对于股权与股票的交易需求也将日趋强烈。因此，培育和建立乡镇企业多层次的资本市场对于满足不同融资主体的资本需求有着非常重要的显示意义。乡镇企业多层次资本市场的主体架构包括主板市场、二板市场和区域性资本市场三大层次。在多层次资本市场建设思路上，应根据我国乡镇企业发展的实际情况，重点培育和建立区域性资本市场，积极扶持科技型乡镇企业入二板市场，稳步推进有条件的乡镇企业通过改制改组、资产重组、

兼并等途径扩大规模、推进技术改造与创新、优化产业与产品结构、强化行业优势，提高效益，进入主板市场。我国乡镇企业的类型大多为传统产业，以劳动密集型产业为主，从事新兴产业和新技术产业企业的较少。由于资本主板市场门槛高、融资成本大，而二板市场门槛虽比主板市场降低许多，但其只针对特殊的服务对象，且上市评估费用高昂。因此，乡镇企业大量上创业板是不现实的。相比较而言，区域性资本市场更适合以从事传统行业产业为主的乡镇企业。区域性资本市场可以为企业提供灵活的融资手段。在投资回报的比率和方式、股票和债券的互相转换、投资者管理权限的设定等方面都可以进行灵活的设计。同时，在区域性资本市场上，由于市场主体普遍规模较小，企业上市的有关费用相对低廉。同时由于是区域性的市场，投融资双方更容易相互了解和沟通，中介机构的运营费用和管理部门的监管成本都相对较低。因此，进行区域性资本市场试点开发与建设，不仅能够为部分乡镇企业创造一个新的融资平台，也能够为部分发展成熟的乡镇企业日后上市融资搭桥，对企业起到一个培养和支持的作用。但是我们也应该注意到，区域性资本市场的存是可能带来很大风险的。因此，应该择优保存，规范发展，做到兴利除弊，选取个别地点进行试点开发，逐渐拓展区域性的股权交易市场，打通乡镇企业从资本市场融资的途径。在扶持培育区域性的股权交易市场过程中，应该根据各地的实际情况，提倡区域特色，注重层次差别。率先在个别经济发达的地区、乡镇企业改制比较彻底的地区进行省际层次与区际层次的试点开发，在证监会与国家农村改革试验区办公室的设计与监管下，进行股权交易市场分层次建设的尝试与试点，避免政府过度干预，降低区域资本市场运行风险。由于区域性资本市场开发的经验有限，短时间内试点不宜过多，同时应该注重不同层次的试点之间的相互协调发展，实现各试点市场之间的连接，进行联网运营。如在区际股权市场上市的乡镇企业要求就要比省际的要求低一些，待乡镇企业在区际股权市场上市并达到一定的标准之后，再可尝试将其升级到省际股权交易市场进行上市交易。

区域性资本市场建设是一项系统工程，需要国家、企业、市场三个方面的相互协调、相互配合与共同努力。就地方政府而言，其工作的重点是搞好市场准入与退出、政策适用范围、违规处罚等方面的制度建设与法律法规建设，消除所有制歧视，维护区域内市场公平。同时要打破部门垄断，简化办事程序，提高政策透明度和办事效率，最大限度地降低市场的无形成本。就乡镇企业自身而言，要依法推进自身向多元投资主体的股份制企业改制，稳步推进改制过程中的经营机制转换工作，按照《公司法》等法律法规要求，建立健全法人治理结构，确立产权明晰、权责明确、政企分开、管理科学的现代企业制度；提高公司的决策与管理水平，在公司内部加快形成协调运转、相互制衡、科学高效的运营机制。就市场而言，要建立和强化信用制度，要强化市场主体的信用观念，以信用制度作为市场进入和退出的主要标准，加大对违约行为的惩处力度。在区域内建立统一的资信记录、评价、披露和管理制度，提高资信的透明度。确保资本市场的良性发展。同时，要加快培育和发展乡镇企业进入资本市场的专业中介组织。中介服务机构是资本市场体系中的重要组成部分，要根据审慎监管原则，健全证券、期货公司等中介服务机构的市场准入制度，大力发展适合乡镇企业特点的证券期货投资咨询机构、证券资信评级机构，律师事务所、会计师事务所和资产评估中介服务机构等，培育诚实守信、动作规范、治理机制健全的中介群体。同时，采取相关措施，加强对中介服务机构的管理，建立健全中介服务机构的市场退出机制，促使中介机构提高执业水准，增强服务能力，为乡镇企业投资咨询、资产评估、发行上市等提供更好的专业服务。

参 考 文 献

1. Aryeetey E. Informal Finance for Private Sector Development in African. The Africa Development Report, 1998.

2. Schreiner M. Informal Finance and the Design of Microfinance. Development in Practice, 2000, 11（5）.

3. Isaksson A. The Importance of Informal Finance in Kenyan Manufacturing. The United Nations Industrial Development Organization（UNIDO）Working Paper, 2002.

4. ADB. "Informal Finance in Asia", Asian Development Outlook 1990. Manila：Asia Development Bank, 1990.

5. Meghana A, Asli D K, Vojislav M. Formal Versus Informal Finance：Evidence from China. Policy Research Working Paper Series, 2008.

6. Avishay B, Guasch J L. Institutional Aspects of Credit Cooperatives. The World Bank Policy Research Working Paper Series, 1988.

7. Dale A, Delbert F. Informal Finance in Low-Income Countries. West view PRESS, 1992,（1）.

8. Tsai K. Beyond banks：The Local Logic of Informal Finance and Private Sector Development in China. Presented at the Conference on Financial Sector Reform in China September, 2001：1-41.

9. 姜旭朝. 民间金融理论分析:范畴、比较与制度变迁. 金融研究, 2004,（8）.

10. 谈儒勇. 我国金融改革方向的理性思考. 南京大学学报：哲学·人文科学·社会科学版, 2001,（1）.

11. 任森春. 非正规金融的研究与思考. 金融理论与实践, 2004,（9）.

12. 郭沛. 中国农村非正规金融规模估算. 中国农村观察, 2004,（2）.

13. 徐璋勇, 郭梅亮. 转型时期农村非正规金融生成逻辑的理论分析——

兼对农村二元金融结构现象的解释.经济学家，2008，（5）.

14. 张宁.试论"全金融".经济学家，2003，（2）.

15. 苑德军.民间金融的外延、特征与优势.经济与管理研究，2007，（1）.

16. Stiglitz J. Peer Monitoring and Credit Markets. World Bank Economic Review, 1990, 4（3）.

17. 张伟.现代农村金融理论及我国农村金融制度模式的演进探索.现代财经，2010，（10）.

18. Hodgman D R. The Deposit Relationship and Commercial Bank Investment Behavior. The Review of Economics and Statistics，1961，（43）3.

19. Weitzman M L，Xu C. Chinese Township-village Enterprises as Vaguely Defined Cooperatives. Journal of Comparative Economics，1994，18（2）.

20. Stiglitz J E，Weiss A. Credit Rationing in Markets with Imperfect Information. The American Economic Review，1981，71（3）.

21. 尼尔·格雷戈里，斯托伊安·塔涅夫，黄烨青，赵红军.中国民营企业的融资问题.经济社会体制比较，2001，（6）.

22. 黄树青.信贷配给与我国乡镇企业融资困境.华南金融研究，2001，（5）.

23. Weston J F，Brigham E F. Managerial Finance. New York：Dryden Press，1970.

24. Weston J F，Brigham E F. Managerial Finance，6th Edition. New York：Dryden Press，1978.

25. Berger A N，Udell G F. The Economics of Small Business Finance：The Roles of Private Equity and Debt Markets in the Financial Growth Cycle. Journal of Banking & Finance，1998，22（6）.

26. 李巧莎.基于金融成长周期理论的科技型中小企业融资问题研究.科技管理研究，2013，（10）.

27. Gregory B T，Rutherford M W，Oswald S etal. An Empirical Investigation of the Growth Cycle Theory of Small Firm Financing. Journal of Small Business Management，2005，43（4）.

28. 朱坤林.中小企业融资理论综述.商业研究，2011，（5）.

29. Myers S C. The Capital Structure Puzzle. The Journal of Finance, 1984, 39(3).

30. Farrar D, Selwyn L. Taxes, Corporate Financial Policy and Return to Investors. National Tax Journal, 1967, （12）.

31. Aitman E I. Financial Ratios, Discriminant Analysis and the Prediction of Corporate Bankruptcy. The Journal of Finance, 1968, 23 （4）.

32. Jensen M C, Meckling W H. Theory of the Firm : Managerial Behavior, Agency Costs and Owner Ship Structure. Journal of Financial Economics, 1976, 3(4).

33. Ross S A. The Determination of Financial Structure : the Incentive–signalling Approach. Hystrix–italian Journal of Mammalogy, 1977, 20 （1）.

34. Myers S C, Majluf N S. Corporate Financing and Investment Decisions when Firm Shave Information that Investors Donot have. Journal of Financial Economics, 1984, 13(2).

35. Brealey R, Leland H E, Pyle D H. Informational Asymmetries, Financial Structure, and Financial Intermediation. The Journal of Finance, 1977, 32 （2）.

36. Graham J R, Harvey C R. The Theory and Practice of Corporate Finance : Evidence from the Field. Journal of Financial Economics, 2001, 60 （2）.

37. 张军，施少华，陈诗一 . 中国的工业改革与效率变化 . 经济学（季刊），2003，（1）.

38. 钱纳里，鲁宾逊，赛尔 . 工业化和经济增长的比较研究 . 上海：三联书店，1989.

39. 傅家骥 . 面对知识经济的挑战，该抓什么——再论技术创新 . 中国软科学，1998，（7）.

40. 周立，周向阳 . 中国农村金融体系的形成与发展逻辑 . 经济学家，2009，（8）.

41. 周立 . 中国农村金融体系发展逻辑 . 银行家，2005，（8）.

42. 温铁军 . 农村合作基金会的兴衰：1984 ~ 1999. 上海：三联书店，2005.

43. 周立，周向阳 . 中国农村金融体系的形成与发展逻辑 . 经济学家，2009，（8）.

44. 周立 . 三次农村金融改革述评 .Banker，2006，（3）.

45. 匡家在 .1978 年以来的农村金融体制改革：政策演变与路径分析 . 中国经济史研究，2007，（1）.

46. IFAD. Thematic Study on Rural Financial Services in China. Volumel-Main Report，2001. No.1147-CN Rev.

47. 林毅夫，蔡昉，沈明高 . 我国经济改革与发展战略抉择 . 经济研究，1989，（3）.

48. 温铁军 . 中国 50 年来 6 次粮食供求波动分析 . 山东省农业管理干部学院学报，2001，（2）.

49. 汪三贵 . 信贷扶贫能帮助穷人吗？调研世界，2001，（5）.

50. 黄祖辉，刘西川，程恩江 . 中国农户的信贷需求：生产性抑或消费性——方法比较与实证分析 . 管理世界，2007，（3）.

51. 潘朝顺 . 农村信贷需求与非正规金融供给的耦合——广东的实证 . 农业经济问题，2009，（9）.

52. 杨福明，黄筱伟 . 非正规金融与正规金融协同性的实证分析：温州案例 . 上海金融，2009，（4）.

53. 邵传林 . 农村非正规金融转型中的制度创新——以富平小额贷款公司为例 . 中南财经政法大学学报，2011，（5）.

54. 江浩 . 浅谈农业发展银行职能定位缺陷与弥补方略 . 武汉金融，2012，（9）.

55. 王媛等 . 基尼系数法在水污染物总量区域分配中的应用 . 中国人口·资源与环境，2008，18（3）.

56. Mookherjee D，Shorrocks A. A Decomposition Analysis of the Trend in UK Income Inequality. The Economic Journal，1982，92（9）.

57. 中华人民共和国农业部 . 全国乡镇企业发展"十二五"规划 .2011-05.

58. 肖萍 . 乡镇企业融资供需失衡成因及其均衡实现 . 河南师范大学学报：哲学社会科学版，2010，（3）.

59. 姜春梅 . 中国乡镇企业融资来源及结构分析 . 经济评论，2003，（6）.

60. 姜长云 . 乡镇企业资金来源与融资结构的动态变化：分析与思考 . 经济研究，2000，（2）.

61. 李志赟. 银行结构与中小企业融资. 经济研究, 2002, (6).

62. 张捷. 中小企业的关系型借贷与银行组织结构. 经济研究, 2002, (6).

63. 林毅夫, 李永军. 中小金融机构发展与中小企业融资. 经济研究, 2001, (1).

64. 林毅夫, 孙希芳. 银行业结构与经济增长. 经济研究, 2008, (3).

65. 林毅夫, 孙希芳, 姜烨. 经济发展中的最优金融结构理论初探. 经济研究, 2009, (8).

66. 林毅夫, 徐立新. 金融结构与经济发展相关性的最新研究进展. 金融监管研究, 2012, (3).

67. 董晓林, 杨小丽. 农村金融市场结构与中小企业信贷可获性——基于江苏县域的经济数据. 中国农村经济, 2011, (5).

68. 姚耀军, 董钢锋. 中小银行发展与中小企业融资约束——新结构经济学最优金融结构理论视角下的经验研究. 财经研究, 2014, (1).

69. 张杰. 民营经济的金融困境与融资次序. 经济研究, 2000, (4).

70. 王博. 银行体制、信贷配给与我国中小企业的融资困难. 中国经济问题, 2008, (5).

71. 余力, 孙碧澄. 民营经济发展的融资困境研究——基于金融抑制视角. 财经科学, 2013, (8).

72. 殷孟波, 贺国生. 银行为什么愿意向大企业贷款. 经济学家, 2003, (4).

73. 陶军. 我国中小银行贷款集中的羊群行为分析. 当代经济科学, 2006, (2).

74. 李伟, 唐齐鸣, 苏小燕. 金融支持与中小企业发展: 一个关于资金需求和供给的均衡分析. 世界经济, 2004, (5).

75. 王传东, 王家传. 信贷配给视角下的农村中小企业融资担保. 农业经济问题, 2006, (6).

76. 赵岳, 谭之博. 企业规模与融资来源的实证研究——基于小企业银行融资制的视角. 金融研究, 2012, (3).

77. Stiglitz J. Weiss A. Credit Rationing in Market with Imperfect Information. American Economics Review, 1981, 71 (6).

78. 殷孟波，翁舟杰. 解读中小企业贷款难理论谜团的新框架——租值耗散与交易费用视角. 金融研究，2008，（5）.

79. 殷孟波，翁舟杰. 租值耗散理论与我国中小企业贷款难问题研究. 经济学动态，2006，（7）.

80. 翁周杰. 中国中小企业信贷配给问题研究——"租值耗散–交易费用"框架. 西南财经大学博士学位论文，2008.

81. Saint-Paul G. Technological Choice, Financial Markets and Economic Development. European Economic Review, 1992, 36（4）.

82. King R G, Levine R. Finance, Entrepreneurship and Growth. Journal of Monetary Economics, 1993, 32（3）.

83. Dela F A, Marin J M. Innovation, Bank Monitoring, and Endogenous Financial Development. Journal of Monetary Economics, 1996, 38（2）.

84. Acemoglu D A, Ghion P, Zilibotti F. Distance to Frontier, Selection, and Economic Growth. Journal of the European Economic Association, 2006, 4（1）.

85. Laeven L, Levine R, Michalopoulos S. Financial Innovation and Endogenous Growth. Journal of Financial Intermediation, 2015, 24（1）.

86. Beck T, Levine R, Loayza N. Finance and the Sources of Growth. Journal of Financial Economics, 2000, 58（2）.

87. Calder ó n C, Liu L. The Direction of Causality between Financial Development and Economic Growth. Journal of Development Economics, 2003, 72（1）.

88. Tadesse S. Financial Development and Technology. William Davidson Institute Working Paper, 2007, 749. Arizala F, Cavallo E, Galindo A. Financial Development and TFP Growth : Cross-country and Industry-level Evidence. Applied Financial Economics, 2013, 23（6）.

89. 陈刚，李树. 金融发展与增长源泉:要素积累、技术进步与效率改善. 南方经济，2009，（5）.

90. 姚耀军. 中国金融发展与全要素生产率——基于时间序列的经验证据. 数量经济技术经济研究，2010，（3）.

91. 余利丰，邓柏盛，王菲. 金融发展与中国生产率增长——随机前沿分析的视角. 管理科学，2011，（4）.

92. 陈启清，贵斌威. 金融发展与全要素生产率：水平效应与增长效应. 经济理论与经济管理，2013，（7）.

93. 尹雷，沈毅. 农村金融发展对中国农业全要素生产率的影响：是技术进步还是技术效率——基于省级动态面板数据的 GMM 估计. 财贸研究，2014，（2）.

94. 朱玉春，郭江. 中国农业乡镇企业的技术进步及其与农业增长的相关分析. 中国农村经济，2006，（11）.

95. 李平，张庆昌，鲁婧颉. 效率增进、技术创新与中国乡镇企业的发展. 中国农村经济，2008，（7）.

96. 范丽霞. 中国乡镇企业增长的随机前沿生产函数分析. 数理统计与管理，2009，（4）.

97. Cornwell C，Schmidt P，Sickles R C. Production Frontiers with Cross-sectional and Time-series Variation in Efficiency Levels. Journal of Econometrics，1990，46（1-2）.

98. Kumbhakar S C. Production Frontiers，Panel Data and Time-varying Technical Inefficiency. Journal of Econometrics，1990（46）.

99. Battese G E，Coelli T J. Prediction of Firm-level Technical Efficiencies with a Generalized Frontier Production Function and Panel Data. Journal of Econometrics，1988，38（88）.

100. Farrell M J.The Measurement of Productive Efficiency. Journal of the Royal Statistical Society，1957，（120）.

101. Charnes A，Cooper W W，Rhodes E. Measuring the Efficiency of Decision Making Units. European Journal of Operational Research，1978，2（6）.

102. Banker R D，Charnes A，Cooper W W. Some Models for Estimating Technical and Scale Inefficiencies in Data Envelopment Analysis. Management Science，1984，30（9）.

103. 师博. 中国能源效率改进的增长绩效研究. 北京：科学出版社，2014.

104. Malmquist S. Index Numbers and Indifference Surfaces. Trabajos de Estadística, 1953, 4（2）.

105. Caves D W, Christensen L R, Diewert W E. The Economic Theory of Index Numbers and the Measurement of Input, Output, and Productivity. Econometrica : Journal of the Econometric Society, 1982, 50（6）.

106. Pastor J T, Asmild M, Lovell C A K. The Biennial Malmquist Productivity Change Index. Socio-Economic Planning Sciences, 2011, 45（1）.

107. 夏一丹, 胡宗义, 戴钰. 文化传媒上市公司全要素生产率的 Globe Malmquist 研究. 财经理论与实践, 2014,（4）.

108. 张军, 吴桂英, 张吉鹏. 中国省际物质资本存量估算：1952—2000. 经济研究, 2004,（10）.

109. 李平, 张庆昌, 鲁婧颉. 效率增进、技术创新与中国乡镇企业的发展. 中国农村经济, 2008,（7）.

110. 孙建红, 徐建军. 改革开放以来中国乡镇企业全要素生产率增长的时空差异. 经济地理, 2011,（4）.

111. 邵军, 徐康宁. 我国城市的生产率增长、效率改进与技术进步. 数量经济技术经济研究, 2010,（1）.

112. 谢建国, 吴国锋. 对外贸易与中国的经济增长绩效——基于 1978 年 ~ 2011 年中国省际面板数据的研究. 中国经济问题, 2014,（6）.

113. 王自锋, 孙浦阳, 张伯伟, 曹知修. 基础设施规模与利用效率对技术进步的影响：基于中国区域的实证分析. 南开经济研究, 2014,（2）.

114. Hulten C R, Bennathan E, Srinivasan S. Infrastructure, Externalities, and Economic Development : A Study of the Indian Manufacturing Industry. World Bank Economic Review, 2006, 20（2）.

115. 陈启斐, 吴建军. 金融发展与技术进步：一项来自中国省级数据的研究. 经济评论, 2013,（6）.

116. Wooldridge J. Introductory Econometrics : A Modern Approach. Cengage Learning, 2012,（212）.

117. Goldsmith R. Financial Structure and Economic Development. New Haven：Yale University Press，1969.

118. King R. G，Levine R. Finance and Growth：Schumpeter Might be Right. The Quarterly Journal of Economics，1993，108（3）.

119. Levine R，Zervos S.Stock Markets，Banks，and Economic Growth. American Economic Review, 1998, 88（3）.

120. Levine R，Loyaza N，Beck T. Financial Intermediation and Growth：Causality and Causes. Journal of Monetary Economics，2000，（46）.

121. Beck T，Levine R. Stock Markets，Banks and Growth：Panel Evidence. Journal of Banking and Finance, 2004, 28（3）.

122. Rioja F，Valev N. Finance and the Sources of Growth at Various Stages of Economic Development. Economic Inquiry，2004，（42）.

123. Rioja F，Valev N. Does One Size Fit All?：A Reexamination of the Finance and Growth Relationship. Journal of Development Economics，2004，74（2）.

124. Law S H，Azman-Saini W N W，Ibrahim M H. Institutional Quality Thresholds and the Finance‐Growth Nexus. Journal of Banking & Finance，2013，37（12）.

125. Law S H，Singh N. Does too much Finance Harm Economic Growth?. Journal of Banking & Finance, 2014,（41）.

126. Jayaratne J，Strahan P E. The Finance-growth Nexus：Evidence from Bank Branch Deregulation. The Quarterly Journal of Economics，1996,（111）.

127. Dehejia R，Lleras-Muney A. Why Does Financial Development Matter. NBER Working Paper Series, 2003,（9551）.

128. Zhang J，Wang L，Wang S. Financial Development and Economic Growth：Recent Evidence from China. Journal of Comparative Economics，2012，40（3）.

129. Wurgler J. Financial Markets and the Allocation of Capital. Journal of Financial Economics，2000，58（1）.

130. Beck T. Demirgüç‐Kunt A. Maksimovic V. Financial and Legal Constraints to Growth：Does Firm Size Matter?. The Journal of Finance，2005，60（1）.

131. Guariglia A，Liu X.，Song L. Internal Finance and Growth：Microeconometric Evidence on Chinese firms. Journal of Development Economics，2011，96（1）.

132. 陈刚，尹希果，潘杨.中国的金融发展、分税制改革与经济增长.金融研究，2006,（2）.

133. 袁云峰，曹旭华.金融发展与经济增长效率的关系实证研究.统计研究，2007,（5）.

134. 孙力军.金融发展、FDI与经济增长.数量经济技术经济研究,2008,（1）.

135. 李连发，辛晓岱.外部融资依赖、金融发展与经济增长：来自非上市企业的证据.金融研究，2009,（2）.

136. 李延凯，韩廷春.金融环境演化下的金融发展与经济增长：一个国际经验.世界经济，2013,（8）.

137. 王志强，孙刚.中国金融发展规模、结构、效率与经济增长关系的经验分析.管理世界，2003,（7）.

138. 冉光和，李敬，熊德平，温涛.中国金融发展与经济增长关系的区域差异——基于东部和西部面板数据的检验和分析.中国软科学，2006,（2）.

139. 马轶群，史安娜.金融发展对中国经济增长质量的影响研究——基于VAR模型的实证分析.国际金融研究，2012,（11）.

140. 陈伟国，张红伟.金融发展与经济增长——基于1952～2007年中国数据的再检验.当代经济科学，2008,（3）.

141. 李苗苗,肖洪钧,赵爽.金融发展、技术创新与经济增长的关系研究——基于中国的省市面板数据.中国管理科学，2015,（2）.

142. 陈守东，杨东亮，赵晓力.区域金融发展与区域经济增长——基于中国数据的实证分析.财贸经济，2008,（2）.

143. 赵振全，于震，杨东亮.金融发展与经济增长的非线性关联研究——基于门限模型的实证检验.数量经济技术经济研究，2007,（7）.

144. 赵勇，雷达.金融发展与经济增长：生产率促进抑或资本形成.世界经济，2010,（2）.

145. 陈柳钦，曾庆久.我国金融发展与经济增长关系的实证分析.经济理论与经济管理，2003，（10）.

146. 王晋斌.金融控制政策下的金融发展与经济增长.经济研究,2007,（10）.

147. 白钦先，张志文.金融发展与经济增长：中国的经验研究.南方经济，2008，（9）.

148. Levine R，Loyaza N，Beck T. Financial Intermediation and Growth：Causality and Causes. Journal of Monetary Economics，2000，（46）.

149. Zhang J，Wang L，Wang S. Financial Development and Economic Growth：Recent Evidence from China. Journal of Comparative Economics，2012，40（3）.

150. Rajan R G，Zingales L. Financial Dependence and Growth. National Bureau of Economic Research，American Economic Review，1998，（88）.

151. Hansen B E. Threshold Effects in Non-dynamic Panels：Estimation，Testing，and Inference. Journal of Econometrics，1999，93（2）.

152. 杨嵩涛.美国小企业法律制度的发展演变及启示.现代管理科学，2015，（1）.

153. 于中琴.信贷配给下的中小企业融资担保模式：国际比较及中国的选择.贵州财经大学学报，2012，（6）.

154. 温信祥.日本中小企业信用担保体系及其启示.武汉金融,2013,（1）.

155. 黄荣光.日本中小企业融资中的 PPP 机制——以日本商工组合中央金库为中心.日本学刊，2007，（6）.

156. 武翔宇，高凌云.印度的小额信贷：自助小组－银行联结.农业经济问题，2009，（1）.

157. 贺朝晖.中小企业信用评级与发展:印度经验.农业经济问题,2009,（1）.

158. 尹萍.中小企业融资困难解决之道——借鉴孟加拉国小额信贷模式.时代经贸，2007，（5）.

159. 姜长云.乡镇（中小）企业信用担保机制的建设问题探析.中国农村经济，2000，（11）.

160. 刘国斌，张令兰.碳金融视角下建立我国乡镇企业融资载体渠道分析.商业研究，2012，（11）.